MedR Schriftenreihe Medizinrecht

Arbeitsgemeinschaft
Rechtsanwälte im Medizinrecht e.V. (Hrsg.)

Die ärztliche Behandlung im Spannungsfeld zwischen kassenärztlicher Verantwortung und zivilrechtlicher Haftung

Schriftleitung:
T. Ratajczak, G. Schwarz-Schilling

Springer-Verlag
Berlin Heidelberg NewYork London Paris
Tokyo HongKong Barcelona Budapest

Arbeitsgemeinschaft Rechtsanwälte im Medizinrecht e.V.
Erftstraße 78
4040 Neuss

Dr.jur. Thomas Ratajczak
Wegenerstraße 5
7032 Sindelfingen

Gabriela Schwarz-Schilling
Siegener Straße 1
5910 Kreuztal

ISBN 978-3-540-55438-7

Die Deutsche Bibliothek - CIP Einheitsaufnahme

Die ärztliche Behandlung im Spannungsfeld zwischen kassenärztlicher Verantwortung
und zivilrechtlicher Haftung
Arbeitsgemeinschaft Rechtsanwälte im Medizinrecht e.V. (Hrsg.)
Schriftl.: T. Ratajczak; G. Schwarz-Schilling
Berlin; Heidelberg; NewYork; London; Paris; Tokyo; HongKong; Barcelona; Budapest:
Springer, 1992
    (MedR, Schriftenreihe Medizinrecht)
     ISBN 978-3-540-55438-7   ISBN 978-3-642-84759-2 (eBook)
     DOI 10.1007/978-3-642-84759-2
NE: Ratajczak, Thomas (Red.); Arbeitsgemeinschaft Rechtsanwälte im Medizinrecht

Satz: Reproduktionsfertige Vorlage der Autoren

19/3020 - 5 4 3 2 1 0 - Gedruckt auf säurefreiem Papier

Vorwort

Der vorliegende Band dokumentiert das 2. Kölner Symposium der Arbeitsgemeinschaft Rechtsanwälte im Medizinrecht e.V.. Wie der 1990 in der Schriftenreihe Medizinrecht in diesem Verlag erschiene erste Symposiumsband ''Gutachterkommissionen und Schlichtungsstellen – Anspruch Praxis Perspektiven'', enthält er die schriftlichen Beiträge der Podiumsteilnehmer und Referenten und die Niederschrift der Diskussion von Podium und Plenum.

Mit Ausnahme des Bundesministeriums für Arbeit und Soziales haben Repräsentanten vom Thema dieses 2. Symposiums betroffener Berufsgruppen, Institutionen und Verbände die Gelegenheit zur Stellungnahme genutzt. Der Tagungsband zeigt die gesundheitspolitische Brisanz und Relevanz der Fragestellung, insbesondere vor dem Hintergrund des Gesundheitsreformgesetzes.

Anläßlich der gemeinsamen Tagung der Vorstände von Ärztekammer und Kassenärztlicher Vereinigung Niedersachsen im Februar 1991 wurde die Thematik nochmals aufgegriffen. Wir veröffentlichen den im Rahmen dieser Tagung gehaltenen Vortrag von Rechtsanwalt Christoph M. Stegers als Ergänzung der Symposiumsbeiträge im vorliegenden Band.

Dr. Jochen Kubitschek – früher Kassenarzt, jetzt Medizinjournalist – mußte wegen einer Erkrankung die Teilnahme am Symposium absagen. Sein schriftlicher Beitrag wurde dem Auditorium zur Kenntnis gebracht.

Den Mitarbeitern der an der Organisation des Symposiums sowie der Vorbereitung des Tagungsbandes beteiligten Kanzleien danken wir. Dieser Dank gilt insbesondere Frau Martina Kießling, die einen wesentlichen Anteil am Zustandekommen der Textdokumentation hat.

Neuss, im Juni 1992

Hans Joachim Makiol, Dirk Radermacher
Thomas Ratajczak, Gabriela Schwarz-
Schilling, Christoph-M. Stegers

Inhaltsverzeichnis

Einleitung   1

I. Referate

Thomas Ratajczak
Die ärztliche Behandlung im Spannungsfeld zwischen kassenärztlicher
Verantwortung und zivilrechtlicher Haftung – Ein Lösungsvorschlag   3

Klaus–Dieter Kossow
Die Patient–Arzt–Beziehung: Von Paragraphen umstellt   27

Thomas Muschallik
Zum Widerstreit zwischen Behandlungsauftrag und kassenzahnärztlichem
Wirtschaftlichkeitsgebot   35

Franz–Josef Oldiges
Die ärztliche Behandlung im Spannungsfeld zwischen kassenärztlicher
Verantwortung und zivilrechtlicher Haftung   49

Alfred Jensen
Zur Weiterentwicklung des Begriffs der Wirtschaftlichkeit in der
kassenärztlichen Versorgung   61

Wolfgang Ascher
Die ärztliche Behandlung im Spannungsfeld zwischen kassenärztlicher
Verantwortung und zivilrechtlicher Haftung   67

Jochen Kubitschek
Kassenärzte werden zwischen dem obskuren "Wirtschaftlichkeitsgebot"
und haftungsrechtlichen Qualitätsanforderungen zerrieben   77

VIII   Inhaltsverzeichnis

Christoph-M. Stegers
Anmerkungen zu den Anforderungen an den ärztlichen Sorgfaltsmaßstab im Sozialversicherungsrecht, Zivilrecht und Berufsrecht   81

II. Podiumsdiskussion   89

III. Plenumsdiskussion   117

IV. Beschluß der Arbeitsgemeinschaft der Rechtsanwälte im
   Medizinrecht e.V.   135

V. Teilnehmerliste   137

Autorenverzeichnis

Ascher, Wolfgang
Assessor iur.
Belfortstr. 9/IX, 5000 Köln 1

Jensen, Alfred, Dr.rer.soc.
Bundesverband der Betriebskrankenkassen (BKK)
Kronprinzenstr. 6, 4300 Essen 1

Kossow, Klaus–Dieter, Dr.med.
Arzt für Allgemeinmedizin, Vorsitzender der KV Niedersachsen
Tannenweg 9, 2807 Achim–Uesen

Kubitschek, Jochen, Dr.med.
Arzt und Medizinjournalist
3131 Sareitz Nr. 2

Muschallik, Thomas, Dr.iur.
Kassenzahnärztliche Bundesvereinigung (KZBV)
Universitätsstr. 73, 5000 Köln 41

Oldiges, Franz Josef, Dr.iur.
Geschäftsführer AOK–Bundesverband
Kortrijkerstr. 1, 5300 Bonn 2

Ratajczak, Thomas, Dr. iur.
Rechtsanwalt
Wegenerstr. 5, 7032 Sindelfingen

Stegers, Christoph–M.
Rechtsanwalt
Bornstr. 68, 4600 Dortmund

Einleitung

Hans Joachim Makiol, Dirk Radermacher, Thomas Ratajczak, Gabriela Schwarz-Schilling, Christoph M. Stegers

Dem 2. Kölner Symposium der Arbeitsgemeinschaft Rechtsanwälte im Medizinrecht e. V. lag eine Fragestellung zugrunde, die – wie Maaß[1] zutreffend feststellt – bislang kaum beachtet wurde, obwohl sie für die Praxis von außerordentlichem Interesse ist:
Sind die Anforderungen an die Haftung des Arztes mit dem kassenärztlichen Wirtschaftlichkeitsgebot in Einklang zu bringen?

Den Anstoß zu einer intensiven Beschäftigung mit diesem nur auf den ersten Blick theoretisch erscheinenden Thema gaben Erfahrungen aus der anwaltlichen Praxis:
In den Beschwerdeausschußsitzungen wird regelmäßig von den Vertretern der Kassenärztlichen bzw. Kassenzahnärztlichen Vereinigungen eingeräumt, daß bestimmte Behandlungs- bzw. Diagnosemethoden nach dem Stand der Wissenschaft im konkreten Einzelfall medizinisch notwendig seien. Dennoch seien sie nicht abrechnungsfähig, weil entweder die einheitlichen Bewertungsmaßstäbe die Abrechnungsfähigkeit nicht vorsehen oder aber der (Zahn-)Arzt sich in diesen Abrechnungspositionen im Bereich der statistisch nachgewiesenen Unwirtschaftlichkeit befinde.

Divergierend ist auch die Beurteilung ärztlichen Handelns durch die Sozialgerichte, die sich mit Wirtschaftlichkeitsprüfungsverfahren befassen, und der Zivilgerichte, die unter haftungsrechtlichen Gesichtspunkten Anforderungen an diagnostische und therapeutische Leistungen des Arztes formulieren.

Vor dem Hintergrund dieser Erfahrungen wurde die Fragestellung für das Symposium 1990 wie folgt konkretisiert:

> "Nach der Rechtsprechung des 3. Senates des BSG hat der Kassenpatient Anspruch auf die am aktuellen Stand der medizinischen Wissenschaft und Forschung ausgerichtete Behandlung bis hin zur Neulandmedizin. Dem entspricht im wesentlichen die Rechtsprechung des 6. Zivilsenates des Bundesgerichtshofes zur haftungsrechtlich zu fordernden Qualität der medizinischen Behandlung. Nach der Rechtsprechung des Kassenarztsenates des Bundessozialgerichts dagegen ist im Verhältnis des Kassenarztes zur KV abrechnungsfähig lediglich ein nach statistischen Kriterien im Nachhinein ermittelter Behandlungsstandard. Der Kassenarzt befindet sich damit in einem Spannungsfeld zwischen Vergütungsanspruch, kassenärztlichen Pflichten, Behandlungsanspruch des Patienten und Haftungsrisiko. Wie ist dieser Konflikt zu lösen?"

Die Beiträge der Referenten und Podiumsteilnehmer ebenso wie Diskussionsbeiträge aus dem Plenum haben die Konfliktlage und deren Auswirkungen auf die ärztliche und juristische Praxis in aller Deutlichkeit zum Ausdruck gebracht. Dem "Plädoyer für die Wirtschaftlichkeitsprüfung in ihrer derzeitigen Form" (Dr. Zeihe, Landessozialgericht NRW) steht zum Teil massive Kritik insbesondere von ärztlicher Seite entgegen.

Nach intensiver Diskussion bestand grundsätzliche Übereinstimmung, daß es keinen Widerspruch zwischen dem Behandlungsanspruch des Kassenpatienten, den kassenärztlichen Verpflichtungen des Kassenarztes, seinem Vergütungsanspruch und seinem Haftungsrisiko geben darf. Ein Konsens über handhabbare Lösungsmöglichkeiten für die Praxis wurde allerdings nicht erzielt.

Beachtung werden vor dem Hintergrund dieser Divergenzen sicherlich die formal juristisch überzeugenden ausführlichen Darlegungen der Bundesrichter Dr. Bader (BSG) und Dr. Steffen (BGH) finden.

Neuer Streitstoff zeichnet sich im Zusammenhang mit der Forderung nach einer "qualitätsorientierten Wirtschaftlichkeitsprüfung" bereits ab:
So betont Oklenburg (Vorstandsmitglied der KV Nordrhein), daß Wirtschaftlichkeitsprüfungen keinesfalls mit Qualitätsprüfungen vermischt werden dürften. In der Tat ist die Definition von Qualitätsstandards überaus problematisch: es kann nicht das Ziel sein, eine Norm–Medizin zu etablieren. Qualitätsstandards können nur Mindeststandards sein.

Erste Alternativvorschläge zur derzeitigen statistischen Prüfung der Wirtschaftlichkeit stellen die am Schluß des Tagungsbandes aufgenommenen Empfehlungen der Arbeitsgemeinschaft "Rechtsanwälte im Medizinrecht e.V." dar. Die anläßlich des Symposiums 1990 begonnene Diskussion wird im ärztlichen, juristischen und politischen Raum ihre Fortsetzung finden müssen.

---

[1] Die Entwicklung des Kassenarztrechtes in den Jahren 1988–1990, NJW 1990, Seite 2915 ff (2920).

Die ärztliche Behandlung im Spannungsfeld zwischen kassenärztlicher Verantwortung und zivilrechtlicher Haftung – Ein Lösungsvorschlag

Thomas Ratajczak

I. Problemstellung

1. Kassenärztliche und kassenzahnärztliche[1] Tätigkeit sind eingebettet in ein Viereck von Beziehungsgeflechten, das durch die Eckpunkte
– Kassenpatient
– Kassenarzt/Kassenzahnarzt[2]
– Kassenärztliche Vereinigung/Kassenzahnärztliche Vereinigung[3]
– Krankenkassen

gebildet wird.

Die (ambulante[4]) Leistungserbringung eines Kassenarztes löst Rechtsfolgen[5] zu allen anderen an diesem Beziehungsviereck beteiligten Parteien aus, die sich teils nach Zivilrecht, teils nach Sozialversicherungsrecht richten. Die für den Kassenarzt, der im Mittelpunkt dieses Symposiums steht, wichtigsten Rechtsfolgen sind einerseits die Entstehung seines Honoraranspruchs und andererseits die mit jeder ärztlichen Tätigkeit verbundene Gefahr zivilrechtlicher Haftung.

---

[1] Im folgenden wird nur der Begriff kassenärztlich verwendet, der aber kassenzahnärztlich und vertragsärztlich sowie vertragszahnärztlich einschließt.

[2] Im folgenden wird nur der Begriff Kassenarzt verwendet. Damit eingeschlossen sind Kassenzahnärzte, Vertragsärzte und Vertragszahnärzte (vgl. § 72 I SGB V).

[3] Im weiteren wird nur die Abkürzung KV verwendet, da nach § 77 I 1 SGB V auch die Kassenzahnärztlichen Vereinigungen als Kassenärztliche Vereinigungen im Gesetz be zeichnet werden.

[4] Nur diese ist Gegenstand dieser Ausführungen.

[5] Der Behandlungserfolg, also die Gesundung des Patienten, ist keine Rechtsfolgeder Be handlung.

Welche Konsequenzen sich aus diesem Beziehungsgeflecht für die daran jeweils Beteiligten ergeben müssen, ist in der Literatur erstmals in der sehr lesenswerten Dissertation von Goetze[6] angesprochen worden. In die Rechtsprechung haben Überlegungen über den Zusammenhang von zivilrechtlichen und sozialversicherungsrechtlichen Anforderungen an die Behandlung bisher – soweit ersichtlich – keinen Eingang gefunden.

2. Es ist heute weitgehend anerkannt, daß die Rechtsbeziehungen zwischen Kassenarzt, Kassenärztlicher Vereinigung und Krankenkassen öffentlich–rechtlich ausgestaltet sind[7]. Über die Qualifizierung des Rechtsverhältnisses zwisches Kassenpatient und Kassenarzt besteht dagegen nach wie vor Streit. Im Zivilrecht ist die Auffassung herrschend, daß es sich hierbei um einen privatrechtlichen Vertrag mit in aller Regel dienstvertraglichem Charakter handelt[8], während im Sozialversicherungsrecht nach wie vor zum Teil die Ansicht vertreten wird, es liege auch hier ein öffentlich–rechtlicher Vertrag vor, dessen Haftung wegen der besonderen Regelung des § 76 IV SGB V[9] zivilrechtlichen Haftungsnormen folgt[10]. Das Bundessozialgericht hat sich der im Zivilrecht h.M. angeschlossen[11].

3. Obwohl der Kassenarzt in keinen direkten Rechtsbeziehungen mit der Krankenkasse steht, der ein von ihm behandelter Kassenpatient angehört, nimmt das Bundessozialgericht auch unmittelbare Pflichten des Kassenarztes gegenüber der Krankenkasse an. Dies wird mit einem Rechtsverhältnis, vergleichbar einem Vertrag mit Schutzwirkung zugunsten Dritter, begründet[12].

4. Der Kassenarzt muß sich damit potentiell gegen Ansprüche
– des Kassenpatienten aus vertraglicher und deliktischer Haftung,
– der Kassenärztlichen Vereinigung wegen Verletzung kassenärztlicher Pflichten oder des Wirtschaftlichkeitsgebotes und

---

[6] Goetze, Arzthaftungsrecht und kassenärztliches Wirtschaftlichkeitsgebot, 1989.
[7] Vgl. Brackmann, Handbuch der Sozialversicherung, S. 458 b; eingehend dazu jetztSchmitt, Leistungserbringung durch Dritte, 1990
[8] Ganz herrschende Meinung, vgl. BGH, VersR 1975, 347 = Ratajczak/Stegers, Medizin–Haftpflichtschäden, 1989, Rz. 848; BGH, VersR 1980, 558 = Ratajczak/Stegers, Rz. 638; BGH, VersR 1986, 866 = Ratajczak/Stegers, Rz. 184; Geiß, Arzthaftpflichtrecht, 1989, S. 17; Laufs, Arztrecht, 4.A., 1988, Rz. 48; Rieger, Lexikon des Arztrechts, 1984, Rz. 214.
[9] Sozialgesetzbuch – gesetzliche Krankenversicherung, vom 20.12.1988, BGBl. I, S. 2447
[10] Vgl. Krause, SGb 1982, 425; Narr, Ärztliches Berufsrecht, 2.A., Stand September 1989, Rz. 853
[11] BSG vom 10.4.1990 – 6 RKa 11/89 –
[12] Vgl. BSG vom 7.12.1988 – 6 RKa 35/87 –; BSG vom 10.4.1990 – 6 RKa 11/89 –

– der Krankenkassen wegen Verletzungen dieser Rechtsbeziehungen, Verletzung kassenärztlicher Verpflichtungen, falscher Behandlung ihres Mitglieds[13] verteidigen.

Man sollte annehmen, daß er sich gegen alle diese Anspruchsmöglichkeiten mit dem Einwand verteidigen kann, er habe richtig behandelt.

II. Haftungsrechtlich geforderter Behandlungsstandard

1. Die Rechtsprechung der Zivilgerichte gewährt dem Patienten für die Krankenbehandlung vertraglich wie deliktisch gleichen Schutz[14] Es kommt nicht darauf an, ob es sich um einen Privat– oder Kassenpatienten handelt[15]. Vom Arzt wird verlangt, daß er unter Einsatz der von ihm zu fordernden medizinischen Kenntnis und Erfahrung im konkreten Fall vertretbare Entscheidungen über die diagnostischen und therapeutischen Maßnahmen getroffen und diese Maßnahmen sorgfältig durchgeführt hat[16]. Der Sorgfaltsmaßstab ist § 276 I 2 BGB[17] entnommen und erfordert eine objektive Sorgfalt. Auf die persönliche Situation des Arztes zum Zeitpunkt der Behandlung kommt es nicht an[18].

2. Die einzelnen von der Rechtsprechung zwischenzeitlich entwickelten Behandlungspflichten des Arztes können hier nicht dargestellt werden. Auf einige Besonderheiten soll aber hingewiesen werden. Schon bei der Diagnose kann der Patient verlangen, daß der Arzt von allen ihm zur Verfügung stehenden Erkenntissquellen Gebrauch macht, deren Anwendung unter Berücksichtigung des Standes der medizinischen Erkenntnis und der verfügbaren Mittel möglich ist[19], daß der Arzt zu Beginn seiner Behandlung die durch Anamnese und Diagnose gewonnenen Befunde sichert[20], seine vorhandenen Spezial-

---

[13] Die Krankenkassen haben die Möglichkeit, nach § 116 SGB X Ansprüche des Patienten kraft cessio legis oder unmittelbar aus eigenem Recht nach den Gesamtverträgen einen sonstigen Schaden geltend zu machen (BSG, MedR 1984, 31; BSG vom 10.4.1990 – 11/89 –; ablehnend z.B. Narr, MedR 1986, 316

[14] Vgl. Giesen, Arzthaftungsrecht, 1.A., 1990, S. 3; Steffen, Neue Entwicklungslinien der BGH-Rechtsprechung zum Arzthaftungsrecht, 3.A., 1989, S. 1; OLG Oldenburg, VersR 1987, 1022.

[15] Vgl. Deutsch/Matthies, Arzthaftungsrecht – Grundlagen, Rechtsprechung, Gutachter– und Schlichtungsstellen, 3.A., 1988, S. 10 – 13; Giesen [FN 14], S. 3 f. mwN.

[16] Vgl. BGH, NJW 1987, 2291 [2292] = Ratajczak/Stegers [FN 8], Rz. 294

[17] Bürgerliches Gesetzbuch vom 18.8.1896, RGBl. S. 195

[18] Vgl. Giesen [FN 14], S. 53; Steffen [FN 14], S. 32 f.

[19] Vgl. BGH, VersR 1989, 702; Giesen [FN 14], S. 55

[20] Vgl. BGH, VersR 1987, 1089 = Ratajczak/Stegers [FN 8], Rz. 389

kenntnisse einsetzt[21] und eine besondere apparative Ausstattung auch nutzt, wenn dadurch die Heilungschancen verbessert und unerwünschte Nebenwirkungen erkannt und abgewendet werden können[22]. Von ihm wird verlangt, daß er stets den Behandlungsstandard eines erfahrenen Facharztes[23] bzw. im Bereich der Allgemeinmedizin den Behandlungsstandard eines erfahrenen Allgemeinmediziners[24] erbringt. An einen Berufsanfänger werden nicht geringere Anforderungen gestellt, als an den schon lange praktizierenden Arzt[25].

3. Der Patient, gleichgültig ob Kassen- oder Privatpatient, hat damit zumindest tendenziell Anspruch auf eine stets optimale Behandlung. Zwar ist der Bundesgerichtshof neuerdings bereit, im hier nicht interessierenden Krankenhausbereich Begrenzungen des Behandlungsanspruchs unter finanziellen Aspekten anzuerkennen. In bisher nicht definierten Grenzen soll es möglich sein, oberhalb einer unverzichtbaren Basisschwelle, die den medizinischen Qualitätsanforderungen der Gegenwart zu entsprechen hat, den Standard für die personellen, räumlichen und apparativen Behandlungsbedingungen für das Landkrankenhaus niedriger anzusetzen als für die Universitätsklinik[26]. Für den Bereich der niedergelassenen Ärzte ist eine solche Rechtsprechung nicht denkbar, da die Fortbildungsverpflichtung für alle Ärzte gilt und die Anforderungen an die Fortbildung hoch sind[27].

Eine Begrenzung der Behandlungspflicht durch den Deckungsumfang des privaten Krankenversicherers bzw. die Kostentragungspflicht der gesetzlichen Krankenversicherung spielt in der Rechtsprechung bisher keine Rolle. Überschreitet die Behandlung solche Grenzen, nimmt die Rechtsprechung nicht etwa eine nicht indizierte Behandlung an, sondern prüft lediglich, ob der Vergütungsanspruch wegen Verletzung der sogenannten wirtschaftlichen Beratungspflicht[28] entfällt.

---

[21] Vgl. BGH, VersR 1987, 686 = Ratajczak/Stegers [FN 8], Rz. 606; OLG Oldenburg, VersR 1989, 402 L

[22] Vgl. BGH, NJW 1988, 2949 [2950]; BGH, VersR 1989, 851 [852]

[23] Vgl. BGH, VersR 1984, 60 = Ratajczak/Stegers [FN 8], Rz. 886; BGH, VersR 1987, 686 = Ratajczak/Stegers, Rz. 606; BGH, VersR 1988, 723; Giesen [FN 14], S. 39

[24] Vgl. BGH, VersR 1987, 686 = Ratajczak/Stegers [FN 8], Rz. 606; Giesen, International Medical Malpractice Law, 1988, Rz. 135

[25] BGH, VersR 1971, 251 = Ratajczak/Stegers [FN 8], Rz. 435; BGH, VersR 1984, 60 = Ratajczak/Stegers, Rz. 886; BGH, VersR 1987, 686 = Ratajczak/Stegers, Rz. 606

[26] Vgl. BGH, VersR 1988, 495 = Ratajczak/Stegers [FN 8], Rz. 598

[27] Vgl. OLG Düsseldorf, VersR 1987, 414 = Ratajczak/Stegers [FN 8], Rz. 661; Dunz, Aktuelle Fragen zum Arzthaftungsrecht unter Berücksichtigung der neuen höchstrichtlichen Rechtsprechung, 1980, S. 23 f.; Giesen [FN 14], S. 34; Steffen [FN 14], S. 43; so schon RG, JW 1931, 1483

[28] Vgl. dazu BGH, VersR 1983, 443 = Ratajczak/Stegers [FN 8], Rz. 302; OLG Düsseldorf, VersR 1985, 458 = Ratajczak/Stegers, Rz. 304; OLG Köln, VersR 1987, 514 = Ratajczak/Stegers, Rz. 305; OLG Köln, VersR 1987, 792 = Ratajczak/Stegers, Rz. 621; LG Braunschweig, NJW 1988, 777; LG Köln, VersR 1983, 960 = Ratajczak/Stegers, Rz. 303; LG Köln, VersR 1989, 1265 [1266]; AG Köln, NJW 1980, 2756

III. Behandlungsanspruch gegenüber dem privaten Krankenversicherer

Dem Privatpatienten steht die Wahl unter den niedergelassenen approbierten Ärzten und Zahnärzten frei. Er kann, falls seine Tarifbedingungen nichts anderes vorsehen, auch Heilpraktiker in Anspruch nehmen[29]. Der Behandlungsanspruch umfaßt nach § 1 II 1 MBKK 76 die medizinisch notwendige Behandlung wegen Krankheit oder Unfallfolgen. Die Leistungspflicht wird in § 5 I f MBKK 76 auf wissenschaftlich allgemein anerkannte Untersuchungs oder Behandlungsmethoden und Arzneimittel beschränkt. In der Praxis spielt diese Einschränkung keine große Rolle, u.a. deshalb, weil eine Behandlung durch Heilpraktiker vom Versicherungsschutz mitumfaßt ist und diese nach ihrem Selbstverständnis weitgehend außerhalb der herkömmlichen Schulmedizin tätig werden[29a]. Das Oberlandesgericht Stuttgart hat letzthin die Auffassung vertreten, einer Behandlungsmethode sei die allgemeine wissenschaftliche Anerkennung i.S. des § 5 I f MBKK 76 nicht schon deshalb zu versagen, weil sie umstritten sei. Allgemeine Anerkennung habe sich eine Methode dann erworben, wenn sie sich in der Schulmedizin und Praxis so durchgesetzt habe, daß in der überwiegenden Zahl der Fälle nach statistischer Wahrscheinlichkeit ein beliebig reproduzierbarer therapeutischer Erfolg erzielt werden kann[30].

IV. Behandlungsanspruch gegenüber der gesetzlichen Krankenversicherung

1.1 Die Lage vor Inkrafttreten des Gesundheitsreformgesetzes

Bis zum Inkrafttreten des Gesundheitsreformgesetzes hatte der Kassenpatient zu Lasten seiner gesetzlichen Krankenkasse Anspruch auf die ärztliche Versorgung, die zur Heilung oder Linderung nach den Regeln der ärztlichen Kunst zweckmäßig und ausreichend war[31]. Leistungen, die für die Erzielung des Heilerfolges nicht notwendig oder unwirtschaftlich sind, konnte der Versicherte nicht beanspruchen, durfte der an der kassenärztlichen Versorgung teilnehmende Arzt nicht bewirken oder verordnen und die Kasse nicht nachträglich bewilligen[32].

---

[29] Vgl. § 4 II 2 MBKK 76
[29a] Vgl. Henrichs, VersR 1990, 464 [465]
[30] OLG Stuttgart, VersR 1989, 294 [295]
[31] Vgl. §§ 182 II, 368 e, 1 RVO, 13 II KVLG
[32] § 368 e, 2 RVO[32] § 368 e, 2 RVO

Aus diesem Wirtschaftlichkeitsgebot schloß die Rechtsprechung, daß es die Freiheit des Arztes in der Wahl seiner Untersuchungs- und Behandlungsmethoden respektiere, es dem Arzt aber verwehre, zu Lasten der Versichertengemeinschaft überflüssiges zu veranlassen oder Untersuchungs- und Behandlungsmethoden anzuwenden, die aufwendiger sind als andere, die denselben Zweck erfüllen[33]. Die allgemeine wissenschaftliche Anerkennung einer Behandlungsmethode wurde nicht als Kriterium für die Wirtschaftlichkeit angesehen. Die Krankenpflege der gesetzlichen Krankenversicherung sei nicht von vornherein auf Leistungen beschränkt, deren Wissenschaftlichkeit voll abgesichert, Wirksamkeit allgemein festgestellt und Heilerfolg allgemein geklärt sei[34].

Diese Rechtsprechung hat das Bundessozialgericht mit Urteil vom 23.3.1988[35] bestätigt und ausgebaut. Der 3. Senat betont, daß das Leistungsrecht der gesetzlichen Krankenversicherung dem Kassenpatienten einen umfassenden Anspruch auf Krankenpflege gebe. Dieser auf die Gewährung von Sachleistung gerichtete Anspruch sei nur insoweit begrenzt, als die Krankenpflege das Maß des Notwendigen nicht überschreiten dürfe. Sie müsse aber ausreichend und zweckmäßig sein. Die gesetzlichen, vertraglichen und satzungsrechtlichen Regelungen, die sich mit der Erbringung von Sachleistungen befassen, insbesondere die grundlegenden Vorschriften des Kassenarztrechts und des Vertragsarztrechts sowie die dazu von den zuständigen Gremien der kassen- und vertragsärztlichen Versorgung getroffenen bzw. vereinbarten Bestimmungen bezweckten die Erfüllung des gesetzlichen Leistungsanspruchs. Aus ihnen könne nicht eine Verkürzung des Anspruchs hergeleitet werden. Daraus folge, daß der Anspruch des Versicherten auf eine notwendige Krankenpflege nicht bereits dann unerfüllt bleiben dürfe, wenn Behandlungsmethoden, die allgemein medizinisch-wissenschaftlich oder nach § 23 BMV-Ä[36] bzw. § 19 EKV-Ä[37] anerkannt sind, nicht zur Verfügung stehen oder im Einzelfall aus irgendwelchen Gründen ungeeignet seien. In einem solchen Fall geböten es die Regeln der ärztlichen Kunst, daß der behandelnde Arzt nach seinen nach pflichtgemäßem Ermessen zu treffenden Therapieentscheidungen auch solche Behandlungsmaßnahmen in Erwägung ziehe, deren Wirksamkeit zwar (noch) nicht gesichert sei, aber nach dem Stand der medizinischen Wissenschaft für möglich gehalten werde. Danach könne auch eine sogenannte Außenseitermethode von Anfang an als Therapie gerechtfertigt sein, zumindest in Form eines zeitlich begrenzten Therapieversuchs.

---

[33]   BSG, ArztR 1986, 45
[34]   BSGE 52, 134 [137]
[35]   BSG vom 23.3.1988 – 3/8 RK 5/87 –
[36]   Bundesmantelvertrag – Ärzte
[37]   Arzt/Ersatzkassen-Vertrag

Im Urteil vom 9.2.1989[38] bestätigt der 3. Senat des Bundessozialgerichts diese Rechtsprechung und führt für Arzneimittel aus, daß bei nicht nachweisbarer genereller Wirksamkeit die Verordnungsfähigkeit eines Mittels davon abhänge, daß eine wirksame Behandlungsmöglichkeit nicht bestehe und durch das Mittel eine Besserung nach ärztlichem, aus dem am jeweiligen medizinisch-wissenschaftlichen Erkenntnisstand orientierten Ermessen mit einer nicht nur ganz geringen Erfolgsaussicht möglich erscheine. Die Arzneimittelrichtlinien stünden dem nicht entgegen. Unter den gegebenen Umständen jeden therapeutischen Versuch deshalb zu unterlassen, weil ein solcher allgemeiner Wirkungsnachweis nicht erbracht wurde, sei mit Sinn und Zweck ärztlicher Tätigkeit nicht zu vereinbaren.

2. Die Rechtslage nach Inkrafttreten des Gesundheitsreformgesetzes

Diese Rechtsprechung, die darauf gerichtet war, dem Kassenpatienten einen zumindest tendenziell optimalen Behandlungsanspruch zu Lasten seiner Krankenkasse auch da zu gewährleisten, wo allgemein anerkannte schulmedizinische Methoden versagen oder gar nicht existieren, hat der Gesetzgeber korrigiert.

§ 2 I 1 SGB V bestimmt, daß die Krankenkassen den Versicherten die im 3. Kapitel des SGB V aufgeführten Leistungen unter Beachtung des in § 12 SGB V enthaltenen Wirtschaftlichkeitsgebotes zur Verfügung stellen.

§ 2 I 3 SGB V enthält dann folgende Regelung:

> Qualität und Wirksamkeit der Leistungen haben dem allgemein anerkannten
> Stand der medizinischen Erkenntnisse zu entsprechen und den medizinischen
> Fortschritt zu berücksichtigen.

§ 2 IV SGB V bestimmt ergänzend:

> Krankenkassen, Leistungserbringer und Versicherte haben darauf zu achten,
> daß die Leistungen wirksam und wirtschaftlich erbracht und nur im not-
> wendigen Umfang in Anspruch genommen werden.

Eine weitgehend inhaltsidentische Vorschrift enthält § 12 I SGV V.

Aus § 2 I 3 SGB V wird in der Kommentarliteratur gefolgert, daß Kassenpatienten gegenüber ihrer Krankenkasse nur Anspruch auf medizinisch allseits anerkannte Leistungen haben. Außenseitermethoden, die noch keine generelle Anerkennung gefunden

---

[38] BSG vom 9.2.1989 – 3 RK 19/87 –

haben, fallen nicht in die Leistungspflicht der Krankenkassen. Auch neue Methoden ohne ausreichende Erprobung, für die noch keine wissenschaftlich gesicherten Erfahrungsberichte vorliegen, kann der Versicherte nicht als Leistung oder Erstattung fordern[39]. So lautet auch die Begründung des Regierungsentwurfs für § 2 I 3 SGB V[39a].

Solche neuen Methoden dürfen nur noch in den in § 2 I 2 SGB V erwähnten besonderen Therapieeinrichtungen zu Lasten der Krankenkassen verordnet werden[40].

Eine nach diesen Grundsätzen von der gesetzlichen Krankenversicherung nicht zu übernehmende Behandlung darf der Kassenpatient von einem Kassenarzt im Rahmen der kassenärztlichen Versorgung nicht verlangen und darf diesem von dem Kassenarzt im Rahmen der kassenärztlichen Versorgung nicht erbracht werden.

Mit dieser Vorschrift hat der Gesetzgeber eine Zweiklassenmedizin in der Bundesrepublik eingeführt. Der Behandlungsanspruch des Privatpatienten ist denkbar umfassend. Ob und wieweit er berechtigt ist, von seiner privaten Krankenversicherung oder der Beihilfe Erstattung der von ihm aufgewendeten Kosten zu fordern, spielt für den Behandlungsanspruch selbst keine Rolle. Der Behandlungsanspruch des Kassenpatienten wird dagegen reduziert auf die herkömmliche Schulmedizin. Von der Anwendung neuester Therapieverfahren wird er grundsätzlich ausgeschlossen.

Nach diesen Grundsätzen hat ein AIDS-Kranker keinen Kostenerstattungsanspruch gegen seine gesetzliche Krankenversicherung, weil es eine medizinisch allgemein anerkannte Therapiemethode nicht gibt. Gleiches gilt für die meisten Krebsarten, weil es auch hier keine wissenschaftlich anerkannten Therapiekonzepte gibt. Es sei daran erinnert, daß nach einer 1982 veröffentlichten Studie von DeVita u.a. nur ca. 4 % aller fortgeschrittenen inoperablen Krebsfälle heute mit internistischen Therapiemethoden potentiell heilbar sind und bei weniger als 20 % der Patienten eine Verlängerung der Überlebenszeit erreicht werden kann.[41] Es läßt sich also, um mit dem Oberlandesgericht Stuttgart zu sprechen, in diesen Fällen kein nach statistischer Wahrscheinlichkeit beliebig reproduzierbarer therapeutischer Erfolg erzielen.

Da es einen Sturm der Empörung bei der Bevölkerung auslösen würde, wenn die Krankenkassen sich auf diese Vorschrift bei AIDS- oder Krebserkrankungen berufen würden, beruft sich keine Kasse hierauf und bezahlt auch die wissenschaftliche Erprobung. Für die Praxis relevant wird diese Einschränkung also allenfalls dort, wo Patienten betroffen sind, die über keine ausreichend tatkräftige Lobby verfügen. Die gesetzlichen Krankenkassen ignorieren im übrigen weitgehend – wie eine Nachfrage ergab – die neue Rechtslage und halten sich an die bisherige Rechtsprechung.

---

[39] Vgl. Heinze in SGB-GK, § 2 SGB V, Anm. 4; KassKomm-Höfler, § 12 SGB V, Rz. 5; KassKomm-Peters, § 2 SGB V, Rz. 4

[39a] BR-Drs. 200/88, S. 157

[40] Vgl. KassKomm-Peters, § 2 SGB V, Rz. 4

[41] DeVita/Hellmann/Rosenberg, Principels and Practice of Oncology, 1982, zitiert bei Kisseler/ Herzog, Der Stellenwert der Kombinationstherapie von Zytostatika mit NeyTumorin" in der heutigen Onkologie, in G.Braun, Biological Response Modifiers in Klinik und Praxis, 1985, S. 84 [85]

IV. Die Behandlungspflicht des Kassenpatienten aus der Sicht des Kassenarztes

1. Haftungsrechtlich

Haftungsrechtlich deckt sich die Behandlungspflicht des Kassenarztes mit dem Behandlungsanspruch des Kassenpatienten, sowie er oben unter II dargestellt wurde. Auf diese Ausführungen wird daher verwiesen.

2.1 Kassenarztrechtlich

Die kassenarztrechtlichen Sorgfaltsanforderungen orientieren sich am kassenversorgungsrechtlichen Behandlungsanspruch des Patienten, der mit dem haftungsrechtlichen Behandlungsanspruch nicht identisch sein muß, es aber in der Regel sein wird.

2.1.1 Bei seiner Behandlung muß der Kassenarzt jedoch nicht nur den Stand der medizinischen Wissenschaft, an dem sich der Behandlungsanspruch des Kassenpatienten primär orientiert, sondern eine Vielzahl von die Behandlung begrenzenden Regelungen Gesamtverträgen, Richtlinien (z.B. Mutterschafts– und Arzneimittelrichtlinien) bis hin zu den Gebührenordnungen beachten.

Der 6. Senat des Bundessozialgerichts steht auf dem Standpunkt, daß sich die Leistungspflicht des Kassenarztes mit dem Anspruch des Versicherten decke[42]. Die Arzneimittelrichtlinien hat das Bundessozialgericht zunächst als für den Kassenarzt allgemein verbindlich angesehen[43]. Von dieser Rechtsauffassung ist das Bundessozialgericht erst mit Urteil vom 21.6.1989 abgerückt und hat ausgesprochen, daß die Arzneimittelrichtlinien zumindest in der Weise verbindlich seien, daß sie von den Kassenärzten beachtet werden sollen[44]. Zu einer Verbindlicherklärung von Richtlinien mit dem Ergebnis einer Einschränkung der Ansprüche des Versicherten wären die Vertragsparteien der Gesamtverträge nicht berechtigt[44a].

---

[42] Vgl. BSG vom 21.6.1989 – 6 RKa 11/88 –
[43] BSG, SozR 2200 § 368p Nr. 1
[44] Vgl. BSG vom 21.6.1989 – 6 RKa 11/88 –
[44a] Vgl. BSG vom 5.5.1988 – 6 RKa 27/87 –

2.1.2 Hier gibt es widersprechende Entscheidungen aus Kassenarzt- und Haftungsrecht. Für die Krebsfrüherkennungsrichtlinien hat das Bundessozialgericht mit Urteil vom 18.4.1984[45] für eine im Quartal I/1979 durchgeführte Krebsfrüherkennungsuntersuchung entschieden, daß die von dem Frauenarzt angewandte Untersuchungsmethode der Kolposkopie nicht abrechnungsfähig sei, weil sie als Früherkennungsmaßnahme in den Richtlinien nicht aufgeführt und damit nicht zulässig gewesen sei.

Demgegenüber hatte das Oberlandesgericht Hamm[46] für das Jahr 1977 bei einer durch einen Allgemeinmediziner durchgeführten Krebsvorsorgeuntersuchung die Verpflichtung zur Durchführung einer Kolposkopie und zur Vornahme eines Abstrichs bei einem Ersatzkassenpatienten angenommen. Der Bundesgerichtshof hat die Entscheidung durch Nichtannahme der Revision bestätigt.

Hätte der Frauenarzt in der dem Bundessozialgericht zugrundeliegenden Entscheidung die Kolposkopie nicht durchgeführt und wäre dadurch ein Karzinom unerkannt geblieben, hätte dies zur Rechtsfolge der Haftung geführt. Mußte ihm dann die Kolposkopie – Richtlinien hin oder her – nicht vergütet werden?

Eine strikte Verbindlichkeit der Mutterschaftsrichtlinien nahm das SG Dortmund an. Es vertrat die Ansicht, daß die Meinung namhafter Wissenschaftler über die Häufigkeit und den Zeitpunkt von Ultraschalluntersuchungen in der Schwangerschaftsvorsorge Anlaß zu einer Änderung der Richtlinien sein könne, ein von den Richtlinien abweichendes Untersuchungsprogramm zu Lasten der kassenärztlichen Versorgung aber nicht rechtfertige. Der Vorwurf eines Kunstfehlers sei nicht zu befürchten, da die Patienten keinen Anspruch über die vertraglich vorgesehenen Leistungen hinaus hätten[47].

Diese Entscheidung offenbart das Dilemma, in dem Arzthaftungsrecht einerseits und Kassenarztrecht andererseits stecken. Die Rechtsprechung der Zivilgerichte fordert vom Arzt rasches Umsetzen neuer wissenschaftlicher Erkenntnisse der Medizin in seine praktische Tätigkeit[48] und verlangt von ihm deshalb Aufgeschlossenheit gegenüber neuen Entwicklungen[49] und kontinuierliche Fortbildung[50]. Der Kassenarzt hat sowohl vom Stand der medizinischen Ethik wie der medizinischen Wissenschaft als auch haftungsrechtlich die Diagnosemaßnahme nicht erst dann zu treffen, wenn sie in Richtlinien vorgeschrieben, sondern wenn sie als erforderlich anzusehen ist.

Dies wird bisher in der Rechtsprechung der Sozialgerichte nicht berücksichtigt.

---

[45] BSG vom 18.4.1984 – 6 RKa 32/82 –

[46] OLG Hamm, AHRS, Kza 1820/5; NA-Beschluß BGH vom 1.2.1983 – VI ZR 184/82 –

[47] SG Dortmund vom 21.6.1983 – S 22 Ka 62/82 –

[48] Vgl. Dunz [FN 27], S. 24; Steffen [FN 14], S. 43 mwN.

[49] BGH, VersR 1978, 82 = Ratajczak/Stegers [FN 8], Rz. 497; Giesen [FN 14], S. 36 f.

[50] Ständige Rechtsprechung, vgl. schon RG, JW 1931, 1483; BGH, VersR 1955, 573; weitere Nachweise bei Giesen [FN 14], S. 32 FN 21, S. 34 ff.; Giesen [FN 24], Rz. 153

2.1.3 Die Richtlinien und sonstigen Vorschriften wirken als konkrete Begrenzung der
Behandlungspflicht des Kassenarztes, allerdings nicht im Verhältnis Kassenpatient –
Krankenkasse, sondern nur hinsichtlich der Honorierung des Kassenarztes. Er ist haftungsrechtlich zwar gehalten, diese Maßnahmen durchzuführen, erhält sie aber nicht
honoriert, wenn er sie durchführt. Ihm bleibt also nur übrig, den Patienten in allen
Zweifelsfällen mitzuteilen, daß eine bestimmte Therapie erforderlich ist, daß er sie aber nur
durchführen wird, wenn der Patient in eine privatärztliche Behandlung einwilligt, da seine
Krankenkasse eine notwendige Untersuchungs- bzw. Behandlungsmaßnahme u.U. nicht
bezahlen muß.

2.1.4 Damit der Kassenarzt keine Schwierigkeiten mit der Beurteilung der Übernahme von
neuen Behandlungs- und Untersuchungsmethoden haben soll, bestimmt § 135 I SGB V,
daß neue Untersuchungs- und Behandlungsmethoden in der kassenärztlichen Versorgung
(nur) zu Lasten der Krankenkassen abgerechnet werden dürfen, wenn die Bundesausschüsse der Ärzte und Krankenkassen auf Antrag einer kassenärztlichen Bundesvereinigung, einer kassenärztlichen Vereinigung oder eines Spitzenverbandes in Richtlinien
Empfehlungen über die Anerkennung des diagnostischen und therapeutischen Nutzens der
neue Methode etc. abgegeben haben.
   Eine dadurch bewirkte konkrete Begrenzung der Behandlungspflicht im Rahmen der
kassenärztlichen Versorgung läßt sich – wenn auch mit Schwierigkeiten – in der ärztlichen
Praxis umsetzen. Probleme bereitet aber der nächste Bereich.

2.2 Wirtschaftlichkeitsprüfung

Während die Verpflichtung des Kassenarztes, sich an Richtlinien und dergleichen zu
halten, seine Behandlungspflicht im konkreten Einzelfall begrenzt, wirkt die Wirtschaftlichkeitsprüfung in abstrakter Form auf die Behandlung ein.

2.2.1 Grundzüge der Wirtschaftlichkeitsprüfung

Die Wirtschaftlichkeitsprüfung ist in § 106 SGB V geregelt. Nähere Bestimmungen über
die Art und Weise der vorzunehmenden Prüfung sind den Landesverbänden der Krankenkassen und den Kassenärztlichen Vereinigungen überlassen[51]. Solche neuen Vereinbarungen existieren noch nicht mit der Konsequenz, daß die bisherigen Methoden beibehalten werden. Diese gründen auf der Rechtsprechung des Bundessozialgerichts, wonach
es drei Prüfmethoden gibt:

---

[51] § 106 III 1 SGB V

– Als Regelfall die Prüfung aufgrund der Methode des statistischen Vergleichs
– die Prüfung der Einzelfälle,
– eine Mischung beider Typen, in dem bei nicht eindeutigen Ergebnissen des statisti schen Vergleichsverfahrens und beachtlichen Einwendungen die Wirtschaftlichkeit   anhand einer Anzahl von Einzelfällen überprüft wird[52].

Die Prüforgane[53] haben das Recht, nach der Methode des statistischen Vergleiches vorzugehen, wenn eine genaue Feststellung nicht möglich oder mit unverhältnismäßigem Aufwand verbunden ist[54]. Die Wahl der Methode steht nicht im Belieben der Prüforgane. Die statistische Prüfung ist vielmehr die Regel, die Einzelfallprüfung die Ausnahme. Die Krankenkasse kann beschwert sein, wenn gegen dieses Regel–Ausnahmeverhältnis verstoßen wird[35].

Bei der Einzelfallprüfung entsteht ein Spannungsverhältnis[56] zwischen Therapie und Wirtschaftlichkeitsgebot regelmäßig nicht, da jede medizinisch notwendige Behandlung eine wirtschaftliche Behandlung darstellt[57], jedenfalls soweit eine kostengünstigere Behandlung nicht zur Verfügung steht und die Kosten der Behandlung insgesamt nicht außer Verhältnis zum angestrebten Nutzen stehen[58].

Die Einzelfallprüfung wird in der Praxis derzeit nur von wenigen Kassenzahnärztlichen Vereinigungen durchgeführt. Sie wird wegen § 106 II Nr. 3 SGB V in Zukunft vermehrt Bedeutung erhalten. Für die Thematik des Symposiums spielt sie jedoch keine Rolle.

2.2.2 Statistische Prüfung

Das Bundessozialgericht rechtfertigt die Zulässigkeit eines statistischen Kostenvergleichs mit Annahmen, die sich auf tatsächliche Verhältnisse innerhalb der jeweiligen Arztgruppe beziehen. Es unterstellt, daß die Ärzte im allgemeinen nach den Regeln der ärztlichen Kunst verfahren und das Wirtschaftlichkeitsgebot beachten und folgert daraus, daß der durchschnittliche Behandlungsaufwand einer Arztgruppe jedenfalls zunächst ein geeigneter Maßstab für die Wirtschaftlichkeitsprüfung eines Angehörigen dieser Arzt

---

[52] BSG, SozR 2200 § 368n Nr. 45; BSG, SozR 2200 § 368n Nr. 48; BSG, SozR 2200 § 368n Nr. 49; BSG vom 2.9.1987 – 6 RKa 8/87 –; BSG vom 15.12.1987 – 6 RKa 19/87 –; BSG vom 20.9.1988 – 6 RKa 22/87 –

[53] Prüfungs– und Beschwerdeausschuß, vgl. § 106 IV 1 SGB V

[54] Vgl. BSG, SozR 2200 § 368n Nr. 45

[55] BSG, SozR 2200 § 368 n Nr. 33

[56] Der Begriff wird in diesem Zusammenhang von Goetze [FN 6], S. 186, 191 zu Recht verwendet.

[57] Vgl. BSG, SozR 2200 § 368n Nr. 48; BSG, SozR 2200 § 368n Nr. 49

[58] Vgl. BSG vom 9.2.1989 – 3 RK 19/87 –

gruppe sei[59]. Der Vorteil des statistischen Vergleichsverfahrens besteht nach seiner Ansicht darin, daß unter der Vielzahl der jeweiligen Umstände einer Praxis nur wenige Vergleich-statsachen herausgegriffen zu werden brauchen[60].

Das Bundessozialgericht hat diese Rechtsprechung verschiedentlich gegen vehemente empirisch begründete Kritik verteidigt[61].

Baader hat den theoretischen Überbau wie folgt untermauert:

> Der Grundgedanke, auf dem der Schluß auf die Unwirtschaftlichkeit beruht, lautet: Erbringt der Kassenarzt unter vergleichbaren Bedingungen einzelne Leistungen häufiger als seine Kollegen, so wächst in dem Maße, in dem diese Abweichung größer wird, auch die zur Sicherheit tendierende Wahrscheinlichkeit, daß er bei diesen Leistungen über das Maß des not-wendigen hinausgeht[62].

Er fährt dann unmittelbar anschließend fort:

> Dieser Satz soll hier nicht auf seine erkenntnistheoretische Haltbarkeit untersucht werden[63].

Eine Untersuchung dieses Grundaxioms auf seine empirische Haltbarkeit ist bis heute nicht erfolgt[64].

Es ist problematisch, allgemeinverbindliche Rechtsgrundsätze aufzustellen, wenn nicht feststeht, daß diesen Grundsätzen eine entsprechende Alltagswirklichkeit korreliert.

2.2.3 Ablauf und Verteidiungsmöglichkeiten

Die statistische Prüfung der Wirtschaftlichkeit gliedert sich in vier Prüfabschnitte:

- Prüfung der Zulässigkeit des statistischen Vergleichs,
- Feststellung der Fallkostenüberschreitung,
- Prüfung von Praxisbesonderheiten,
- Feststellung des unwirtschaftlichen Mehraufwandes.

---

[59]   Ständige Rechtsprechung, vgl. z.B. BSG, SozR 2200 § 368 n Nr. 48

[60]   Vgl. BSG vom 2.9.1987 – 6 RKa 8/87 –

[61]   BSG, SozR 2200 § 368n Nr. 45; BSG, SozR 2200 § 368n Nr. 48; BSG, SozR 2200, § 368n Nr. 49; BSG vom 2.9.1987 – 6 RKa 8/87 –; BSG vom 15.12.1987 – 6 RKa 19/87 –;

[62]   Baader, Beweiswert und Beweisfolgen des statistischen Unwirtschaftlichkeitsbeweises im Kassenarztrecht, 1985, S. 15

[63]   Baader [FN 62], S. 15

[64]   Darauf weist Goetze [FN 6], S. 198 zu Recht hin.

Das Bundessozialgericht sieht einen Bereich von bis zu 20 % über und unter dem Fallkostendurchschnitt bzw. der einfachen mittleren Streubreite bei Anwendung der Gauß'schen Normalverteilung als normalen Streubereich an, in dem keine besonderen Maßnahmen veranlaßt sind[65]. Im Bereich bis zu etwa 50 % Überschreitung bzw. der doppelten mittleren Streubreite muß die Unwirtschaftlichkeit dem Kassenarzt anhand von Beispielsfällen nachgewiesen werden[66]. Hierfür genügt eine repräsentative Einzelfallprüfung[67]. Im Bereich einer Überschreitung von mehr als 50 % bzw. der doppelten mittleren Streubreite beginnt das offensichtliche Mißverhältnis[68]. Das offensichtliche Mißverhältnis erbringt einen unbedingten[69] Beweis einer unwirtschaftlichen Behandlung. Das Bundessozialgericht hat zwar diese Überschreitung mehrfach als Anscheinsbeweis[70] qualifiziert, verlangt aber, daß der Kassenarzt gegen die aus der hohen Überschreitung abgeleitete Vermutung der Unwirtschaftlichkeit den vollen Beweis führt[71]. Seine Darlegungs- und Feststellungslast umfaßt nicht nur die Abweichung seiner Praxis und Behandlungsweise von der Typik der Praxen seiner Fachgruppe. Er trägt auch das Risiko, daß die besonderen Umstände und ihre Auswirkungen nicht festgestellt werden können[71a]. Eine gegenbeweisliche Einzelfallprüfung wird für unzulässig gehalten[72].

Die Beweisvermutung zu seinen Lasten kann der Kassenarzt dadurch widerlegen, daß er Praxisbesonderheiten geltend macht.

Als Praxisbesonderheiten können anerkannt werden:

- Ausrichtung der Praxis auf besondere wissenschaftlich anerkannte medizinische Untersuchungs- und Behandlungsmethoden[73],
- besondere Praxisausstattung, soweit sie sich auf die Zusammensetzung des Patientengutes auswirkt[74],
- Erbringung aller für Diagnostik und Therapie erforderlichen Leistungen in eigener Praxis, falls die Fachgruppe hierzu häufig an andere Ärzte überweist[75],
- niedrige Fallzahlen, soweit sie nicht schon den statistischen Vergleich ausschließen[76],

---

[65] Vgl. BSG, SozR 2200 § 368n Nr. 49
[66] Vgl. BSG, SozR 2200 § 368n Nr. 44
[67] Vgl. BSG, SozR 2200 § 368n Nr. 49
[68] Vgl. BSG, SozR 2200 § 368n Nr. 48
[69] So Baader [FN 62], S. 17
[70] Vgl. BSGE 17, 87; BSG, SozR 2200 § 368n Nr. 31; BSG, ArztR 1985, 22; BSG vom 23.5.1984 – 6 RKa 1/83 –
[71] BSG, SozR 2200 § 368n Nr. 3; BSG vom 30.5.1984 – 6 RKa 17/82 –
[71a] Vgl. BSG, ArztR 1985, 22
[72] Vgl. Baader [FN 62], S. 18
[73] BSG, USK 84169; BSG, USK 82515
[74] BSG, SozR 2200 § 368n Nr. 39
[75] BSG, ArztR 1986, 45
[76] Vgl. BSG, SozR 2200 § 368n Nr. 44

– eine von der Fachgruppe stark abweichende Zusammensetzung des Patientengutes (z.B. hoher Rentneranteil)[77],
– großes Labor[78],
– unter Umständen eine hohe Anzahl von Überweisungsfällen an den Kassenarzt ohne gezielten Auftrag oder wegen seiner besonderen Ausbildung für eine bestimmte   Therapiemethode[79],
– unter ganz besonderen Umständen eine Anfängerpraxis[80].

Grundsätzlich keine Praxisbesonderheiten stellen demgegenüber dar:
– eine aufwendige Ausstattung der Praxis[81],
– die Erbringung von fachfremden Leistungen[82],
– die Behandlung schwerer Fälle[83], soweit ihre Zahl nicht das für die Fachgruppe   übliche Maß übersteigt[84].

Überhaupt nicht gehört wird der Kassenarzt mit dem Einwand, er behandele besser, gründlicher und sorgfältiger als die Ärzte seiner Fachgruppe[85]. Das Bundessozialgericht hält einen solchen Einwand für unschlüssig.

Eine erfolgreiche Verteidigungsmethode gegen Prüfbescheide stellt in der Praxis die Rüge ausreichender Begründung nach § 35 I SGB X[86] dar. Die Prüforgane sind verpflichtet, zum Umfang der unwirtschaftlichen Mehrkosten Feststellungen zu treffen und für die Kürzung eine ausreichende Begründung zu liefern[87]. Daran hapert es vielfach. Es ist den Prüfbescheiden häufig nicht einmal zu entnehmen, welche Prüfmethode ihnen denn überhaupt zugrundegelegt wurde[88].

---

[77] BSG, MedR 1987, 254 [256]; BSG, ArztR 1986, 45
[78] Vgl. BSG vom 23.5.1984 – 6 RKa 1/83 –
[79] BSG, USK 82515
[80] Vgl. dazu die die bisherige Rechtsprechung klarstellende Entscheidung des BSG vom 15.12.1987 – 6 RKa 19/87 –
[81] Vgl. BSG, ArztR 1985, 22, BSG, SozR 2200 § 368n Nr. 39
[82] Vgl. BSG, SozR 2200 § 368n Nr. 42
[83] Vgl. BSG, SozR 2200 § 368n Nr. 38
[84] BSG, SozR 2200 § 368n Nr. 31; SG Frankfurt vom 19.5.1976 – S 5 Ka 26/75 –; die gleiche Fragestellung ist derzeit beim SG Stuttgart – S 14a Ka 2133/89 – anhängig.
[85] Vgl. BSG, SozR 2200 § 368n Nr. 27
[86] Sozialgesetzbuch – Verwaltungsverfahren – vom 18.8.1980, BGBl. I S. 1469, ber. S. 2218, und vom 4.11.1982, BGBl. I S. 1450
[87] BSG, SozR 2200 § 368n Nr. 49
[88] Vgl. z.B. SG Stuttgart vom 12.9.1990 – S 14a Ka 1309/90 –

2.2.4 Konsequenzen der Wirtschaftlichkeitsprüfung

Die Wirtschaftlichkeitsprüfung führt im Regelfall zur Honorarkürzung, bei anhaltendem unwirtschaftlichen Handeln auch zu Disziplinarmaßnahmen[89] und bei groben Verstößen auch ohne vorausgegangenes Disziplinarverfahren unter Umständen zum Entzug der Kassenzulassung[90].

Sie kann auch Grundlage für einen Regreß werden.

Es ist deshalb für den Kassenarzt nicht nur von akademischer Bedeutung, ob er den Nachweis führen kann, daß seine Behandlung wirtschaftlich ist.

3. Beispielsfälle

Das Bundessozialgericht betont in ständiger Rechtsprechung, daß auch im Rahmen der Wirtschaftlichkeitsprüfung maßgebend die medizinisch notwendige Behandlung ist[91] und dem Kassenarzt diejenigen Leistungen zu vergüten sind, die er im Rahmen der kassenärztlichen Versorgung erbringen darf[92].

Wie sich dies in der Praxis darstellt, soll an zwei Fällen, einem aus dem Bereich der Allgemeinmedizin, einem aus dem Bereich der Zahnheilkunde, erläutert werden:

3.1 Bei einem Arzt für Allgemeinmedizin hatte die KV in den Quartalen I/84 bis I/85 Überschreitungen gegenüber dem Fallkostendurchschnitt bei den Gebührenziffern

253 BMÄ (intravenöse oder intraarterielle Injektionen) bis zu 290 %,
260 BMÄ (Intrakutane Reiztherapie) bis zu 1600 %,
271 BMÄ (Paravertebrale Infiltration bei mehrmaliger Anwendung) bis zu 3800 %

festgestellt.

Nach Kürzung beließ ihm der Beschwerdeausschuß bei den Gebührennummern

253 Überschreitungen zwischen 60 und 200 %,
260 Überschreitungen zwischen 850 und 1550 % und
271 Überschreitungen von 1600 bis 3600 %.

---

[89] Vgl. Hoffmann, Die Verletzung kassenärztlicher Pflichten als Grund für Disziplinarverfahren und Zulassungsentziehung, ArztR 1979, 231, 259; LSG Düsseldorf, MedR 1985, 286
[90] Vgl. BSG vom 25.10.1989 – 6 RKa 9/88 –; BSG vom 25.10.1989 – 6 RKa 28/88 –
[91] BSG, SozR 2200 § 368n Nr.48; BSG, SozR 2200 § 368n Nr.49
[92] BSG, SorR 2200 § 368n Nr.31

In Beschwerde und Klage argumentierte der Kassenarzt damit, daß diesen Leistungen kausale Einsparungen bei Arzneimittelverordnungen gegenüberstanden und legte dies auch anhand von Beispielsrechnungen dar. Das Sozialgericht wies die Klage ab[93]. In der Berufungsinstanz legte der beklagte Beschwerdeausschuß zur Stützung seiner Rechtsansicht handschriftliche statistische Auswertungen der Verordnungstätigkeit des Kassenarztes vor, aufgegliedert nach Mitgliedern, Familienangehörigen und Rentnern, allerdings nur einfach für das Gericht. Der Berichterstatter machte sich dankenswerterweise die Mühe, diese Auswertung nachzurechnen. Er stellte fest, daß der Kassenarzt vor Kürzung unter Berücksichtigung der verminderten Verordnungstätigkeit, die mit diesen Gebührenziffern notwendigerweise korreliert, nur um 2 % über dem Fallkostendurchschnitt, nach Kürzung aber um rund 10 % unter dem Fallkostendurchschnitt lag. Der Rechtsstreit wurde dann entsprechend verglichen[94].

Das Landessozialgericht war mit seiner Überprüfung der Forderung des Bundessozialgerichts nachgekommen, wonach die Prüforgane dem Einwand, Mehrleistungen in bestimmten Bereichen stünden kausale Einsparungen gegenüber, nachkommen müssen[95]. Eine solche Überprüfung geht im Rahmen des statistischen Vergleichs jedoch nur, wenn entsprechende Statistiken vorliegen. Hätte der Beschwerdeausschuß in jenem Verfahren nicht extra eine statistische Auswertung angefertigt, wäre der Prozeß für den Kassenarzt verloren gewesen, da der von ihm zu führende Kausalbeweis für die Kostenersparnis[96] bei der Vielzahl von Behandlungen pro Quartal nicht zu erbringen war.

3.2 Bei Kassenzahnärzten (Gemeinschaftspraxis) wurde in den Quartalen II – IV/1987 bei Wurzelbehandlungen Überschreitungen gegenüber dem Fallkostendurchschnitt bei den BEMA–Gebühren–Nrn.

28 (Exstirpation der vitalen Pulpa) um bis zu 1900 %,
32 (Aufbereiten des Wurzelkanalsystems) um bis zu 856 % und
35 (Wurzelkanalfüllung) um bis zu 977 %

festgestellt.
Der Beschwerdeausschuß entschied wie folgt:

> Bei den Gebühren–Nrn. 28, 32 und 35 wird der fünffache KZV–
> Leistungswert anerkannt, der Rest als unwirtschaftlich abgesetzt.
> Auch wenn durch die Röntgenaufnahme eine wirtschaftliche Tätigkeit
> weitgehend dokumentiert ist, sieht der Beschwerdeausschuß – wie auch

---

[93]   SG Stuttgart vom 22.5.1987 – S 14 Ka 1227/86 –
[94]   Verfahren LSG Baden–Württemberg – L 1 Ka 1412/87 –
[95]   BSG vom 2.9.1987 – 6 RKa 8/87 –; BSG vom 20.9.1988 – 6 RKA 22/87 –
[96]   Vgl. BSG vom 2.9.1987 – 6 RKa 8/87 –

der Prüfungsausschuß – die Unwirtschaftlichkeit in der Indikation.
Es ist nicht auszuschließen, daß aufwendig versorgte Zähne die
notwendige anschließende Behandlung (ZE) nicht bekommen.

Nachdem der Beschwerdeausschuß anhand der Überprüfung einer Vielzahl von Einzelfällen stets beste Ergebnisse bei der Wurzelbehandlung festgestellt hatte, kommt er in
Argumentationsschwierigkeiten und führt aus:

> Die Zahnärzte berichten, daß sie jeden Zahn nach Möglichkeit erhalten,
> meist fände auch eine weiterführende Behandlung (ZE) statt.
> Der Beschwerdeausschuß stellt dennoch mit seiner fachlichen Kompetenz fest,
> daß die Indikation zur WF zu großzügig gehandhabt wird, die sehr hohen
> Abweichungen ... zeigen das offensichtliche Mißverhältnis zu den übrigen
> abweichenden Zahnärzten der KZV.

Mit dem Vorsatz, nach Möglichkeit jeden Zahn zu erhalten, halten sich diese Zahnärzte
exakt an Abschnitt II Nr. 3 der Kassenzahnarztrichtlinien[97]. Nach dieser Vorschrift soll
jeder Zahn, der erhaltungsfähig und erhaltungswürdig ist, erhalten werden.

Die extreme Differenz zur Fachgruppe erklärt sich daraus, daß das Behandlungsverhalten dieser Zahnärzte zeitaufwendig ist und durch die BEMA im Verhältnis zur Alternative
prothetische Versorgung auch nicht annähernd gleichwertig vergütet wird. Vereinfacht
ausgedrückt: Die Prothetik ist die für Zahnärzte interessantere Alternative zur Zahnerhal-
tung.

Das Sozialgericht hat den Bescheid auf Klage der Zahnärzte bereits wegen Begrün-
dungsmängeln aufgehoben[98]. Die Kassen hätten die Durchführung der stichprobenweisen
Einzelfallprüfung rügen können[98a].

3.3 Da der Rahmen dieser Veranstaltung begrenzt ist, sei nur noch auf einen Artikel von
Kubitschek hingewiesen. In diesem Artikel betont Kubitschek zu Recht, daß die Einführung von neuen Untersuchungs- oder Therapiemaßnahmen, vor allem durch junge
Ärzte, die dies auf der Universität erlernt haben, unweigerlich dazu führen wird, daß sie im
Verhältnis zum Fachgruppendurchschnitt mit exorbitanten Fallzahlenüberschreitungen im
statistischen Prüfverfahren auffallen, obwohl oder gerade weil ihre Behandlungsmaßnahmen
besser als die bisherigen Behandlungen sind[99].

---

[97] Richtlinien des Bundesausschusses der Zahnärzte und Krankenkassen für eine aus reichende,
      zweckmäßige und wirtschaftliche kassenärztliche Versorgung vom 7.12.1962 (BAnz. 1963
      Nr.116), abgedruckt bei Aichberger, Sozialgesetzbuch/RVO, Nr.250
[98] SG Stuttgart vom 12.9.1990 – S 14a Ka 1309/90 –
[98a] Vgl. BSG, SozR 2200 § 368n Nr. 45
[99] Kubitschek, Perverse Statistiken, in DIE ZEIT vom 14.7.1989

Dieses groteske Ergebnis wird nicht dadurch gemindert, daß nunmehr neue Untersuchungs- und Behandlungsmethoden nach § 135 I SGB V Kassenpatienten überhaupt erst zugutekommen dürfen, wenn diese von den dazu vorgesehenen Ausschüssen anerkannt sind. Auch nach Anerkennung solcher Methoden wird es einige Zeit dauern, bis diese sich flächendeckend durchgesetzt haben.

4. Vermeidungsstrategien

Da die von mir geschilderten Fälle keine Einzelfälle sind, sondern jeder Kassenarzt hierzu eigenes Anschauungsmaterial liefern könnte, spielen Vermeidungsstrategien in der Praxis eine erhebliche Rolle.

Die derzeitige Praxis der statistischen Prüfverfahren ist durch einen geschickten Kassenarzt ohne weiteres mittels einfacher Manipulationen zu seinen Gunsten auszunutzen.

Da die Abrechnung jeweils quartalsmäßig erfolgt, fährt derjenige Kassenarzt, dessen Behandlung sich über mehrere Quartale hinzieht, statistisch gesehen grundsätzlich ungleich besser als derjenige Kassenarzt, der die gleiche Behandlung in einem Quartal zu Ende bringt[100]. Dies wirkt sich häufig zulasten von Praxisanfängern im Zahnärztebereich aus. Da diese über noch wenige Patienten und damit viel Zeit pro Patienten verfügen, führen diese in der Regel komplexe Behandlungen innerhalb von ein bis zwei Quartalen durch, wofür normalerweise ein Behandlungszeitraum von mehr als einem Jahr anfällt. Schon sind sie statistisch auffällig, da die statistische Prüfung nicht auf die absoluten Behandlungszahlen, sondern auf den jeweiligen Fallkostendurchschnitt abstellt.

Es ist ohne weiteres einsichtig, daß derjenige Arzt, der seine Behandlungstätigkeit zügig abwickelt, viel eher dem Wirtschaftlichkeitsgebot des § 12 I SGB V wie auch gesamtwirtschaftlichen Interessen nachkommt als derjenige Arzt, der die Behandlung streckt. Damit diskriminiert die statistische Wirtschaftlichkeitsprüfung, ohne daß die Rechtsprechung bisher eine Korrekturmöglichkeit zur Verfügung stellt, Behandlungsmethoden, die mit großem Aufwand über einen kurzen Zeitraum zum Erfolg kommen, gegenüber anderen, die mit gleichem oder gar höherem Gesamtaufwand über einen längeren Zeitraum zum Erfolg kommen[101].

Als weitere Ausweichstrategie kommt die Vermeidung der Behandlung von Patienten mit besonders hohen Kosten in Betracht. In der ärztlichen Literatur finden sich Berichte, daß Krebspatienten gelegentlich von Arzt zu Arzt wandern müssen, weil sie keinen finden, der die Verantwortung für die Kosten ihrer aufwendigen langfristigen Nachbehandlung übernehmen will[102].

---

[100] Darauf weist Goetze [FN 6], S. 163 ff., insbesondere S. 167 hin.
[101] Ebenso Goetze [FN 6], S. 164.
[102] Vgl. Löwenstein, Wirtschaftlichkeitsgebot und Therapiefreiheit aus der Sicht des praktischen Arztes, in: 4. Syposium über Sozialmedizin für Juristen und Ärzte, 1981, S. 37 [43].

Bereits jetzt möglich ist die Durchschnittssteuerung unter Einsatz im Handel erhältlicher Praxis-Software[103], auch in den Fällen, in denen der Einsatz von Rechnern und Software, die in der Kassenabrechnung verwendet werden, von der KV geprüft und genehmigt werden muß[104]. Erforderlich für eine Abgleichung der eigenen Fallzahlen mit der Statistik der KV ist ausschließlich, daß die eigene Software über Statistikprogramme verfügt, die mit beliebigen Daten arbeiten können. Dies ist, wie ein Blick in den Isis-Katalog zeigt, bei fast allen für Ärzte und Zahnärzte angebotenen EDV-Praxis-Programmen der Fall.

Der Einsatz solcher Systeme, vor allem wenn sie über die Möglichkeit verfügen, aus dem aktuellen Tagesprofil Quartalsprofile zu erstellen und dadurch für jeden Tag dem Kassenarzt die Übersicht ermöglichen, wie sich seine Behandlungstätigkeit nach der Statistik darstellt, eröffnet die Alternative, in bestimmten Behandlungsbereichen mit Ausnahme von Notfällen, die von der Wirtschaftlichkeitsprüfung aber nicht erfaßt werden, erst im Folgequartal zu behandeln, oder aber – was grundsätzlich nicht verboten ist – bestimmte erbrachte Leistungen, die den kritischen Bereich tangieren, nicht abzurechnen und damit gratis zu erbringen. Solche Verhaltensweisen ersparen dem Kassenarzt Ärger mit den Prüforganen, ohne daß sie beweisen, daß er sich wirtschaftlich verhält.

Es kommen auch absichtliche Falschabrechnungen vor.

In dem bereits erwähnten Fall des OLG Hamm zur Kolposkopie hatte der Kassenarzt gegenüber der Betriebskrankenkasse in den Unterlagen "Verdacht auf Portioerosion" vermerkt, obwohl diese nicht vorlag, und diese Manipulation mit abrechnungstechnischen Gründen verteidigt[105].

V. Diskussion

1. Der Kassenarzt hat Anspruch auf Orientierungssicherheit, wenn er juristische Vorgaben in seine praktische Tätigkeit umsetzen soll. Dies gilt insbesondere auch deshalb, weil er sich mit seinem Handeln täglich in einem schwierigen, vom Gesetzgeber nicht geklärten und in seinen Auswirkungen bisher auch nicht theoretisch durchdachten Zusammenwirkungsbereich von Zivilrecht und Sozialversicherungsrecht bewegt und von 3 Seiten mit Forderungen konfrontiert werden kann.

2. Die Qualität ärztlicher Leistungen dürfte sich – obwohl bisher empirisch nicht untersucht – wie bei anderen Berufsständen auch im Wege einer Gauß'schen Normalverteilung

---

[103]   Inhalte von Werbeprospekten werden auszugsweise mitgeteilt bei Goetze [FN 6], S. 159; Narr, Kassenarztrechtliche Probleme beim Einsatz eines Computers in der Praxis eines Kassenarztes, MedR 1984, 207.

[104]   Vgl. dazu Narr [FN 103], S. 210.

[105]   Vgl. OLG Hamm, AHRS, Kza 1820/5

darstellen lassen. Der Bereich der mittleren Streubreite dürfte dabei im Regelfall einer durchschnittlichen Behandlungsqualität entsprechen.

Haftungsrechtlich schuldet der Kassenarzt nicht eine jeweils durchschnittliche Behandlung, sondern eine tendenziell stets optimale Behandlung.

Es spricht deshalb einiges dafür, daß ein im Sinne der Wirtschaftlichkeitsprüfung unauffälliges kassenärztliches Handeln, das sich in der mittleren Streubreite der Gauß' schen Normalverteilung bewegt, mit dem haftungsrechtlich geforderten Behandlungsstandard nicht korreliert. Trifft diese Überlegung zu, die mangels empirischer Untersuchungen nicht weiter verifiziert werden kann, entfällt das Grundaxiom, auf den sich bisher die Berechtigung der statistischen Wirtschaftlichkeitsprüfung stützt. Weder eine die einfache noch die doppelte mittlere Streubreite überschreitende Behandlungstätigkeit des Kassenarztes indiziert dann eine unwirtschaftliche Behandlung. Das Argument könnte genau umgekehrt lauten, daß die Überschreitung eine besonders sorgfältige Behandlungstätigkeit indiziert.

Daß in der Praxis häufig nicht nach den Regeln der ärztlichen Kunst verfahren wird, sollen beispielhaft zwei Auszüge aus Praxishandbüchern verdeutlichen:

> Am Anfang jeder Chemotherapie[106] muß die exakte Indikationsstellung
> stehen. Diese an sich banale und für jede Therapie gültige Forderung
> wird gerade auf dem Gebiet der Chemotherapie häufig nicht erfüllt.
> Allzuoft werden Antibiotika schon eingesetzt, wenn Symptome auftreten,
> die möglicherweise für eine Infektion sprechen. Dadurch kommt es
> zu einer Verschleierung des Krankheitsbildes, die Diagnostik wird
> erschwert und eine zielstrebige Therapie evtl. verhindert. Chemo-
> therapeutika... sind nur dann indiziert, wenn mit größtmöglicher
> Wahrscheinlichkeit eine behandlungsbedürftige Infektionskrankheit
> vorliegt. Dies setzt die klinische Diagnose und möglichst auch die
> bakteriologische Erregerdiagnose voraus[107].

> Antibakterielle Substanzen werden häufig ohne begründete Indikation
> (z.B. bei Viruserkrankungen) oder unsachgemäß mit schlechtem
> klinischen Erfolg eingesetzt. Der häufigste Mißbrauch erfolgt bei
> der Behandlung von Fieber, das nicht unbedingt auf eine bakterielle
> Infektion zurückzuführen ist. Ohne Nachweis einer bakteriellen
> Besiedlung sollte, wenn möglich, keine Chemotherapie durchgeführt
> werden, bis klinische Befunde und Laborergebnisse die Infektion
> bestätigen und auf ein wirksames Mittel hinweisen[108].

---

[106] Unter Chemotherapie ist jede antibiotische Therapie zu verstehen.
[107] Peters, Grundprinzipien der antibakteriellen Chemotherapie, in: Krück/Kaufmann/Bünte/ Gladtke/Tölle (Hrsg.), Therapie–Handbuch, 2.A., 1987, S. 79
[108] MSD–Manual, 4.A., 1988, S. 1206

Der Kassenarzt, der diesen Empfehlungen folgt, hohen Laboraufwand betreibt und die nach der Rechtsprechung des Bundesgerichtshofs sich aus der Nichterhebung einfachster Diagnose– und Kontrollbefunde ergebenden haftungsrechtlichen Konsequenzen vermeiden will[109], findet sich fast unweigerlich im Bereich der statistisch nachgewiesenen Unwirtschaftlichkeit bei den entsprechenden Gebührenziffern wieder, nur mit dem Unterschied, daß es ihm im Wirtschaftlichkeitsprüfungsverfahren schwerfällt, nachzuweisen, warum er häufig Laboruntersuchungen durchführen läßt[110], während es umgekehrt im Arzthaftungsprozeß Patienten leicht fällt, den Vorwurf unterlassener Diagnostik zu erhärten.

Schließlich darf nicht verkannt werden, daß der Kassenarzt freier Unternehmer ist und seine Behandlungsmethoden nicht nur nach medizinethischen Gesichtspunkten auswählen wird.

3. Läßt man den Fall, daß die gesetzliche Krankenversicherung zweckmäßige Behandlungsmethoden überhaupt nicht erstattet, weil sie neu sind, außer Betracht, sind nur zwei Lösungsmöglichkeiten denkbar:

Entweder folgen die Behandlungsansprüche des Patienten und damit die haftungsrechtlichen Anforderungen den Ergebnissen der Wirtschaftlichkeitsprüfung oder es folgt der Vergütungsanspruch des Kassenarztes dem Behandlungsanspruch des Patienten und den haftungsrechtlichen Anforderungen.

Die erstere Möglichkeit kommt nur in Betracht, wenn sich aus der Wirtschaftlichkeitsprüfung eindeutige, die Behandlungsansprüche des Patienten limitierende Folgerungen ziehen lassen. Dies ist nicht der Fall. Die Wirtschaftlichkeitsprüfung steht ohne Bezug zu einer konkreten Behandlung. Sie kann wegen der quartalsmäßigen Betrachtung und ihrer Auswertung ex post zu unterschiedlichen Ergebnissen führen und Behandlungsweisen des selben Arztes im einen Quartal als unproblematisch, im anderen Quartal als statistisch unwirtschaftlich kennzeichnen[111].

Damit verbleibt als andere Lösungsmöglichkeit nur das Primat des Behandlungsanspruchs des Patienten, der sich mit dem Stand der medizinischen Wissenschaft deckt und damit, wenn man so will, das Primat des Haftungsrechts. Dies bedeutet, daß jede medizinisch indizierte Behandlung auch zu vergüten ist. Medizinisch indiziert ist jede Behandlung, die keine Übermaßbehandlung darstellt und der auch nicht andere, weniger kostenträchtige, im übrigen aber gleichwertige Behandlungsmethoden entgegenstehen.
Dies bedeutet nicht das Ende der statistischen Wirtschaftlichkeitsprüfung. Eine ausschließliche Einzelfallprüfung ist in der Tat nicht durchführbar. Die Zahl der jährlich in der Bundesrepublik abgerechneten Behandlungsfälle geht schließlich in die Millionen.

---

[109] Vgl. die Nachweise bei Steffen [FN 14], S. 119 f.
[110] Ein solcher Fall ist derzeit beim LSG Baden–Württemberg – L 5 Ka 2144/88 – anhängig.
[111] Zwei solche Fallgestaltungen sind derzeit beim SG München anhängig – S 38 Ka 1645/89 – und – S 38 Ka 937/90 –. Ein Fall dieser Art ist beim SG Stuttgart unter dem Aktenzeichen S 14a Ka 2133/89 anhängig.

Dem Kassenarzt muß aber eine praktikable Möglichkeit gegeben werden, nachzuweisen, daß er richtig behandelt. Nicht die Frage, ob er richtiger oder sinnvoller als andere Kassenärzte behandelt, ist zu überprüfen. Es muß ihm jedoch der Nachweis möglich sein, daß er im Rahmen seiner Therapiefreiheit[112] medizinisch zweckmäßig und wirtschaftlich behandelt.

4. Ich schlage daher folgende Lösung vor:

1. Die statistische Überprüfung bleibt weiterhin die Grundlage der Wirtschaftlichkeitsprüfung.

2. Bei Auffälligkeiten (> +/– 20 % bzw. einfache mittlere Streubreite) wird wie bisher eine stichprobenweise Einzelfallprüfung durchgeführt. Erweist sich bei der Stichprobenprüfung die Behandlung als indiziert, entfällt die Kürzung. Die Beweislast liegt insoweit bei den Prüforganen.

3. Liegt nach der statistischen Prüfung ein auffälliges Mißverhältnis vor, ist es Aufgabe des Kassenarztes, anhand einer repräsentativen Zahl von Einzelfällen darzulegen und nachzuweisen, daß und warum seine Behandlung trotz des auffälligen Mißverhältnisses medizinisch zweckmäßig und wirtschaftlich ist. Gelingt ihm dies, entfällt die Kürzung.

---

[112] Vgl. dazu u.a. BGH, NJW 1984, 1810 = Ratajczak/Stegers [FN 8], Rz. 269; BGH, VersR 1988, 179 = Ratajczak/Stegers, Rz. 271; VersR 1988, 493 = Ratajczak/Stegers, Rz. 534

Die Patient–Arzt–Beziehung:
Von Paragraphen umstellt.

Klaus–Dieter Kossow

Der Arzt ist an den Auftrag des Patienten gebunden, der ihn aufsucht, wenn er sich bei Gesundheitsproblemen selbst nicht mehr helfen kann, wenn er Rat zur Vorbeugung oder Rehabilitation sucht, oder wenn er Ansprüche aus sozialen Kassen im Zusammenhang mit einem Beratungs– oder Heilverfahren etc. in Anspruch nehmen möchte.

In der BRD setzen die Patienten diesen ihren Anspruch machtvoller durch als dies in anderen Industriestaaten der Fall ist. Bei uns herrscht freie Arztwahl. Ärzte, die den Patientenanspruch nicht erfüllen, werden "abgewählt". Mindestens von Quartal zu Quartal ist ein Arztwechsel unproblematisch.

Die Anforderungen der Patienten gliedern sich im wesentlichen in folgende Bereiche:

1. Medizinische Sachkunde.
Zunehmend informieren Patienten sich über Selbsthilfeorganisationen, wie z.B. Rheumaliga und Diabetikerbund, über die Kompetenz der Ärzte.

2. Freundlichkeit bis hin zu seelsorgerischer Anteilnahme. Ärzte, die aus der Sicht der Patienten Verhaltensmängel aufweisen, werden abgelehnt.

3. Koordinationsfunktion.
Wenn Ärzte nicht in der Lage sind selbst zu helfen, dann erwartet der Patient, daß der Arzt ihm einen geeigneten Spezialisten, ein Institut oder eine Fachklinik vermittelt, die zur Lösung der Patientenprobleme in der Lage ist.

4. Die anwaltliche Funktion des Arztes.
Es wird erwartet, daß der Arzt die Interessen des Patienten auch dann vertritt, wenn es zu Konflikten mit der Gesellschaft kommt. Beispielsweise soll die Dauer einer Arbeitsunfähigkeit nicht nach objektiven Kriterien, sondern nach dem subjektiven Bedürfnis des Patienten bemessen sein. Der Anwalt und nicht der objektive Sozialrichter ist gefragt.

Damit ist der Konflikt zwischen Individuum und Gesellschaft schon angesprochen. Patienten setzen ihre Ansprüche gegen den Arzt über die freie Arztwahl durch; der Gesetzgeber tut dies über sanktionsbewehrte Rechtsnormen. Dies zieht sich wie ein roter Faden durch den Arbeitsalltag des Kassenarztes und bestimmt das ärztliche Verhalten mittlerweile in ebenso starkem Maße wie die klassischen Regeln der ärztlichen Kunst. Das Verhalten des Arztes wird nicht nur durch den Wunsch des Patienten, durch die objektiven Normen der naturwissenschaftlichen Medizin, sondern ebenso und mit sich verstärkender Tendenz auch durch die Rechtsnorm bestimmt, die die Gesellschaft der Patient–Arzt-Beziehung setzt. Patient und Arzt sind von Paragraphen umstellt.

Schon der § 1 der Bundesärzteordnung formuliert das Grundproblem: Der Arzt ist der Gesundheit des einzelnen und des gesamten Volkes verpflichtet. Er ist seiner Natur nach ein freier Beruf und kein Gewerbe.

Es hat gute Gründe, daß die Gesellschaft den Arzt nicht nur dem hilfesuchenden Individuum verpflichtet, sondern auch der Gemeinschaft. Gesundheitspflege ist eben nicht nur elementare Grundlage der Lebenschancen des einzelnen Menschen. Sie ist immer auch ein Kollektivvorhaben. Die Seuchen wären ohne die Anstrengungen aller und ohne das Hintenanstellen individueller Interessen nicht zu besiegen. Die aufwendigen Maßnahmen der modernen Medizin wären ohne kollektive Finanzierungssysteme nicht darstellbar. Das Zukunftsgut Gesundheit macht es erforderlich, die Leistungen für künftige Krankheitstage schon in Perioden gesunder ungebrochener Schaffenskraft anzusparen.

Insbesondere die Gesetzgebung und Rechtsprechung im Bereich des Sozialrechtes – aber auch in anderen Rechtsbereichen – bauen darauf auf, daß Gesundheitspflege ohne Bestandsschutz des Sozialstaates unmöglich ist. Der Arzt wird durch ein umfassendes und immer differenzierteres bürokratisches System zunehmend intensiver auf seine Sozialpflichtigkeit hingewiesen. Dies gilt insbesondere für die kassenärztliche Wirtschaftlichkeitskontrolle.

Diese Tendenz, das Zusammenspiel zwischen Individuum und Gesellschaft sowie deren Interessenausgleich vorzugsweise über gesetzliche Regelungen vorzunehmen, hat in Vergessenheit gebracht, daß letztendlich der Beitrag des Individuums zu gesellschaftlichen Belangen nur wirksam durch die Moral geregelt werden kann. ''Was Du nicht willst, daß man`s Dir tu, das füg auch keinem anderen zu!'' Nur die Einsicht, daß der einzelne immer auch von der Gesellschaft abhängig ist, kann diesen motivieren, seinen Beitrag zur Gesellschaft im Rahmen seiner Kräfte zu leisten. Dies gilt auch für Patient und Arzt. Was Einsicht beispielsweise in bezug auf die Notwendigkeit zum sparsamen Umgang mit den Mitteln der Gesellschaft nicht vermag, das schafft – von wenigen Ausnahmen abgesehen – auch gesetzlicher Zwang nicht. Und wenn überhaupt Zwang wirksam ist, dann muß er im Portemonnaie des Einzelnen spürbar sein. Wenn es Freibier gibt, ist der Konflikt zwischen Durst und Verzicht gleich Null. Da Gesundheitspflege immer auch eine kollektive Veranstaltung ist und dies halte ich für unbestreitbar läßt sich der Konflikt zwischen Individuum und Gesellschaft auf ethischer Grundlage nur lösen, wenn es eine kollektive Moral gibt. Dieses aber ist in pluralistisch–demokratischen Gesellschaften nicht denkbar. Über gut und böse entscheidet hier der Einzelne, ebenso wie über Sinn und Ziele seines Lebens, wenngleich sich insbesondere in der intellektuellen Publizistik eine Vielzahl von Sinngebungsaposteln hervortun.

Ich gehe davon aus, daß man auf ethischer Ebene nur den Einzelnen ansprechen kann und bin deshalb ganz entschieden der Meinung, daß im Konflikt zwischen Individuum und Gesellschaft in Fragen der Gesundheitspflege soviel wie möglich in der Patient–Arzt-Begegnung entschieden werden muß. So wenig wie möglich sollte durch übergeordnete bürokratische Gremien geregelt werden. Der Arzt ist nach seinem traditionalen Selbstverständnis nicht objektiver versorgungsstaatlicher Zustellungsfunktionär, der ohne Ansehen der Person entscheidet. Er orientiert sich an den individuellen Aspekten, die seine Patienten ihm bieten, und entscheidet unter Berücksichtigung derselben auch darüber, welchen Umfang die Behandlung haben soll und was diese kosten darf.

Folglich muß die Entscheidung über die Auflösung des Konflikts zwischen Individuum und Gesellschaft bei der Inanspruchnahme sozialer Kassen dorthin zurück verlagert werden, wo er entstanden ist, nämlich in das Sprechzimmer des Arztes. Das geeignete Instrument hierfür ist die Selbstbeteiligung, wo immer sie sozial tragbar ist.

Diese Überlegungen muß ich vorausschicken, bevor ich mich nun im folgenden mit den verheerenden Auswirkungen gesetzlicher Regelungen auf die Patient–Arzt–Beziehung befasse. Denn diese Erwägungen werden letztlich immer von der Frage begleitet, ob soviel gesetzliche Normen, wie sie für die Regelung der Patient–Arzt–Beziehung entwickelt wurden, wirklich nötig sind. Paragraphen die es nicht gibt, können auch keine Probleme bewirken.

Es sind im wesentlichen 5 Rechtsgebiete, die der Arzt im Sprechstundenalltag zu beachten hat:

1. Bürgerlich–rechtlich findet die Patient–Arzt–Begegnung aufgrund eines Dienstleistungs vertrages statt, der den Arzt verpflichtet, sich nach den Regeln der ärztlichen Kunst um die Pflege und Wiederherstellung der Gesundheit des Patienten zu bemühen. Hierbei werden die Normen für die Regeln der ärztlichen Kunst durch die fachgutachtlich gestützte höchstrichterliche Rechtsprechung ständig verfeinert. Der Patient schuldet aus dem Dienstleistungsvertrag zwischen Patient und Arzt die Bezahlung des Honorars entweder nach der amtlichen Gebührenordnung oder durch Hergabe des Krankenscheins nach dem Sozial recht.

2. Fast jede Patient–Arzt–Begegnung bietet auch strafrechtliche Aspekte, weil die meisten medizinischen Eingriffe mit Körperverletzungen verbunden sind, ganz gleich ob diese durch chirurgische Maßnahmen, durch Injektionen, durch Vergiftung des Organismus durch Arzneimittel und ähnliches geschieht. Körperverletzung aber ist prinzipiell strafbar. Straffreiheit ist nur gegeben, wenn sie mit Zustimmung des Betroffenen geschieht und nicht gegen die guten Sitten verstößt. Die Zustimmung des Betroffenen aber ist nur rechtswirksam, wenn er zuvor über Wirkungen und Nebenwirkungen der Körperverletzung durch den Arzt so aufgeklärt worden ist, daß er den Inhalt dieser Informationen auch hat verstehen können. Die Juristen mögen mir nachsehen, wenn ich diese Zusammenhänge in meiner Trivialsprache formuliere. Über die Trennschärfe juristischer Begrifflichkeit verfüge ich mangels Bildungsniveau nicht. Mir kommt es auch nur darauf an zu zeigen, daß sowohl die Trends zivilrechtlicher als auch strafrechtlicher Normen den Arzt zu immer mehr Sorgfalt zwingen, wenn er sich nicht in eigene Existenzrisiken bringen will.

Dies gilt auch für den nächsten Rechtsbereich.

3. Das Datenschutzrecht unterliegt als relativ junges Recht besonders stürmischer Entwick lung. Selbst der Gesetzgeber tut sich schwer, die rechtlichen Normen, beispielswei-

se des Sozial- und Zivilrechts, auf das Datenschutzrecht abzustimmen. Um so problema-
tischer wird es für juristische Laien hier noch zu folgen.Erinnert sei in diesem Zusammenhang an die Aufregungen des letzten Sommers um die Diagnose auf Krankenschein. Für
den Arzt sind die Konsequenzen im wesentlichen bürokratischer Natur.Er muß etwa bei
Übergabe der Praxis an einen anderen Arzt, aber auch bei Weitergabe von Befunden
Formen wahren, die in früheren Jahren nicht gefragt waren, weil zwischen Patient und Arzt
ein gewisses Einverständnis darüber herrschte, welche Informationen im Rahmen des
Ver trauensverhältnisses weitergegeben werden durften und welche nicht.Heute formali-
siert sich diese Beziehung mit der Konsequenz, daß mimdestens Praxiskosten entstehen,
wenn nicht sogar Schadensersatzrisiken, falls der Arzt die formalen Aspekte des Daten-
schutzes unbeachtet lassen sollte.

4. Auch das ärztliche Berufsrecht macht dem Arzt das Leben nicht leichter. Erinnert sei hier
nur daran, daß die Fachgebietbegrenzung es den Ärzten verbietet, so ohne weiteres alle
Leistungen zu erbringen, die zur Gesundheitspflege nötig sind.

5. Zusätzlich zu diesen 4 Rechtsbereichen, die für jeden Arzt Probleme bieten, gilt für die
Patient–Arzt–Beziehung in der Kassenpraxis zusätzlich noch das Sozialrecht. Dieses ist
bekanntlich bis zum 31.12.1988 durch die RVO formuliert gewesen und seit 01.Januar
1989 durch das Gesundheitsreformgesetz als V.Buch in die Sozialgesetzbücher aufge-
nom-- men worden.Inhaltlich bietet es für den Kassenarzt eine Fülle von Problemen. Deren
wichtigstes ist der außerordentlich große Richtlinienumfang. Es ist unmöglich für die Kas-
– senärzte geworden, den Patienten sozialrechtskonform zu behandeln und dann auch noch
zu erwarten, daß er im nächsten Quartal wiederkommt. Ich bin mir der Tatsachen voll
bewußt, daß dies eine ungeheuerliche Aussage ist. Ich werde im folgenden zur Begründung
noch Ausführungen machen.

Nach § 70 SGB V hat der sozialversicherte Patient Anspruch auf eine Versorgung durch
den Kassenarzt nach ''dem Stand der medizinischen Erkenntnisse''. Hierbei ist das Maß
des Notwendigen, Zweckmäßigen und Wirtschaftlichen zu beachten. Diese unbestimmten
Rechtsbegriffe werden inhaltlich durch die Richtlinien des Bundesausschusses Ärzte/
Krankenkassen nach § 92 SGB V und durch die Entscheidungen der Prüf- und Beschwer-
degremien im Rahmen der Wirtschaftlichkeitskontrolle näher konkretisiert.

Durch Richtlinien und Rechtsprechung wird ein Ausgleich zwischen dem Recht des
Patienten auf Wiederherstellung und Pflege seiner Gesundheit, dem Recht des Arztes,
Entscheidungen im Rahmen seiner Berufsfreiheit eigenständig zu treffen, und dem Schutz
des Sozialstaates angestrebt, der ohne jeden Zweifel in Gefahr geriete, wenn beliebig mit
seinen Mitteln umgegangen würde.

Die alles entscheidende Frage ist nun, ob dieser Ausgleich zwischen den Interessen des
Patienten an der Gesundheitspflege, Interessen des Arztes, hierbei zweckdienliche Entscheidungen treffen zu können, und Interesse des Sozialstaates an seinem Bestandsschutz
noch nach rechtsstaatlichen Prinzipien funktioniert.

Es lassen sich bereits Einzelfälle beobachten, wo dies ohne jeden Zweifel nicht mehr der
Fall ist. Darüberhinaus gibt es für mich beunruhigende Aspekte, die befürchten lassen, daß
in Zukunft noch mehr Probleme entstehen werden.

Die abstrakte Staatsgewalt tritt Patienten nämlich nicht mit einer Stimme gegenüber, deren Aussagen durch innere Logik und Beachtung der Denkgesetze gekennzeichnet wäre. Vielmehr sind Widersprüche an der Tagesordnung.

Die abstrakte Staatsgewalt wird konkret durch die Legislative, also die Parlamente, durch die Exekutive, also Regierung und Verwaltung, und durch die Judikative, also die Rechtsprechung. Die Aussagen dieser 3 Gewalten widersprechen sich aus der Sicht des Kassenarztes, der ihre Gebote zu befolgen trachtet. Hier möchte ich noch einmal darauf hinweisen, daß es dem geschulten Juristen gelingen mag, alles in ein geschlossenes System zu fügen. Der durchschnittlich sprachbegabte Kassenarzt kann den Geboten von Legislative, Exekutive und udikative oft nur Widersprüchliches entnehmen.

Lassen Sie mich dies an Beispielen verdeutlichen:

Die Parlamente haben der ärztlichen Therapiefreiheit auch mit Mitteln der besonderen Therapierichtungen einen hohen Stellenwert eingeräumt und schon in den ersten Paragraphen des V. Sozialgesetzbuches bestimmt, daß z.B. Homöopathie, Anthroposopohie und Phytotherapie nicht ausgeschlossen werden dürfen. Dies hindert aber weder die Regierung bei der Formulierung von Negativlisten nach § 34 SGB V noch den Bundesausschuß Ärzte/ Krankenkassen bei der Formulierung der Arzneimittelrichtlinien nach § 92 daran, den therapeutischen Nutzen von Arzneimitteln der besonderen Therapierichtungen in Frage zu stellen. Auch in der Sozialgerichtsbarkeit wird über die Verordnungsfähigkeit solcher Arzneimittel aufgrund von Gutachten entschieden, die von naturwissenschaftlich ausgewiesenen Hochschulpharmakologen erstellt werden. Deren Urteil kann aber nach § 70 SGB V nur auf einem Stand der medizinischen Erkenntnisse fußen, der die Mittel der besonderen Therapierichtungen als unwirksam und daher nicht notwendig ausweist. Ob beispielsweise Homöopatika verordnet werden dürfen oder nicht, ist in den verschiedenen Aussagen der Legislative, der Exekutive und der Judikative widersprüchlich. Dies bringt den Arzt in eine Situation, in der er sich etwa im Wirtschaftlichkeitskontrollverfahren ex post für einen Sachverhalt rechtfertigen muß, den er ex ante überhaupt nicht beurteilen konnte. Die Verordnungstätigkeit des Kassenarztes wird zum Russischen Roulett, und zwar in vielerlei Beziehung:

Verordnet der Arzt differente stark wirksame Präparate bei geringfügigen Gesundheitsstörungen, so bringt er sich in das Risiko gegen den Grundsatz des ''nil nocere'' zu verstoßen. Hieraus resultieren unter Umständen Schadenersatzforderungen des Patienten, und zwar insbesondere dann, wenn Injektionen verabfolgt werden, ohne daß der Patient den Beipackzettelinhalt, der bekanntlich Bestandteil der Zulassung nach dem Arzneimittelgesetz ist, beachtet hat. Verordnet der Arzt ein mildes Therapeutikum, weil er es bei entsprechend geringer Symptomatik für angemessen hält, so gerät er in die Gefahr gegen den ''Stand der medizinischen Erkenntnisse'' nach § 70 SGB V zu handeln. Mindestens setzt er sich dem Vorwurf aus, eine nicht notwendige Placebotherapie betrieben zu haben.

Hinzu kommt, daß Qualitätsnormen des Arzneimittels und die Arztneimittelzulassung eigentlich nicht sozialrechtlich, sondern durch das Arzneimittelgesetz geregelt werden müssen.

Die Schwierigkeiten werden noch dadurch verstärkt, daß der Stand der medizinischen Erkenntnisse an Hochschulkliniken und Instituten formuliert wird, wo sich für gewöhnlich nur Schwerkranke finden. An diesem Krankengut erarbeitete Behandlungsnormen sind in vielen Fällen im Arbeitsalltag einer Kassenpraxis von fragwürdigem Nutzen, weil sich dort ein nicht selektiertes Krankengut findet, welches von dem klinischen abweicht. Behandlungsregeln aus der Praxis für die Praxis sind jedoch nur selten medizinisch ausreichend abgesichert, weil es hierzulande an einer allgemeinmedizinischen Pharmakologie und Epidemiologie noch weitgehend fehlt.

Ein weiteres Beispiel für Uneindeutigkeit oder sogar Widersprüchlichkeit zwischen den Aussagen des Gesetzes und der Verwaltung liefert die sog. Segelanweisung zur Anwendung der Negativliste, welche nach dem alten § 182 f 2 der RVO formuliert wurde und heute noch für den § 34 SGB V gilt. Nach dieser Norm ist die Verordnung von Mitteln gegen grippale Infekte und Erkältungskrankheiten für Erwachsene zu Lasten der gesetzlichen Krankenversicherung ausgeschlossen. Die eben zitierte ''Segelanweisung'' , welche zwischen den Spitzenverbänden der Krankenkassen und der Kassenärztlichen Bundesvereinigung vereinbart wurde, besagt nun, daß grippale Infekte und Erkältungskrankheiten im Sinne dieses Gesetzes Erkrankungen sind, bei denen der Patient sich erkältet fühlt. In solchen Fällen muß er dann sein Medikament selbst bezahlen. Demzufolge sind Aspirintabletten bei Grippekopfschmerzen selbst zu bezahlen. Hat hingegen der Patient bei dem gleichen grippalen Infekt auch Fieber, hat er also eine objektiv schwere Erkrankung mit meßbaren Symptomen, wie Fieber eines ist, so muß das Aspirin zur Fiebersenkung die Krankenkasse bezahlen. Es braucht nicht näher begründet zu werden, daß hier Rechtsunsicherheit schon deshalb gegeben ist, weil objektive Trennungskriterien zwischen Erkältungskrankheit mit Befindlichkeits– und Erkältungskrankheiten ohne Befindlichkeitsstörungen gar nicht gegeben sind.

Eine weitere Quelle unauflösbarer Konflikte liegt in den Widersprüchen zwischen den Imperativen der verschiedenen Rechtsbereiche. Zivilrecht und Strafrecht stellen zunehmend höhere Anforderungen an die Sorgfalt des Arztes. Sie zwingen ihn, abwendbar gefährliche Krankheitsverläufe auch tatsächlich vom Patienten abzuwenden; sie zwingen ihn, den Patienten umfassend aufzuklären und eine Datenlage zu erarbeiten, die es nicht nur dem Arzt, sondern auch dem Patienten möglich macht, das Risiko eines Eingriffs zu beurteilen und dann zu entscheiden, ob z.B. eine Operation sofort vorgenommen oder aufgeschoben werden sollte. Hier ist dann die Frage, ob der notwendige Umfang differential–diagnostischer Maßnahmen durch Patient und Arzt oder durch die Wirtschaftlichkeitskontrolle des Sozialrechts bestimmt werden.

Der Informatiker Karl Steinbuch lehrt uns, daß ''Information der Stoff ist, aus dem Entscheidungen gemacht werden''. Wenn Arzt und Patient die Pflicht haben, über Umfang und Zeitpunkt therapeutischer Maßnahmen zu entscheiden, dann muß ihnen auch das Recht gegeben werden, den Umfang der Diagnostik zu bestimmen, welche ja schließlich die Informationen liefern, aufgrund derer entschieden werden kann.

Tatsache ist nun aber, daß es eine Vielzahl von rechtlichen Bestimmungen außerhalb des Zivil– und Strafrechtes gibt, die das Recht des Arztes einschränken, Art, Umfang und Qualität diagnostischer Maßnahmen, die er zur Grundlage für seine Entscheidungen braucht, selbst zu bestimmen. Analoges gilt im übrigen für den Patienten, der ja immerhin im Falle von Körperverletzungen einen Anspruch auf umfassende Informationen hat, weil ohne diese die Zustimmung zur Körperverletzung nicht rechtswirksam wird. Lassen Sie mich dies nun an einem Beispiel veranschaulichen:

Ein Frauenarzt, der sich entschließt, einer Patientin eine Operation oder auch Hormon-
behandlung zu empfehlen, muß sich über den Gesundheitszustand der hormonabbauenden
Organe informieren. Er ist berufsrechtlich gehindert, dieses selbst zu tun, weil er sich auf
sein Fachgebiet beschränken muß. Analoges gilt für die Feststellung der Operationsfähig

keit. Folglich ist er zur Zusammenarbeit mit einem anderen Arzt gezwungen, was für ihn
in Bezug auf die Auswahl von dessen Leistungsqualität unter Umständen haftungsrecht-
liche Implikationen zur Folge hat. Außerdem können datenschutzrechtliche Probleme
entstehen, weil aussagekräftige Konsultationsergebnisse nur bei umfassender Mitteilung
über den Zustand des Patienten zu erwarten sind, andererseits aber das informationelle
Selbstbestimmungsrecht des Patienten einer umfassenden Übermittlung von Anamnesen,
Daten und Befunden Grenzen setzt.

Selbst wenn der Arzt den erforderlichen diagnostischen Aufwand berufsrechtlich in
eigener Regie betreiben darf, entstehen erheblich Konflikte durch die Wirtschaftlichkeitskontrolle des Sozialrechts. Je straffer sich der diagnostizierende Arzt am Stand der
medizinischen Erkenntnisse orientiert und je sorgfältiger er denkbare Risiken durch
diagnostische Maßnahmen ausschließt, umso überdurchschnittlicher wird analog zu seiner
überdurchschnittlichen Sorgfalt und Arbeitsleistung auch sein Aufwand. Es wird das
offensichtliche Mißverhältnis überschritten. Dies hat keine Konsequenzen, wenn der Arzt
seiner Beweislast in Bezug auf Praxisbesonderheiten und kompensatorische Einsparungen
im ursächlichen Zusammenhang mit den Überschreitungen genügen kann. Ob er dazu in
der Lage ist, hängt allerdings vom Einzelfall ab.

Das Problem besteht nun darin, daß weder in der Diagnostik noch in der Therapie
sichergestellt werden kann, daß die Orientierung am sozialrechtlich vertretbaren Durch-
schnittsaufwand auch in jedem Falle ausreicht, um straf- und zivilrechtlich gebotene
Behandlungsumfänge zur Vermeidung abwendbarer gefährlicher Verläufe und zur Sicherstellung des Aufklärungsanspruchs der Patienten auch tatsächlich zu finanzieren.

Kategorisch waren diese Konflikte zwischen straf- und zivilrechtlichen Normen und
sozialrechtlichen immer schon angelegt. Durch die Blümsche Sozialrechtsreform sind sie
erheblich verschärft worden, weil die Wirtschaftlichkeitskontrolle und das Richtliniensy-
stem verschärft wurden und weil darüber hinaus Etatvorgaben durch Richtgrößen und
Grundlohnsummenbindung des Arzthonorars vorgenommen wurden. Der Zwang zur
Orientierung an Durchschnittswerten und Richtgrößen bringt es mit sich, daß Ärzte in der
Wirtschaftlichkeitskontrolle auf der sicheren Seite leben, wenn sie überwiegend die
unmodernen Festbetragspräparate verordnen. Demgegenüber entspricht es in vielen Fällen
etwa bei der Behandlung von Fettstoffwechselstörungen und Hypertonien dem Stand der
medizinischen Erkenntnisse gem. § 70, wenn sie moderne patentgeschützte Präparate
verordnen, deren Tagestherapiekosten bis zum Faktor 10 höher sind als die der unmodernen Präparate.

Eine kurzfristige Lösung der oben aufgezeigten Probleme scheint mir nicht möglich,
weil in unserem Staate die Diskussion über Gesundheitspolitik aus der Mode gekommen
ist. Nicht zuletzt als Folge der Einbettung des Krankenversicherungsressorts in das Sozialministerium werden Probleme der Gesundheitssicherung in erster Linie vor dem Hinter
grund sozialpolitischer, wirtschaftspolitischer und fiskalpolitischer Zielsetzungen gese

hen. Nicht die Optimierung der Gesundheitspflege wird als politisches Ziel verstanden, sondern die Sicherung von Beitragsstabilität. Ökonomische Aspekte dominieren in der Zielhierarchie. Gesundheitsziele gelangen oft bereits deshalb ins Hintertreffen, weil man sie weniger exakt quantifizieren kann als den Geldverbrauch, welcher stets in Mark und Pfennig nachweisbar ist. Demgegenüber ist die Minderung von Schmerzen und die Verbesserung von Lebenschancen nur grob abschätzbar und metrische Resultate der Gesundheitspflege, wie z.B. die Besserung der Lebenserwartung oder der Mütter- und Säuglingssterblichkeit, stehen oft erst Jahrzehnte nach der Leistung zur Verfügung, aufgrund der sie bewirkt wurden.

Bei dieser Sachlage erscheint mir eine Neuformulierung der Gesundheitspolitik erforderlich, welche auszugehen hat von prioritären Zielen der Gesundheitspflege, welche die Rolle des Patienten bei der Mitentscheidung über die aufzuwendenden Mittel durch Selbstbeteiligung und durch Wahltarife stärkt, und welche es mehr als bisher ermöglicht, die unvermeidlichen Konflikte zwischen Individuum und Gesellschaft in der Begegnung zwischen Patient und Arzt zu diskutieren und durch eine Entscheidung vor Ort aufzulösen.

Zum Widerstreit zwischen Behandlungsauftrag und kassenzahnärztlichem Wirtschaftlichkeitsgebot

Thomas Muschallik

Der zahnärztliche Behandlungsauftrag

Sowohl im Rahmen einer privatzahnärztlichen als auch einer kassenärztlichen Behandlung ist der Zahnarzt grundsätzlich berechtigt und verpflichtet, seinem Patienten die nach den Regeln der zahnärztlichen Kunst für eine zahnmedizinisch notwendige zahnärztliche Versorgung erforderlichen Leistungen angedeihen zu lassen. Für die privatzahnärztliche Behandlung folgt dies unmittelbar aus § 1 Abs.2 GOZ, im Bereich der kassenärztlichen Behandlung besteht ein im Grundsatz vergleichbarer Anspruch des Versicherten gemäß § 2 i. V. m. 28 Abs.2 SGB V. Der Patient kann somit eine an den anerkannten Grundsätzen und Methoden der Zahnmedizin orientierte Behandlung erwarten[1], wobei deren konkrete Ausgestaltung im Einzelfall grundsätzlich allein der fachlichen Beurteilung durch den Zahnarzt unterliegt[2]. In Betracht kommen dabei neben den allgemein anerkannten Methoden der sogenannten Schulmedizin grundsätzlich auch Behandlungsformen, die noch nicht allgemein wissenschaftlich anerkannt sind, aber bereits eine gewisse Praxisreife erreicht haben[3]. Im Bereich der Privatbehandlung wird u. a. auch die Erprobung von neuen Behandlungsmethoden am Patienten als zulässig angesehen, wenn z. B. eine Behandlung mit Standardmethoden erfolglos geblieben ist, sofern zumindest gewisse Anhaltspunkte für eine Wirksamkeit der neuen Methode existieren[4]. Ebenso hat das BSG für die gesetzliche Krankenversicherung entschieden, daß dann, wenn anerkannte Behandlungmethoden fehlen oder im Einzelfall ungeeignet sind, auch sogenannte ''Außenseitermethoden'' in Erwägung zu ziehen sind, deren Wirksamkeit zwar nicht gesichert ist, aber für möglich gehalten werden muß[5]. Obwohl nach Inkrafttreten des SGB V zum 1.1.89 in § 2

---

[1] BGHZ 8, 138/140

[2] BSG Urteil vom 27.4.1982 – 6 RKa 7/79 –; Laufs, NJW 1984, 1383; Schmid, NJW 1986, 2339

[3] Zu den strafrechtlichen Grenzen der ärztlichen Therapiefreiheit, Siebert, MedR 83, 216

[4] BGHZ 20, 61; Laufs, VersR 1978, 385; Eberbach, MedR 1988, 7; Pap, MedR 1988, 10

[5] BSGE 28, 199; 47, 83; 63, 102; mit ablehnender Anmerkung von Kraushaar, SGb 1989, 394; zustimmend dagegen Broglie, Der Arzt und sein Recht, Heft 5/89, 28

Abs. 1 Satz 3 SGB V der Grundsatz statuiert wird, daß im Rahmen der gesetzlichen Krankenversicherung nur auf solche Leistungen Anspruch besteht, deren Qualität und Wirksamkeit dem allgemein anerkannten Stand der medizinischen Erkenntnisse entsprechen, ist im Hinblick darauf, daß in § 2 Abs. 1 Satz 3 SGB V ausdrücklich klargestellt wird, daß Leistungen der besonderen Therapierichtungen nicht ausgeschlossen sind, davon auszugehen, daß diese Rechtsprechung weiterhin anwendbar ist[6].

Die Einschränkungen durch das Wirtschaftlichkeitsgebot

Diese Grundsätze erfahren für den hier im Vordergrund stehenden Sektor der kassenärztlichen Behandlung eine wesentliche zusätzliche Einschränkung dadurch, daß die Leistungen ausreichend, zweckmäßig und wirtschaftlich sein müssen[7], womit eine besondere Berücksichtigung einer möglichst günstigen Kosten–Nutzen–Relation gefordert wird[8]. Anders als im Bereich der privatzahnärztlichen Behandlung, in dem der Zahnarzt weder einem besonderen Wirtschaftlichkeitsgebot noch einer wirtschaftlichen Aufklärungspflicht unterliegt, die über die generellen nebenvertraglichen Pflichten aus dem Behandlungsvertrag, Rechtshüter des Vertragspartners nicht zu verletzen[9], hinausginge, besteht bei einer kassenärztlichen Behandlung eine relativierende Einschränkung durch die besondere Bindung an den Wirtschaftlichkeitsbegriff, die dazu führen kann, daß zahnmedizinisch indizierte Leistungen nachträglich als unwirtschaftlich nicht honoriert werden. Eine Konkretisierung, welche Leistungen im einzlenen als grundsätzlich dem Wirtschaftlichkeitsgebot[10] entsprechend angesehen werden können, erfolgt zunächst durch die Definition der im Rahmen der kassenärztlichen Versorgung erbringbaren Leistungen im einehitlichen Bewertungsmaßstab für die zahnärztlichen Leistungen gemäß § 87 SGB V und die auf die einzelnen Leistungen bezogenen Abrechnungsbestimmungen sowie in den Richtlinien des Bundesausschusses der Zahnärzte und Krankenkassen gemäß § 92 SGB V[11]. Neben diesen allgemeinen Regelungen erfolgt eine zusätzliche Beurteilung der konkret erbrachten Leistungen des einzelnen Zahnarztes in der Wirtschaftlichkeitsprüfung.

---

[6]   Ebenso Kass Komm–Höfler, 1.Auflage, 1990 § 12 SGB V, RZ 8

[7]   §§ 12 Abs. 1, 72 Abs. 2 SGB V

[8]   BSGE 52, 70; 52, 134; Heinemann–Liebold, Kassenarztrecht 5.Auflage, Stand Juli 89, § 368 e RVO, C 244

[9]   Näher dazu Liebold, Raff, Wissing, GOZ–Kommentar Stand 2/90, §1 RN 14 ff.

[10]   Zur Betonung des Begriffes der Wirtschaftlichkeit im SGB V vgl. Schewe, SGb 1989, 410 ·

[11]   Soweit in den Richtlinien bestimmte Behandlungsformen als wirtschaftlich definiert sind, können dem entsprechende Behandlungen nicht nachträglich als unwirtschaftlich qualifiziert werden, soweit die befundbezogenen Voraussetzungen für ihre Erbringung vorgelegen haben. Ebenso Goetze, Arzthaftungsrecht und kassenärztliches Wirtschaftlichkeitsgebot, 1989, 203

Diese Prüfungen erfolgen entweder unter Zugrundelegung der oben genannten Kriterien anhand einer Einzelfallprüfung, einer Prüfung von repräsentativen Beispielsfällen oder in der Form einer statistischen Vergleichsprüfung. Alle diese Prüfungsformen sind von der Rechtsprechung grundsätzlich anerkannt worden[12], wobei deren Bewertung jedoch eine völlige Umkehr erfahren hat. In der grundlegenden Entscheidung des BSG vom 27.11.59[13] wurde zunächst noch die Auffassung vertreten, für die kassenärztlichen Leistungen – jedenfalls bei solchen Leistungen, bei denen eine nachträglich Überprüfung einzelner Behandlungsmaßnahmen (z.B. Extraktionen, Füllungen) ohne weiteres möglich ist – bestehe für die Prüfinstanzen im Hinblick auf den Zweck einer ordnungsgemäßen Rechnungsprüfung eine Verpflichtung, im Wege der Einzelfallprüfung vorzugehen. Dem ist deshalb zu folgen, da die Entscheidung, welche Behandlungsmethode die wirtschaftlichste ist, in der Regel nicht generell, sondern nur befundbezogen im Einzelfall zu treffen ist. Dementsprechend kann eine Überprüfung dieser Entscheidung des Zahnarztes grundsätzlich auch nur im Wege einer Einzelfallbetrachtung erfolgen. Nur soweit eine solche Prüfung anhand einzelner Behandlungsfälle mit besonderen Schwierigkeiten oder unverhältnismäßigen Aufwendungen verbunden wäre, sollte nach der Entscheidung des BSG eine statistische Vergleichsprüfung möglich sein, wobei dem die Annahme zugrundeliegt, daß der Durchschnitt der von den Kassenzahnärzten abgerechneten Leistungen eine wirtschaftliche Behandlung definiert und somit Kassenzahnärzte, deren Abrechnungszahlen um bestimmte Prozentsätze über diesen Durchschnittswerten liegen, jedenfalls dann als unwirtschaftlich behandelnd angesehen werden können, wenn bei ihnen nicht Praxisbesonderheiten vorliegen, die eine gegenüber der Vergleichsgruppe abweichende Beurteilung rechtfertigen[14]. Dieser Vorrang der Einzelfallprüfung vor der statistischen Vergleichsprüfung wird seitdem zwar in ständiger Rechtsprechung formal aufrechterhalten, da grundsätzlich eine Tatsachenermittlung anhand unmittelbarer Aufklärungsmöglichkeiten zu erfolgen habe. De facto ist jedoch spätestens mit Entscheidungen vom 2.6.87[15] eine völlige Umkehr erfolgt, indem nunmehr auch in den Fällen, in denen eine konkrete Überprüfung der Leistungen möglich ist, ein Vorrang der statistischen Vergleichsprüfung statuiert wird[16]. Dieses Ergebnis wird in der Entscheidung der Entscheidung BSGE 62, 18 näher damit begründet, eine Einzelfallprüfung müsse ''konkret und direkt'' erfolgen und dafür sei es erforderlich, nicht nur auf die zahnärztliche Behandlungsdokumentation zurückzugreifen, da nicht von vornherein unterstellt werden könnte, daß der Zahnarzt alle Umstände vollständig und wahrheitsgemäß niederlegt, sondern zudem ggf. eine körperliche Untersuchung des Patienten vorzunehmen. Da auch bei einem solch aufwendigen Vorgehen in Einzelfällen die objektive Indikationslage nicht mehr zu vergegenwärtigen sei, müsse zumindest in diesen Fällen ohnehin eine statistische Vergleichsprüfung erfol

---

[12] Zur statistischen Vergleichsprüfung, BVerfG SozR 2200 § 368 e RVO Nr.3

[13] BSGE 11, 102

[14] z.B. BSGE 17, 79; 46, 136; 55, 110

[15] BSGE 62, 18; 62, 24

[16] Kritisch zu dieser Tendenz bereits Koch, SGb 1983, 145, 147f.

gen, denn diese erbringe jedenfalls einen objektiven Nachweis insoweit, als es um die Überschreitung der Durchschnittsfallzahlen der Vergleichsgruppe geht.

Risiken der statistischen Vergleichsprüfung

Diese Bewertung der statistischen Vergleichsprüfung als von den Prüfinstanzen vorrangig zu beachtendes Prüfverfahren korrespondiert mit der tatsächlichen Entwicklung im kassenärztlichen Bereich, in dem diese Form der Prüfung die Regel darstellt. Da die somit zum Regelfall erhobene statistische Vergleichsprüfung aber anerkanntermaßen am wenigsten geeignet ist, die individuellen Gegebenheiten der überprüften Praxis zu berücksichtigen[17], konkretisiert sich damit zugleich die Gefahr, daß medizinisch im Einzelfall indizierte Leistungen als unwirtschaftlich gekürzt werden. Es soll daher im Folgenden untersucht werden, inwieweit die vom BSG statuierten Anforderungen an die Durchführung einer Einzelfallprüfung und die daraus gefolgerten Praktikabilitätsvorteile der statistischen Vergleichsprüfung zutreffen sowie ob diese Vorteile damit evtl. verbundene negative Auswirkungen auf die kassenärztliche Versorgung rechtfertigen.

Es darf zunächst nicht übersehen werden, daß die statistische Vergleichsprüfung mit systemimmanenten Risiken belastet ist, die eine Erreichung des damit verfolgten Ziels in Frage stellen, im Extremfall sogar unmöglich machen können. So folgt bereits aus der Orientierung nicht an einem festen Vorgabewert, sondern an für den jeweiligen Vergleichszeitraum stets neu zu berechnenden Durchschnittswerten, daß sich bei einer – wodurch auch immer hervorgerufenen – Änderung der Durchschnittswerte automatisch für den einzelnen Zahnarzt im gleichen Umfang auch die noch als wirtschaftlich angesehenen Abrechnungswerte ändern, ohne daß tatsächlich in seiner Behandlungsweise eine Veränderung eingetreten sein muß. Eine solche Entwicklung kann nicht mit dem Hinweis auf die oben genannte Annahme gerechtfertigt werden, der Durchschnitt aller abgerechneten Leistungen repräsentiere automatisch die wirtschaftliche Behandlungsweise. Denn dabei handelt es sich um eine bloße Fiktion, die den tatsächlichen Verhältnissen nicht angemessen Rechnung trägt, da der durchschnittliche Zahnarzt nur durch statistische Berechnungen ermittelt werden kann, ohne aber in der Realität zu existieren. Dem versucht die Rechtsprechung auch durch immer detailliertere Anforderungen an die quantitative und qualitative Bildung der Vergleichsgruppen[18], die Berechnung des Durchschnittswertes[19]und

---

[17]   Schneider, SGb 1984, 339

[18]   zum einen BSGE 50, 84; BSG, BKK 82, 418; zum anderen BSGE 17, 79; 46, 135; 50, 84; BSG ArztR 1982, 60

[19]   BSGE 55, 110; BSG, SozR 2200 § 368 n Nr.19; SGb 1988, 549, mit hinsichtlich der Anwend barkeit des arithmetischen Mittelwerts ablehndende Anmerkung von Schneider; LSG Schles wig–Holstein vom 19.12.1989 – L 6 Ka 14/88 –

die zu berücksichtigenden Praxisbesonderheiten[20] gerecht zu werden. Diese Bemühungen um eine Verfeinerung der statistischen Vergleichsprüfung ändern jedoch nichts daran, daß es sich bei diesem Verfahren um eine bloße Schätzung des Umfanges der Unwirtschaftlichkeit handelt, deren Realitätsnähe hinter einer Einzelfallbetrachtung zurückbleibt. Zudem wird durch die zusätzlichen Aufwendungen der Prüfinstanzen für die Berücksichtigung der oben genannten flankierenden Kriterien bei der statistischen Vergleichsprüfung deren gegenüber der Einzelfallprüfung als einziger Vorteil herausgestellte leichtere verwaltungsmäßige Durchführbarkeit zunehmend relativiert. Zudem kann die Durchführung einer Einzelfallprüfung durch entsprechende organisatorische Maßnahmen[21] für die Prüfinstanzen praktikabler gestaltet werden.

Es kommt hinzu, daß der Zahnarzt durch eine Orientierung an durchschnittlichen Fallwerten geradezu aufgefordert wird, durch entsprechende Gestaltung seines Abrechnungsverhaltens, wie z.B. Aufspaltung einheitlicher Behandlungen über mehrere Quartale, Orientierung der individuell durchgeführten Behandlungsmaßnahmen an den zu erwartenden Durchschnittswerten unter Einbeziehung der nicht zu Kürzungsmaßnahmen führenden Toleranzbereiche[22] sowie einer Vermeidung von besonders aufwendigen Behandlungen, im Bereich der als wirtschaftlich angesehenen Grenzwerte zu verbleiben. Daß derartige Verhaltensweisen zumindest nicht von vornherein als strafrechtlich relevant anzusehen sind[23] und auch nicht als Verstoß gegen kassenzahnärztliche Pflichten gewertet werden können – dienen sie doch gerade der Einhaltung der von der im Rahmen der statistischen Vergleichsprüfung definierten Wirtschaftlichkeit –, verdeutlicht, daß dieses Prüfverfahren schon von seinem Ansatz als Schätzung her nur eine beschränkt zutreffende Definition des Wirtschaftlichkeitsbegriffs liefert und nicht in jedem Fall eine Beeinflussung des Zahnarztes zu einer tatsächlich wirtschaftlichen Behandlungsweise sicherstellen kann.

Diese systemimmanenten Mängel der statistischen Vergleichsprüfung sind seit langem bekannt und haben u.a. den Gesetzgeber veranlaßt, gegenüber der bis zum 31.12.88 geltenden Regelung in § 368 n.Abs. 5 RVO, die eine Vereinbarung der Vertragspartner zur näheren Ausgestaltung des Prüfungsverfahrens vorsah, nunmehr in § 106 Abs.2 Nr.3 SGB V ausdrücklich eine arztbezogene und versichertenbeziehbare Stichprobenprüfung vorzuschreiben, um damit die oben genannten Nachteile einer ausschließlich an Durchschnittswerten orientierten Prüfung auszuschließen[24].

---

[20] BSGE 17, 79; 19, 123; 46, 136; BSG, SGb 1975, 417 mit Anmerkung von Küchenhoff; zur Problematik allgemein Baader, SGb 1985, 446

[21] Zu denken ist dabei insbesondere an eine orientierende Vorbereitung durch einen Berichterstatter sowie die in der Praxis häufig zu beobachtende Beschränkung der Prüfung auf bestimmte auffällige Leistungsbereiche.

[22] Ein derartiges Vorgehen wird durch den zunehmenden Einsatz von EDV–Anlagen in den Zahnarztpraxen wesentlich erleichtert. Zur Problematik, Narr, MedR 1984,207

[23] Näher dazu Goetze, a.a.O., 183f, m.w.N.

[24] BT–Drucksache 11/2237, S. 196

Da der Gesetzgeber die genannten Mängel somit erkannt hat, muß es umso mehr überraschen, daß er in § 106 ABs.2 Nr.1 SGB V die Prüfung nach Durchschnittswerten nicht nur vorrangig nennt, sondern auf eine besondere Regelung der Einzelfall- bzw. der Beispielsfallprüfung gänzlich verzichtet und in § 106 Abs.2 Satz 3 SGB V lediglich vorsieht, daß die Vertragspartner über die ausdrücklich genannten Prüfungen hinaus andere arztbezogene Prüfungsarten vereinbaren können[25]. Es bleibt somit den Vertragspartnern überlassen, ein möglichst effektives, dabei aber praktisch durchführbares Prüfungsverfahren zu vereinbaren.

Sonderregelungen im Bereich der kassenärztlichen Versorgung

Für den Bereich der kassenärztlichen Versorgung ist das bereits in der Vergangenheit in weiten Bereichen dadurch erfolgt, daß für die prothetischen, kieferorthopädischen und paradontologischen Leistungen eine vorherige Kostenübernahmeerklärung der Krankenkasse, verbunden mit einem besonderen Gutachterverfahren[26] vereinbart worden ist[27]. Es wird damit sichergestellt, daß auf der Basis von Behandlungsplanungen die später abzurechnenden Leistungen vor ihrer Erbringung im Einzelfall auf ihre zahnmedizinische Indikation und ihre Wirtschaftlichkeit hin überprüft werden, so daß insofern eine nochmalige, nachträgliche Wirtschaftlichkeitsprüfung ausscheidet. Durch die Einschaltung entsprechend qualifizierter Gutachter ist gewährleistet, daß sich die Prüfung nicht an variablen Durchschnittswerten, sondern an der fachlichen Beurteilung der konkreten Behandlungsplanung orientiert, was das Ergebnis für den behandelnden Zahnarzt nicht nur transparenter, sondern auch fachlich nachvollziehbar macht. Für die hier angesprochenen Leistungen kann somit das Phänomen, daß tatsächlich lege artis erbrachte, medizinisch indizierte Leistungen nachträglich wegen Schätzungen im Rahmen einer statistischen Wirtschaftlichkeitsprüfung doch nicht honoriert werden, nicht eintreten. Da es sich bei den von diesen Vereinbarungen betroffenen Leistungen um entweder sehr langwierige Behandlungen, die sich z.B. in der Kieferorthopädie über Jahre erstrecken können, oder um besonders aufwendige Versorgungen handelt, wird damit zudem einem allseitigen Interesse an einer vorherigen Abklärung der voraussichtlich erforderlichen Leistungen Rechnung getragen, welches insbesondere angesichts der in den Bereichen Zahnersatz und Kieferorthopädie bestehenden Selbstbeteiligungs-Regelungen[28] beim Patienten zur Abschätzung der selbst zu tragenden Kosten besteht.

---

[25]   Zu der gesetzlichen Neuregelung vgl.J.Schroeder–Printzen, BKK 1989, 492

[26]   vgl. dazu BSGE 65, 94; Hepting, SGb 1989, 221

[27]   Anlagen 6, 9 und 12 zum BMV–Z; § 9 Abs.4, 6 und 9, i.V. m.Anlagen 4, 18 und 23 zum KZBV–VdAK/AEV–Vertrag

[28]   §§ 29, 30 SGB V

Ebenfalls nicht einer nachträglichen Wirtschaftlichkeitsprüfung unterliegen können derartige Leistungen, deren Abrechnungshäufigkeit bereits gesetzlich beschränkt ist, auf die aber in diesem Rahmen ein Anspruch der Versicherten besteht, wie dies z.B. bei den prophylaktischen bzw. den Früherkennungsleistungen der Fall ist[29]. Die Abrechnungshäufigkeit dieser Leistungen kann vom Zahnarzt bzw. Arzt nicht gesteuert werden, sondern hängt allein vom Inanspruchnahmeverhalten der Versicherten ab. Da der Gesetzgeber bestimmten Versicherten einen nur an bestimmte Abrechnungszeiträume gebundenen, im übrigen aber unbedingten Leistungsanspruch eingeräumt hat, ist damit zugleich die Entscheidung über die Wirtschaftlichkeit dieser Leistungen getroffen worden, so daß insofern eine nochmalige Wirtschaftlichkeitsprüfung nicht stattfinden kann.

Für die danach noch einer nachträglichen Wirtschaftlichkeitsprüfung zugänglichen Leistungen[30] sind die Vertragspartner im kassenärztlichen Bereich wegen der oben bereits angesprochenen unmittelbaren Überprüfbarkeit einer Reihe von Leistungen davon ausgegangen, daß die Einzelfallprüfung zumindest in derartigen Fällen von den Prüfinstanzen vorrangig anzuwenden ist, da sie eine direktere unmittelbare Tatsachenfeststellung ermöglicht. In § 6 Abs. 2 der Anlage 4 zum BMV–Z wird dementsprechend die Einzelfallprüfung vorrangig genannt und in § 6 Abs. 3 dieser Anlage werden exemplarisch fünf nur im Wege der Einzelfallprüfung erkennbare Abrechnungsformen aufgeführt, bei denen eine unwirtschaftliche Behandlungsweise zu vermuten ist. In den Gesamtverträgen der KZVen mit den Landesverbänden der Krankenkassen und in § 14 KZBV–VdAK/AEV–Vertrag finden sich ähnliche Regelungen. Diese vor Inkrafttreten des SGB V getroffenen vertraglichen Vereinbarungen sind auch weiterhin mit den gesetzlichen Regelungen der Wirtschaftlichkeitsprüfung trotz deren Neufassung in § 106 SGB V vereinbar, da § 106 Abs. 2 Satz 3 SGB V die Vertragspartner ausdrücklich zur Vereinbarung anderer als der gesetzlich im Einzelnen aufgeführten arztbezogenen Prüfungsarten ermächtigt.

Kritik der diesbezüglichen BSG–Rechtsprechung

Eine der oben genannten Vorschrift des § 6 Abs.2 der Anlage 4 zum BMV–Z im wesentlichen entsprechende gesamtvertragliche Regelung lag der bereits angesprochenen Entscheidung des BSG vom 2.6.1987[31] zugrunde. Diese Norm wird in der Entscheidung sogar ausdrücklich zitiert. In den Entscheidungsgründen wird sodann aber auf den von den Vertragspartnern vorgesehenen Vorrang der Einzelfallprüfung nicht weiter eingegangen.

---

[29] Im zahnärztlichen Bereich individualprophylaktische Leistungen gemäß § 22 SGB V, im ärztlichen Bereich z.B. Gesundheitsuntersuchungen gemäß § 25 SGB V.

[30] Im wesentlichen handelt es sich um die konservierenden und chirugischen Leistungen.

[31] BSGE 62, 18

Im Ergebnis verkehrt das Urteil diese vertragliche Regelung sogar in ihr Gegenteil, da durch die Statuierung nahezu unerfüllbarer Anforderungen an eine Einzelfallprüfung die Prüfinstanzen als in der Regel verpflichtet angesehen werden, ihren Beurteilungsspielraum bei der Wahl des Prüfverfahrens zugunsten der statistischen Vergleichsprüfung zu nutzen. Es wird dabei[32] zwar darauf hingewiesen, daß den Prüfinstanzen bei der Wahl der Prüfmethode ein Beurteilungsspielraum zusteht, dessen gerichtliche Nachprüfbarkeit eingeschränkt sei, ohne daß aber der Umfang der Nachprüfbarkeit näher eingegrenzt wird[33]. Die Verfassungsgerichtsbarkeit[34] hat die Prüfung darauf beschränkt, ob die Beurteilung eindeutig verfehlt ist, der Wertordnung der Verfassung widerspricht oder unter Zugrundelegung falscher tatsächlicher oder rechtlicher Vorraussetzungen ergangen ist. Offenbar geht auch das BSG von einer derart eingeschränkten Nachprüfbarkeit aus, da es feststellt, die Prüfinstanzen hätten zwar eine Einzelfallprüfung durchführen können, aber im konkreten Fall deren Erfordernisse nicht beachtet, da sie lediglich auf der Grundlage von Befundunterlagen und zahnärztlichen Aufzeichnungen vorgegangen seien, aber keine körperliche Untersuchung der Patienten vorgenommen hätten. Das zentrale Argument der Entscheidung ist dabei die Überlegung, daß die Einzelfallprüfung der direkten Feststellung der medizinisch indizierten Leistungen durch Vergegenwärtigung der konkreten Erkrankung des Patienten diene, daß dazu die objektiven Befundunterlagen allein nicht ausreichten, daß die Unterlagen des Zahnarztes keinen unmittelbaren Aufschluß geben könnten und zudem nicht unterstellt werden könne, daß die darin enthaltenen Angaben wahrheitsgemäß gemacht worden seien. Demgegenüber führe die statistische Vergleichsprüfung zu objektiven Erkenntnissen, da der Zahnarzt einer entsprechenden homogenen Vergleichsgruppe gegenübergestellt werden könne.

Soweit damit das Problem eventueller bewußter Manipulationen angesprochen wird, ist dem entgegenzuhalten, daß die Überprüfung daraufhin, ob eventuell tatsächlich nicht erbrachte Leistungen abgerechnet worden sind, nicht Bestandteil der Wirtschaftlichkeitsprüfung sein kann, da der Begriff der Wirtschaftlichkeit eine tatsächlich erbrachte Leistung voraussetzt. Aber auch soweit bloße Fehler der Befund- und Behandlungsunterlagen im Raum stehen, führt die Argumentation des BSG nicht weiter. Zunächst sind bestimmte Fehler sehr wohl aus den Aufzeichnungen selbst ersichtlich. Zudem kommt es bei der Einzelfallprüfung nicht nur – wie das BSG unterstellt – darauf an, den Zustand vor der Behandlung zu rekonstruieren, sondern es ist zu prüfen, ob die konkreten Behandlungsmaßnahmen wirtschaftlich im Sinne einer angemessenen Kosten–Nutzen–Relation waren. Bei der Beurteilung dieser Frage sind aber u. a. die konkreten individuellen Bewertungen des Befundes durch den Zahnarzt, eventuelle differenzialdiagnostische Überlegungen oder besondere Wünsche des Patienten zu berücksichtigen, die, wenn überhaupt, dann nur durch Auswertung der allgemeinen Befund- und Behandlungsunter

---

[32] Ebenso schon BSG, SozR 2200 § 368 n RVO Nr.33

[33] Zur Nachprüfbarkeit der einzelnen Verwaltungsentscheidungen im Rahmen der statistischen Vergleichsprüfung, Baader, SGb 1986, 309

[34] BVerfGE 24, 367; 25, 1

lagen ersichtlich zu machen sind. Nur so kann die Plausibilität der Behandlungsplanung überprüft werden und insoweit stellen gerade die vom BSG abqualifizierten Aufzeichnungen des Zahnarztes Beweismittel dar, die einen unmittelbaren Aufschluß ermöglichen.

Dem kann auch nicht entgegengehalten werden, selbst durch eine körperliche Untersuchung des Patienten sei zwar die Erbringung der Leistungen, nicht aber in jedem Falle deren Notwendigkeit ersichtlich, da der Befund vor Behandlungsbeginn nicht zu rekonstruieren sei. Dieses Argument beinhaltet zunächst die Annahme, der Zahnarzt habe eine gefährliche Körperverletzung dem Patienten gegenüber begangen, indem er z.B. gesunde Zähne gefüllt oder zumindest erhaltungswürdige Zähne extrahiert habe. Eine solche Unterstellung ist ohne konkrete Anhaltspunkte weder beweisbar noch zulässig. Zudem ändert die Tatsache, daß in manchen, keineswegs in allen Fällen eine Rekonstruktion des Ausgangsbefundes nicht möglich ist, nichts daran, daß eine Einzelfallprüfung den tatsächlichen Gegebenheiten immer nocht näher kommt als eine statistische Vergleichsprüfung, bei der eine Betrachtung der konkreten Behandlung überhaupt nicht erfolgt.

Ferner ist zu berücksichtigen, daß sich die vom BSG so deutlich hervorgehobene Homogenität der Vergleichsgruppe im Rahmen der statistischen Vergleichsprüfung notwendigerweise auch auf die Fehlerhaftigkeit der Behandlungsunterlagen und der Abrechnungen beziehen muß. Derartige Mängel können daher in einem solchen Verfahren zumindest insofern nicht korrigiert werden, als dem zu prüfenden Zahnarzt nicht deutlich mehr Fehler unterlaufen als dem Vergleichsgruppendurchschnitt. Konkrete Fehler in den Behandlungsunterlagen und unwirtschaftliche Behandlungsmaßnahmen lassen sich in diesem Verfahren überhaupt nicht erkennen, da eben keine Überprüfung der konkreten Behandlung erfolgt.

Bewertung der zahnärztlichen Dokumentation

Zudem setzt sich das BSG mit seinen Vorbehalten gegenüber dem Beweiswert von Befundunterlagen und zahnärztlichen Aufzeichnungen in Widerspruch zur ständigen Rechtsprechung im zivilrechtlichen Bereich[35]. Dort wird den zahnärztlichen Aufzeichnungen, insbesondere der Behandlungsdokumentation, im Gegenteil ein besonderer Beweiswert zuerkannt. Danach wird in der Regel aufgrund einer angemessenen, vollständigen und in nahem zeitlichen Zusammenhang mit der Leistungserbringung erstellten ärztlichen Dokumentation die tatsächliche Erbringung der dokumentierten Leistungen als

---

[35] Derartige Differenzen zwischen zivil- und sozialgerichtlicher Rechtsprechung bestehen auch in anderen Bereichen, so z.B. bei der Frage der Anwendbarkeit des § 116 SGB X bei Behandlungsfehlern im Rahmen der kassenärztlichen Versorgung. Dazu einerseits BGHZ 97, 273; andererseits BSGE 55, 144. Dazu Plagemann NJW 1984, 1377; Tiemann, NJW 1985, 2169; Schmitt, NJW 1988, 1494

erwiesen angesehen[36]. Dem ist auch zuzustimmen, da ansonsten eine Beweisführung hinsichtlich Erforderlichkeit und Erbringung der Leistungen oftmals völlig ausgeschlossen wäre. Hinweise darauf, daß den Befundunterlagen im Rahmen der Wirtschaftlichkeitsprüfung ein geringerer Beweiswert zukäme als im Zivilverfahren, sind nicht ersichtlich, zumal die Bedenken des BSG hinsichtlich der Manipulationsgefahr und Fehlerhaftigkeit – wie ausgeführt – für die statistischen Abrechnungsdaten ebenso gelten müssen und auch die Abrechnungsdaten durch von der statistischen Vergleichsprüfung geradezu provozierte Ausweichstrategien beeinflußt werden können. Wird zusätzlich berücksichtigt, daß die Dokumentation des Zahnarztes in weiten Bereichen durch objektive Befundunterlagen ergänzt wird, fehlerhafte Dokumentationen oftmals aus dem Behandlungsablauf selbst ersichtlich werden und die Vertragspartner im kassenärztlichen Bereich einen Vorrang der Einzelfallprüfung vertraglich vorgesehen haben, kann nicht davon ausgegangen werden, daß demgegenüber eine bloße Schätzung in der Form der statistischen Vergleichsprüfung in der Regel zu objektiven Tatsachenfeststellungen führen kann. Da durch eine möglichst weitgehende Einzelfallprüfung, die zur Vermeidung unverhältnismäßiger Aufwendungen auch im Wege einer Prüfung repräsentativer Beispielfälle erfolgen kann[37], ferner die oben aufgeführten Kollisionen mit dem kassenärztlichen Behandlungsauftrag in der Regel vermieden werden, besteht eine nicht nur vertraglich normierte Verpflichtung der Prüfinstanzen, soweit wie möglich diese Prüfmethode anzuwenden.

Fragen des Datenschutzes

Dem stehen auch keine durchgreifenden datenschutzrechtlichen Bedenken entgegen, wie sie vom Hessischen Datenschutzbeauftragten geäußert worden sind[38] wonach § 298 SGB V den Zahnarzt im Prüfverfahren nicht zur Vorlage seiner Behandlungsdokumentation berechtige, solange die betroffenen Patienten nicht ihre Einwilligung erklärt hätten.

Zunächst dürfte eine Umgehung dieser Problematik durch eine Anonymisierung der Behandlungsunterlagen in der Regel nicht möglich sein, da eine Prüfung einzelner Fälle die individuelle Zuordnung der Unterlagen zu den jeweiligen Abrechnungsfällen voraussetzt, was regelmäßig nur anhand deren namentlicher Kennzeichnung möglich ist. Im übrigen ist es zwar zutreffend, daß in den §§ 294 ff. SGB V u. a. Inhalt und Umfang der im Rahmen der Wirtschaftlichkeitsprüfung vorzunehmenden Datenlieferungen zwischen den KZVen und Krankenkassen restriktiv geregelt sind. § 298 SGB V, wonach eine versichertenbe

---

[36] BGH, NJW 1972, 1520; 1981, 2002; OLG Schleswig, VersR 1987, 419; OLG Frankfurt, VersR 1987, 1118; ebenso Narr, Ärztliches Berufsrecht 2. Auflage, Stand 9/89, Rz. 936

[37] BSGE 19, 123; 46, 136

[38] Die Neue Ärztliche vom 14.2.1990

ziehbare Übermittlung von Angaben über ärztliche und ärztlich verordnete Leistungen für eine Wirtschaftlichkeitsprüfung im Wege der Einzelfallprüfung zulässig ist, kann jedoch nicht dahin ausgelegt werden, daß es sich dabei lediglich um eine Ermächtigungsnorm für KZVen und Krankenkassen, nicht aber für den behandelnden Zahnarzt handele. Dies folgt zunächst daraus, daß die KZVen und Krankenkassen in dieser Vorschrift, im Gegensatz zu den für die Durchschnitts- bzw. die Stichprobenprüfungen geltenden §§ 296 f. SGB V, nicht ausdrücklich erwähnt werden. Auch die systematische Stellung der Norm im zweiten Abschnitt des zehnten Kapitels des SGB V spricht nicht für eine restriktive Auslegung, da sich in ihm durchaus auch Regelungen finden, die sich ausdrücklich an die abrechnenden Zahnärzte wenden[39]. Zudem ist in den §§ 296 f. SGB V von den zu liefernden ''Daten'', in § 298 SGB V demgegenüber aber von ''Angaben'' die Rede, was eine weitergehende Definition nahelegt. Dementsprechend wird auch in der Begründung des Ausschusses für Arbeit und Sozialordnung[40] ausgeführt, daß durch § 298 SGB V klargestellt werden sollte, daß danach im Prüfverfahren auf die Originalbelege zurückgegriffen werden kann. Es kommt hinzu, daß eine Begrenzung der nach § 298 SGB V zu übermittelnden Angaben auf die bereits in den §§ 296 f. SGB V ohnehin genannten Daten zu einem Leerlaufen dieser Regelung führen würde. Denn wenn Zahnärzte den KZVen und Krankenkassen keine Behandlungsunterlagen zugänglich machen dürften, könnten diese auch keine weiteren versichertenbeziehbaren Angaben übermitteln. Schließlich wäre damit eine Einzelfallprüfung, zu deren vertraglicher Vereinbarung die Vertragspartner in § 106 Abs. 2 Satz 3 SGB V gerade ermächtigt wurden, praktisch ausgeschlossen und auch im Rahmen einer statistischen Vergleichsprüfung kann die Verteidigungsmöglichkeit des Zahnarztes dadurch zumindest dann eingeschränkt werden, soweit er zur Geltendmachung von Praxisbesonderheiten auf die Vorlage von Behandlungsunterlagen angewiesen ist. Es muß daher auch im Rahmen der Wirtschaftlichkeitsprüfung bei dem strafrechtlichen Grundsatz bleiben, wonach eine Offenbarung von Geheimnissen, und um solche handelt es sich bei dem Inhalt der Behandlungsunterlagen, u.a. zur Wahrnehmung berechtigter Interessen, hier zur Durchsetzung des Vergütungsanspruches, zulässig ist[41]. Denn unter datenschutzrechtlichen Aspekten, bei denen die konkrete Schutzbedürftigkeit der Daten grundsätzlich unerheblich ist, solange es sich nur um persönliche Daten handelt, können keine schärferen Anforderungen an deren Schutz gestellt werden als diejenigen zum Schutz der regelmäßig den Privat-, wenn nicht sogar den Intimbereich betreffenden[42]Geheimnisse im Sinne von § 203 StGB.

---

[39] vgl. §§ 294 f. SGB V
[40] BT-Drucks. 11/3480, 70
[41] z.B. BGHSt 1, 367
[42] BVerfG, NJW 1972, 1123

Ergebnis

Das Risiko, daß im Einzelfall tatsächlich medizinisch indizierte kassenzahnärztliche Leistungen als unwirtschaftlich gekürzt werden, ist als systemimmanenter Mangel der statistischen Vergleichsprüfung zu konstatieren, das bei einer Einzelfallprüfung jedenfalls insofern nicht besteht, als dabei zwar auch Leistungen als unwirtschaftlich gekürzt werden können, dem Zahnarzt dabei aber eine konkrete, befundbezogene Begründung gegeben wird, an der er auch sein zukünftiges Behandlungsverhalten ausrichten kann. Dementsprechend ist auch die Bereitschaft des geprüften Zahnarztes zur Mitwirkung bei einer Einzelfallprüfung erfahrungsgemäß am größten[43]. Nur damit wird auch dem gesetzlichen Auftrag Rechnung getragen, daß die Konsequenz eines Verstoßes gegen das Wirtschaftlichkeitsgebot gezielte Beratungen in der Regel weiteren Maßnahmen vorangehen sollen[44]. Eine solche Beratung könnte im Rahmen einer statistischen Vergleichsprüfung nur in einem Hinweis auf die Orientierung am variablen Falldurchschnitt der jeweiligen Vergleichsgruppe bestehen, ohne daß dadurch konkret unwirtschaftliche Behandlungsweisen des Zahnarztes erkannt oder beeinflußt werden könnten. Die statistische Vergleichsprüfung ist zudem mit weiteren Risiken für die kassenärztliche Versorgung belastet, so insbesondere die Gefahr einer allgemeinen Erhöhung der Fallwertdurchschnitte und damit der Wirtschaftlichkeitsgrenze durch Behandlungsausweitungen sowie die Aufspaltung einheitlicher Behandlungen in mehrere Abrechnungsfälle. Demgegenüber wird als ihr einziger Vorteil die angeblich größere Praktikabilität herausgestellt, ohne daß dabei Möglichkeiten einer Optimierung der Einzelfall- bzw. Beispielsfallprüfung durch geeignete organisatorische Maßnahmen in Erwägung gezogen werden. Insofern basiert die in letzter Zeit immer stärkere Betonung eines Vorrangs der statistischen Vergleichsprüfung auf einer gewissen Resignation vor der normativen Kraft des Faktischen eines massenhaft durchzuführenden Wirtschaftlichkeitsprüfungsverfahrens, wobei weder die genannten Risiken des statistischen Verfahrens noch die unbestrittenen Vorzüge der Einzelfallprüfung hinreichend berücksichtigt, sondern vielmehr in weiten Bereichen ungerechtfertigte Vorbehalte gegenüber der Aussagekraft der Behandlungsunterlagen und der zahnärztlichen Dokumentation zugrunde gelegt werden.

Im kassenzahnärztlichen Bereich ist es auf vertraglicher Grundlage weitgehend gelungen, diese negativen Folgen der statistischen Vergleichsprüfung durch Herausnahme vorab im Einzelfall geprüfter Behandlungsplanungen aus der nachträglichen Wirtschaftlichkeitsprüfung und durch Fixierung des grundsätzlichen Vorrangs der Einzelfallprüfung zu minimieren. Dieser Weg wird weiter beschritten werden. Ergänzend ist zu berücksichtigen, daß vergleichbare Gefahren für eine angemessene Honorierung medizinisch indizierter Leistungen auch aus einer generellen oder fallbezogenen Pauschalierung der

---

[43]   Schneider, SGb 1984, 339
[44]   § 106 Abs.5 Satz 2 SGB V

Vergütungen resultieren können. Es wird daher angesichts beschränkter Ressourcen und steigender Nachfrage nach Leistungen im Gesundheitswesen weiterhin Aufgabe der Vertragspartner bleiben, auch unter Einbeziehung der Wirtschaftlichkeitsprüfungsverfahren ein Vergütungssystem sicherzustellen, das einerseits finanzierbar bleibt, andererseits aber unerwünschte Impulse für die kassenärztliche Versorgung vermeidet.

Die ärztliche Behandlung im Spannungsfeld zwischen kassenärztlicher Verantwortung und zivilrechtlicher Haftung

Franz-Josef Oldiges

Vorbemerkung

Unabhängig von der Frage, ob tatsächlich Spannungen zwischen kassenärztlicher Verantwortung und zivilrechtlicher Haftung bestehen, hat die Tatsache, daß der Kassenarzt einerseits in das kassenärztliche System eingebunden ist und er andererseits gegenüber dem Patienten nach zivilrechtlichen Regeln haftet, dieselbe Wurzel: Nämlich die überragende Bedeutung des Gutes Gesundheit. Für den einzelnen Menschen ist seine Gesundheit das wichtigste Gut und bei der ärztlichen Behandlung werden Grundrechte betroffen – die körperliche Unversehrtheit, die Menschenwürde und die Selbstbestimmung.

Aber auch für die Gemeinschaft, für den Sozialstaat hat die Gesundheit der Bevölkerung als Grundlage von Lebensqualität, Zufriedenheit und Leistungsfähigkeit höchste Priorität. Die ärztliche Tätigkeit steht daher in einem Dualismus zwischen der Individualpflicht gegen dem Patienten und einer Sozialpflicht gegenüber dem öffentliche Wohl[1].

Unterschiede zwischen den Interessen des Einzelnen und der Solidargemeinschaft können hinsichtlich der Kosten entstehen. Während sich der Versicherte auf den Standpunkt stellen kann. "Für meine Gesundheit ist nichts zu teuer", hat die Solidargemeinschaft auch ein Interesse daran, die Kosten für die Krankenversicherung nicht ausufern zu lassen, das Krankenversicherungssystem finanzierbar zu halten. Diesem Ziel dient u.a. das Wirtschaftlichkeitsgebot, das in § 12 SGB V verankert ist. Dieses Gebot richtet sich jedoch nicht nur an den Kassenarzt, sondern es gilt auch gegenüber dem Versicherten. Der Versicherte kann vom Kassenarzt keine unwirtschaftlichen Leistungen beanspruchen. Schon von daher besteht kein Widerspruch zwischen der Verpflichtung des Arztes gegenüber dem Versicherten und seinen Pflichten gegenüber der Solidargemeinschaft.

Wie im folgenden aufgezeigt werden wird, bringt auch die zivilrechtliche Haftung den Arzt nicht in einen Konflikt mit seinen kassenärztlichen Verpflichtungen.

---

[1] B. Tiemann/S. Tiemann, Kassenarztrecht im Wandel, 1983, S. 297

I. Zivilrechtliche Haftung

In § 76 Abs. 4 SGV V ist geregelt, daß die Übernahme der Behandlung den an der kassenärztlichen Versorgung teilnehmenden Arzt dem Versicherten gegenüber zur Sorgfalt nach
den Vorschriften des bürgerlichen Vertragsrechts verpflichtet. Damit ist unabhängig von
dem Meinungsstreit, ob das Verhältnis Kassenarzt–Versicherter öffentlich–rechtlicher
oder privatrechtlicher Natur ist, klargestellt, daß sich zumindest die Haftung des Arztes
gegenüber dem Versicherten nach zivilrechtlichen Regeln richtet und auch von den
Zivilgerichten entschieden wird.

Als Anspruchsgrundlage für die Haftung des Kassenarztes gegenüber dem Versicherten
bieten sich positive Vertragsverletzung und § 823 BGB. Die unterschiedlichen Vorausset-
zungen der Anspruchsgrundlagen treten hinter dem Gesichtspunkt einer einheitlichen
Haftung des Arztes für die Erfüllung seiner Berufspflichten zurück, z.B. müssen die
Grundsätze über die Beweislastverteilung unabhängig davon gelten, ob der Anspruch auf
Vertrags– oder Deliktsrecht gestützt wird[2]. Da sich aber nur aus dem Deliktsrecht ein
Schmerzensgeldanspruch des Versicherten herleiten läßt, bietet sich als Anspruchsgrund-
lage für die Haftung des Arztes gegenüber den Versicherten in erster Linie § 823 Abs. 1
BGB. Die fehlerhafte ärztliche Behandlung ist eine Verletzung der Rechtsgüter Körper
und/oder Gesundheit, aber auch der einwandfreie ärztliche Eingriff, der ohne ausreichende
Aufklärung und entsprechende Einwilligung des Patienten vorgenommen wird, ist nach
der Rechtsprechung eine tatbestandsmäßige Körperverletzung[3], von der Literatur wird hier
z.T. stattdessen eine Verletzung des allgemeinen Persönlichkeitsrechts bzw. Selbstbestim-
mungsrechts angenommen[4].

Weitere Voraussetzung des Anspruchs ist die rechtswidrige und schuldhafte und dem
Verletzer zurechenbare Verursachung eines Schadens. Als Schadensersatz sind nach den
Grundsätzen der §§ 249 ff. BGB alle Kosten zu ersetzen, die zur Behebung oder Linderung
der Verletzung erforderlich sind und entgangener Gewinn, z.B. Verdienstausfall sowie
Schmerzensgeld nach § 847 BGB.

Nach der zivilrechtlichen Rechtsprechung hat der Arzt den Patienten umfassend über die
Risiken der Behandlung aufzuklären und bei der Behandlung die berufsspezifischen Sorgfaltspflichten zu wahren, wobei sich diese Sorgfaltspflichten an dem zugänglichen und
verfügbaren Stand der medizinischen Wissenschaft orientieren[5]. Dabei wird dem Arzt von
der zivilrechtlichen Rechtsprechung grundsätzlich Therapiefreiheit eingeräumt. Die Wahl
der Behandlungsmethode ist primär Sache des Arztes[6]. Selbst in einem krassen Fall, in dem

---

[2]   Vgl. MK–Mertens § 823 Rdn. 362 m.w. Nachw.
[3]   BGHZ 29, 46; BGH NJW 1981, 633 m.w. Nachw.
[4]   Münchener Kommentar zum BGB, § 823 Rdz. 371 m.w. Nachw.
[5]   Vgl. statt vieler Laufs, Die Entwicklung des Arztrechts 1989/90, NJW 1990, S. 1506 f. mit weiteren
      Nachweisen
[6]   BGH, NJW 1982, 2121, 2222

eine Behandlung nach vielen gewichtigen Stimmen in der medizinischen Literatur unweigerlich zu schwerem Schaden für den Patienten führen mußte, hat der BGH nicht eindeutig einen Behandlungsfehler angenommen, sondern hat den Schadensersatzanspruch auf eine fehlerhafte Aufklärung des Patienten gestützt. In diesem Fall müsse der Patient über die Literaturmeinungen aufgeklärt werden[7]. Auch eine umstrittene Behandlungsmethode ist also nicht zu beanstanden, wenn der Arzt den Patienten entsprechend aufklärt und bei der Behandlung die erforderliche Sorgfalt beachtet.

Dagegen besteht für den Arzt keine Aufklärungspflicht, wenn er von mehreren gleich erfolgversprechenden und üblichen Behandlungsmöglichkeiten eine auswählt. Eine Aufklärung ist nur dann geboten, wenn für den Patienten unterschiedliche Risiken entstehen, sonst aber darf der Arzt davon ausgehen, daß der Patient, der von sich aus nicht weiter nachfragt, seiner ärztlichen Entscheidung vertraut[8].

Die Therapiefreiheit des Arztes wird von der zivilrechtlichen Rechtsprechung also nicht tangiert.

Im Bereich der Diagnostik gilt, daß das Unterlassen einer einfachen und unstreitig nach den Regeln der ärztlichen Kunst erforderlichen Untersuchung ein Behandlungsfehler ist[9]. Die Rechtsprechung ist aber sehr zurückhaltend damit, Diagnoseirrtümer als Behandlungsfehler zu werten. So etwa hat das OLG Köln entschieden, daß ein Behandlungsfehler nur dann anzunehmen sei, wenn eine Krankheitserscheinung in völlig unvertretbarer, der Schulmedizin entgegenstehender Weise gedeutet, elementare Kontrollbefunde nicht erhoben werden oder eine Überprüfung der ersten Diagnose im weiteren Behandlungsverlauf unterbleibt, auch wenn dieser keine Wirkung zeigt[10]. Das OLG Oldenburg hat ausgesprochen, daß für einen Dermatologen keine generelle Verpflichtung bestehe, jedes entnommene Gewebe einer histologischen Untersuchung zuzuführen. Der Arzt müsse nach den gegebenen Gesamtumständen und dem von ihm zu fordernden, den Patienten geschuldeten Behandlungsstandard darüber entscheiden, ob die Einsendung von Gewebegut medizinisch geboten ist, weil es die Nach- bzw. Weiterbehandlung erfordert[11]. Das OLG Hamm hat zwar das Unterlassen der Messung des Augeninnendrucks durch einen Augenarzt als einen Behandlungsfehler angesehen, das Gericht führt jedoch aus, daß die Tonometrie eine Routineuntersuchung sei, die ein Minimum an Zeit und Kosten verursache und stellt ferner Erwägungen dazu an, ob die Tonometrie für den gefährdeten Personenkreis eine nur dringend empfohlene oder eine unbedingt erforderliche Untersuchung sei und kommt zu dem Ergebnis, daß diese Untersuchung unbedingt erforderlich sei[12]. Für das Gericht wäre also höchstwahrscheinlich das Unterlassen einer nur dringend empfohlenen Untersuchung noch kein Behandlungsfehler, ebenso deuten die Ausführungen darauf hin, daß auch Wirtschaftlichkeitsüberlegungen eine Rolle spielen können.

---

[7]   BGH, NJW 1978, 587

[8]   BGH, NJW 1982, 2121, 2122

[9]   BGH, VersR 1983, 983

[10] OLG Köln, VersR 1989, 631

[11] OLG Oldenburg, NJW 1990, 1538, 1539

[12] OLG Hamm, VersR 1979, 826

Eine Maximaldiagnostik wird von der zivilrechtlichen Rechtsprechung bisher nicht gefordert, im Gegenteil, sie wird zum Teil kritisch betrachtet. Bei diagnostischen Eingriffen ohne therapeutischen Eigenwert sind allgemein strengere Anforderungen an die Aufklärung des Patienten über die damit verbundenen Risiken zu stellen und – so der BGH wörtlich –: "Insbesondere diagnostischem Perfektionismus oder gar wissenschaftlicher Neugier gilt es hier vorzubeugen"[13]. Eine übertriebene Diagnostik kann sogar ein Behandlungsfehler sein, so hat das OLG Düsseldorf die Hirnangiographie als zur Abklärung eines Tumorverdachts nicht indiziert angesehen und führt aus, daß der Arzt sich vor Augen halten müsse, daß die Indikationsstellung in der diagnostischen Radiologie eine Frage der Güterabwägung zwischen der diagnostischen Aussagefähigkeit, dem Aufklärungsbedürfnis, dem zu erwartenden therapeutischen Nutzen und Risiken sei[14].

Zusammenfassend läßt sich feststellen, daß die zivilrechtliche Rechtsprechung weder die Therapiefreiheit antastet noch Maximaldiagnostik fordert. Im Gegenteil steht sie im Bereich der Diagnostik übertriebenen Untersuchungsmaßnahmen, die den Patienten belasten, kritisch gegenüber.

Ein Schadensersatzanspruch des Versicherten gegen den Arzt ist für die Krankenkassen ebenfalls von Bedeutung, denn nach § 116 Abs. 1 SGB X geht der Anspruch des Versicherten gegen den Schädiger auf die Krankenkasse über, soweit die Kasse Leistungen erbracht hat, also etwa für ärztliche Behandlung, Krankenhausaufenthalt. Das Schmerzensgeld des Versicherten geht naturgemäß nicht über.

Der Forderungsübergang tritt kraft Gesetzes mit dem schadenstiftenden Ereignis ein. Durch den Übergang ändert sich der Anspruch nicht, die Krankenkasse muß den übergegangenen Anspruch gegen den Kassenarzt also auch vor den Zivilgerichten einklagen.

Nach § 66 SGB V können die Krankenkassen ferner die Versicherten bei der Verfolgung von Schadensersatzansprüchen aus Behandlungsfehlern, die nicht nach § 116 SGB X auf die Krankenkasse übergegangen sind, unterstützen. Über die Unterstützung des Versicherten entscheidet die Krankenkasse nach pflichtgemäßem Ermessen.

Da der Versicherte die Beweislast für die haftungsbegründenden Merkmale trägt und nur ausnahmsweise Beweiserleichterungen in Betracht kommen, etwa bei einem schweren Behandlungsfehler oder bei einer Verletzung der ärztlichen Dokumentationpflichten, erfolgt in der Praxis die Unterstützung des geschädigten Versicherten durch Einschaltung des Medizinischen Dienstes oder dadurch, daß dem Versicherten ein Arzt empfohlen wird, der für eine Gutachtenserstellung in Frage kommt.

---

[13] BGH NJW 1979, 1933, 1934
[14] OLG Düsseldorf, VersR 1984, 649

II. Die kassenärztliche Verantwortung

Nach der Rechtsprechung des BSG hat die Krankenkasse neben dem nach § 116 SGB X übergegangenen Anspruch bei einem Behandlungsfehler des Arztes einen originären Schadensersatzanspruch, den das BSG aus dem Kassenarztsystem ableitet[15].

Die Versicherten haben Anspruch auf Krankenbehandlung, die die Krankenkassen als Sachleistung zur Verfügung zu stellen haben. Bei der Erfüllung dieser Leistungsverpflichtung sind die Krankenkassen auf die Ärzte angewiesen und so regelt § 75 Abs. 1 SGB V, daß die Kassenärztlichen Vereinigungen und die Kassenärztliche Bundesvereinigung die kassenärztliche Versorgung sicherzustellen und den Krankenkassen gegenüber die Gewähr zu übernehmen haben, daß die kassenärztliche Versorgung den gesetzlichen und vertraglichen Erfordernissen entspricht. Der einzelne Kassenarzt wiederum wird durch die Zulassung nach § 95 Abs. 3 SGB V Mitglied der zuständigen Kassenärztlichen Vereinigung, ist zur Teilnahme an der kassenärztlichen Versorgung berechtigt und verpflichtet und hat ebenfalls die gesetzlichen Bestimmungen des Kassenarztrechts zu beachten.

Aus der Einbindung des Arztes in das Kassenarztsystem und aus der Gewährtragungspflicht der Kassenärztlichen Vereinigungen folgert das BSG[14] die Pflicht des Kassenarztes gegenüber der Kassenärztlichen Vereinigung durch Einhaltung der Regeln der ärztlichen Kunst Vermögensnachteile, die typischerweise mit solchen Regelverletzungen verbunden sind, von der Krankenkasse abzuhalten. Geschütztes Rechtsgut ist bei diesem Anspruch also das Vermögen der Krankenkasse. Der Umfang des Anspruchs deckt sich aber mit dem nach § 116 SGB X übergegangenen Anspruch, da der Anspruch des Versicherten nur in Höhe der von der Krankenkasse erbrachten Leistungen auf diese übergeht.

Verfahrensrechtlich richtet sich der öffentlich-rechtliche Anspruch der Krankenkasse gegen den Kassenarzt nach § 34 BMV-Ä. Das BSG ist der Ansicht, daß die Regelung, wonach die Prüfungseinrichtungen auch den sonstigen Schaden festzustellen haben, den der Kassenarzt infolge schuldhafter Verletzung kassenärztlicher Pflichten einer Krankenkasse verursacht hat, auch den o.g. Schadensersatzanspruch umfaßt.

Die Rechtsprechung des BSG ist jedoch auf starke Kritik von seiten der Ärzte gestoßen. Hintergrund ist, daß der nach § 116 Abs. 1 SGB X übergegangene Anspruch von der Berufs-Haftpflichtversicherung der Ärzte abgedeckt wird, nicht jedoch der öffentlich-rechtliche Anspruch der Krankenkasse. Nach § 1 AHB gewährt der Versicherer Versicherungsschutz nur für den Fall, daß der Versicherungsnehmer aufgrund gesetzlicher Haftpflichtbestimmungen privatrechtlichen Inhalts von einem Dritten auf Schadensersatz in Anspruch genommen wird.

Gegen die Rechtsprechung des BSG wird argumentiert, daß § 76 Abs. 4 SGB V, bzw. die vorherige Vorschrift des § 368 d Abs. 4 RVO, wonach der Arzt dem Versicherten gegenüber zur Sorgfalt nach den Vorschriften des bürgerlichen Vertragsrechts verpflichtet

---

[15] BSG SozR 2200 § 368n RVO Nr. 26

ist, einen öffentlich–rechtlichen Anspruch ausschließe[16]. Auch das LSG Schleswig–Holstein ist dem BSG nicht gefolgt und führt aus, das Vorhandensein anerkannter und stets auch praktizierter privatrechtlicher Sanktionen für die Haftung des Kassenarztes aus schuldhaft fehlerhafter Behandlung gegenüber dem Patienten verbiete es, für ein und dieselbe schadenstiftende Behandlung durch den Kassenarzt neben den privatrechtlichen Sanktionen eine konkurrierende öffentlich–rechtliche Sanktionsnorm anzuerkennen; die erstere sei im Hinblick auf § 116 SGB X für die Krankenkassen hinreichend[17].

Mit Wirkung vom 1.10.1990 wurde der Bundesmantelvertrag–Ärzte geändert. In § 39 BMV–Ä heißt es nun, daß sich Ansprüche der Versicherten und der Krankenkassen wegen eines Behandlungsfehlers des Kassenarztes ausschließlich nach bürgerlichem Recht richten. Bezüglich der Feststellung der Schadenshöhe kann bei Ansprüchen der Krankenkassen nach § 116 SGB X ein Schlichtungsverfahren bei der Kassenärztlichen Vereinigung eingeleitet werden, an dem sich der Kassenarzt beteiligen muß. Das Schlichtungsverfahren darf erst eingeleitet werden, wenn über den Behandlungsfehlervorwurf eine bestätigende Feststellung in einem Verfahren vor einer Gutachterkommission oder Schlichtungsstelle bei einer Landesärztekammer oder eine andere rechtsverbindliche Feststellung vorliegt. Hier ergibt sich also eine Verknüpfung des übergegangenen Anspruchs nach § 116 SGB, der sich nach privatrechtlichen Grundsätzen richtet, mit kassenärztlichen Verfahren.

Die frühere Regelung § 34 Abs. 3 BMV–Ä und § 35 BMV–Ä, die das BSG als Verfahrensregelung für den öffentlich–rechtlichen Schadensersatzanspruch der Krankenkasse gegen den Kassenarzt herangezogen hatte, lautete dahingehend, daß die Prüfungseinrichtungen den Schaden festzustellen hatten und daß die Kassenärztliche Vereinigung den so festgelegten Betrag von den Honorarforderungen des Kassenarztes einbehielt und an die Krankenkasse abführte. Diese Regelung ist im neuen BMV–Ä nun in § 38 Abs. 3 und § 42 aufgeführt. Dadurch , daß in § 39 S. 1 BMV–Ä aber geregelt ist, daß sich Ansprüche der Krankenkasse wegen eines Behandlungsfehlers ausschließlich nach bürgerlichem Recht richten, wird klargestellt, daß sich nach der Neuregelung das Verfahren ausschließlich nach § 39 BMV–Ä richtet, die Regelungen des § 38 Abs. 3 und § 42, die von einer schuldhaften Verletzung kassenärztlicher Pflichten sprechen, also bei einem Behandlungsfehler des Arztes nicht anzuwenden sind.

Eine weitergehende Regelung beinhaltet § 39 S. 1 BMV–Ä nicht. Da das BSG den öffentlich–rechtlichen Schadensersatzanspruch deshalb gegen den Kassenarzt bei einem Behandlungsfehler ausschließlich aus dem Gesetz ableitet – nicht etwa auch aus § 34 BMV–Ä wie z.T. unzutreffend angenommen wird – kann die vertragliche Regelung des § 39 BMV–Ä, wonach sich die entsprechenden Ansprüche der Kasse ausschließlich nach bürgerlichem Recht richten, den öffentlich–rechtlichen Schadensersatzanspruch nicht

---

[16] Plagemann, Der Schadensersatzanspruch der Krankenkasse gegen den Kassenarzt bei ärztlichem Kunstfehler, NJW 1984, 377; S. Tiemann, Kompetenzkonflikt bei Streit über ärztliche Kunstfehler – Sozial– oder Zivilrechtsweg, NJW 1985, 2169
[17] Schleswig–Holsteinisches LSG vom 8.5.1990 – L 6 Ka 4/89 –

ausschließen. Auch ein Verzicht auf die Geltendmachung des öffentlich-rechtlichen Anspruchs kann in dieser Regelung nicht gesehen werden, da ein so weitreichender Verzicht eindeutig hätte geregelt werden müssen: Der öffentlich-rechtliche Anspruch der Kasse bei einem Behandlungsfehler des Arztes ist im Streitfall vor den Sozialgerichten einzuklagen, mit Amtsermittlungsgrundsatz und geringer Kostenfolge, wohingegen der nach § 116 SGB X übergegangene Anspruch im Streitfall vor den Zivilgerichten mit hohem Kostenrisiko und Beweislast der Kasse für die anspruchsbegründenden Tatsachen eingeklagt werden müßte. Der öffentlich-rechtliche Schadensersatzanspruch der Krankenkasse gegen den Kassenarzt bei einem Behandlungsfehler ist daher für die Kassen bei weitem günstiger.

1. Das Wirtschaftlichkeitsgebot

Eine wesentliche kassenärztliche Pflicht des Arztes ist die Beachtung des Wirtschaftlichkeitsgebots. Im folgenden soll untersucht werden, ob die Beachtung des Wirtschaftlichkeitsgebots und die damit zusammenhängende Wirtschaftlichkeitsprüfung den Kassenarzt in einen Konflikt zur zivilrechtlichen Haftung bringt.

Die Einbettung des Kassenarztes in das kassenärztliche System hat zur Folge, daß der Arzt bei der Wahl der Behandlungsmethode bzw. bei der Frage, wieviel er leistet, das Wirtschaftlichkeitsgebot zu beachten hat. Nach § 12 Abs. 1 SGB V müssen Leistungen ausreichend, zweckmäßig und wirtschaftlich sein und sie dürfen das Maß des Notwendigen nicht überschreiten. Leistungen, die nicht notwendig oder unwirtschaftlich sind, können Versicherte nicht beanspruchen, dürfen die Leistungserbringer nicht bewirken und die Krankenkasse nicht bewilligen. Das Wirtschaftlichkeitsgebot darf nicht mißverstanden werden als Gebot, eine ''Billigmedizin'' zu leisten.

Das BSG sagt zu diesem Gebot abstrakt, daß der Erfolg in einem angemessenen Verhältnis zum Aufwand stehen muß, und ein etwa gleichwertiger Erfolg dürfe nicht auf aufwendigerem Wege erzielt werden[18]. An anderer Stelle sagt es, daß bei der Beurteilung der Wirtschaftlichkeit eine Relation von Kosten und Heilerfolg herzustellen sei[19].

Die Kosten lassen sich noch relativ einfach bestimmen, bei der Frage nach dem Erfolg ist die Bestimmung schon schwieriger. Zweck einer Diagnose ist das Erkennen von Krankheitsbildern oder Krankheitsrisiken, Zweck einer Therapie ist die Heilung einer Krankheit oder die Linderung von Beschwerden. Wird dieser Zweck erreicht, ist ein Erfolg gegeben. Ist eine Diagnose oder Therapie nicht geeignet, diesen Erfolg herbeizuführen, so ist sie nicht zweckmäßig. Falls eine Maßnahme zweckmäßig ist, also erfolgversprechend, so

---

[18] BSG SozR 2200 § 368n RVO Nr. 19
[19] BSGE 52, S. 71, 75; zum Wirtschaftlichkeitsgebot vgl. auch Töns, Zweckmäßigkeit und Wirtschaftlichkeit als Anspruchsbestimmung im Leistungswesen der gesetzlichen Krankenversicherung, DOK 1977, 451 f.

kann der Nutzen von verschiedenen Faktoren abhängen, etwa von der Zeit, Nebenwirkun
gen, Schmerzen und Risiken. Eine Therapie, die den Patienten schnell und ohne große
Risiken heilt, ist von größerem Nutzen als eine Maßnahme, die große Risiken birgt, mit
großen Schmerzen verbunden ist oder sehr lange dauert. Am einfachsten ist die Beurteilung
der Wirtschaftlichkeit, wenn nur eine erfolgversprechende Behandlung in Frage kommt.
Diese kann nicht unwirtschaftlich sein, egal wieviel sie kostet. Im Fall, daß mehrere, in etwa
gleich nützliche Behandlungen in Frage kommen, ist die kostengünstigere die wirtschaftliche Behandlung. Im Falle erheblicher Abweichungen im Nutzen ist die erheblich
nützlichere Maßnahme auch dann die wirtschaftliche, wenn sie teurer ist als eine Maßnahme, die z.B. mit erheblich größeren Risiken oder Schmerzen verbunden ist. Im Falle, daß
zwischen verschiedenen ärztlichen Maßnahmen keine großen Unterschiede in Kosten oder
Nutzen bestehen, können auch mehrere Behandlungen derselben Krankheit oder mehrere
diagnostische Maßnahmen, die demselben Ziel dienen, wirtschaftlich sein.

Wählt der Arzt die wirtschaftliche Behandlung oder eine von mehreren wirtschaftlichen
Behandlungen, kann ihn aus diesem Grund keine zivilrechtliche Haftung treffen. Wie
erwähnt, überläßt die zivilrechtliche Rechtsprechung dem Arzt die Wahl der Behandlung.
Über unwirtschaftliche Alternativen muß der Arzt den Patienten noch nicht einmal
aufklären – wie schon dargestellt, hat der BGH keine Aufklärung des Patienten über
verschiedene gleich wirksame Behandlungsmethoden gefordert – und wenn eine Behandlung besser ist als eine andere, ist sie trotz der Kosten auch die wirtschaftlichere. Fragt der
Patient ausdrücklich nach einer unwirtschaftlichen Behandlung, so muß ihn der Arzt
darüber aufklären, daß die Behandlung unwirtschaftlich ist, er sie als Kassenarzt nicht
erbringen darf und der Patient auch gegenüber der Krankenkasse keinen Anspruch auf eine
unwirtschaftliche Behandlung hat.

Ein Konflikt zwischen Wirtschaftlichkeitsprinzip und zivilrechtlicher Haftung besteht
nicht. Handelt der Arzt wirtschaftlich und beachtet die Regeln der ärztlichen Kunst, so trifft
ihn keine zivilrechtliche Haftung. Handelt er unwirtschaftlich, so kann ihn u.U. auch eine
zivilrechtliche Haftung treffen, etwa in dem Fall, daß er einen Patienten bezüglich einer
erheblich risikoreicheren Behandlungsalternative ncht ausreichend aufklärt.

2. Die Wirtschaftlichkeitsprüfung

Ob die Behandlungsweise eines Arztes wirtschaftlich ist, wird im kassenärztlichen System
überprüft. Zunächst jedoch werden die Honorarforderungen der Ärzte von der Kassenärztlichen Vereinigung auf ihre sachlich-rechnerische Richtigkeit überprüft. Abrechnungsfähig sind nach § 87 Abs. 2 SGB V nur Leistungen, die im einheitlichen Bewertungsmaßstab aufgeführt sind. Da dort aber alle gängigen ärztlichen Leistungen aufgeführt sind
und die Bewertungsmaßstäbe ständig erweitert und an den Stand der medizinischen
Wissenschaft und Technik angepaßt werden, besteht von dieser Seite keine Gefahr für die
ärztliche Behandlung oder gar die Gefahr einer zivilrechtlichen Haftung. Dem Arzt stehen

ausreichende Leistungen zur Verfügung, von ärztlicher Seite wird sogar die Ausuferung des Leistungskatalogs beklagt[20].

Die eigentliche Wirtschaftlichkeitsprüfung ist in § 106 Abs. 2 SGB V geregelt und umfaßt sowohl die Prüfung aufgrund von Strichproben als auch die arztbezogene Prüfung nach Durchschnittswerten. Die Prüfung wird durch Prüfungsausschüsse durchgeführt, in gleicher Zahl mit Vertretern der Ärzte und der Krankenkassen besetzt mit jährlich wechselndem Vorsitzenden.

Zu der Wirtschaftlichkeitsprüfung liegt noch zu der alten Vorschriften § 368e RVO eine umfangreiche Rechtsprechung des BSG vor, die hier nicht in allen Einzelheiten dargestellt werden kann. Danach mußte die Wirtschaftlichkeit der kassenärztlichen Tätigkeit dann nicht anhand einzelner Behandlungs- und Verordnungsfälle geprüft werden, wenn die Fallwerte des Arztes im Verhältnis zu den Durchschnittswerten seiner Fachgruppe in einem offensichtlichen Mißverhältnis stehen. In einem solchen Fall ergibt sich die Unwirtschaftlichkeit der Behandlungs- und Verordnungsweise in der Regel schon aus einem Vergleich mit den Durchschnittswerten, es sei denn, daß Besonderheiten der jeweiligen Praxis den Mehraufwand ganz oder teilweise rechtfertigen oder für den Mehraufwand ein Minderaufwand in einem anderen Leistungsbereich entstanden ist[21].

In der Übergangsphase vom Bereich der normalen Streuung, der bei etwa 20 % Überschreitung des Durchschnitts bis zum Wert des offensichtlichen Mißverhältnisses liegt, sollte die Unwirtschaftlichkeit dagegen zusätzlich durch eine genügende Zahl von Einzelfallbeispielen belegt werden[22]. In jedem Fall, so das BSG, auch im Falle des offensichtlichen Mißverhältnisses sei letztlich entscheidend, welcher Behandlungsaufwand medizinisch veranlaßt war[23]. Die notwendige Berücksichtigung der relevanten medizinisch-ärztlichen Gesichtspunkte sieht das BSG dadurch gewahrt, daß Prüfungsausschüsse entscheiden, denen auch Vertreter der Kassenärzte angehören. Sowohl in Bezug auf Ermittlungen des entscheidungserheblichen Sachverhalts als auch bei der Bewertung stehen den Ausschüssen Handlungs- und Beurteilungsspielräume zu, die Prüfungsbescheide unterliegen nur einer eingeschränkten gerichtlichen Kontrolle[24]. Zum Beispiel hat das BSG keine strikte Grenze festgelegt, bei der das offensichtliche Mißverhältnis erreicht ist. Die Festlegung dieser Grenze bei Überschreiten des Durchschnitts um 50 % wird vom BSG in der Regel nicht beanstandet[25].

Den Prüfungsausschüssen steht also ein ausreichender Spielraum zu, um die Prüfung der Wirtschaftlichkeit anhand von Durchschnittswerten für den einzelnen Arzt so gerecht wie möglich zu gestalten. Es sollten vor allem Besonderheiten in der Behandlungsweise und in der Zusammensetzung der Patienten berücksichtigt werden. Durch eine Aufgliederung in

---

[20] B. Tiemann/S. Tiemann, Kassenarztrecht im Wandel, S. 406/407
[21] BSG SozR 2200 § 368n RVO Nrn. 3, 14, 19, 31
[22] BSG SozR 2200 § 368n RVO Nrn. 14 u. 19
[23] BSGE 62, 24, 26
[24] BSGE 62, 24, 29; BSG SozR 2200 § 368n Nr. 31
[25] BSGE 62, 24, 29

enge Vergleichsgruppen eine größere Einzelfallgerechtigkeit erreicht werden. Wie das BSG ausführt, können für die Bildung von Untervergleichsgruppen die berufsrechtlichen Anerkennungen, die Behandlungsausweise – Krankenschein und Überweisungsschein – und die aufgrund der von den Kassenärzten vorgelegten Abrechnungen erstellten Häufigkeitsstatistiken ausreichend Aufschluß geben[26].

Soweit die Wirtschaftlichkeitsprüfung anhand von Durchschnittswerten nicht zu schematisch gehandhabt wird, besteht keine Gefahr, daß Ärzte, die im Einzelfall wirtschaftlich handeln, weit über den Durchschnittswerten liegen. Im bestehenden System der Einzelleistungsvergütung besteht anders als im Fall der Vergütung nach einer Kopf- oder Fallpauschale der Anreiz zur Ausdehnung ärztlicher Leistungen, nicht jedoch zur Reduzierung. Insofern ist es eher möglich, daß die bestehenden Durchschnittswerte überhöht sind als daß der Verdacht besteht, sie seien zu niedrig angesetzt. Da kein Anreiz für den Arzt besteht, zu wenig Leistungen zu erbringen und man davon ausgehen kann, daß sich die Mehrheit der Ärzte nach den Regeln der ärztlichen Kunst richtet, kann man zumindest annehmen, daß der Durchschnitt der Ärzte zumindest nicht zu wenig Leistung erbringt, so daß im Fall des erheblichen Überschreitens der Durchschnittswerte die Vermutung der Unwirtschaftlichkeit naheliegt. Da es zur Durchschnittsprüfung noch keine Alternative gibt, kann man allenfalls darüber diskutieren, wie sich die Durchschnittsprüfung soweit verfeinern läßt, daß der einzelne Arzt möglichst gerecht beurteilt wird.

Auch das BSG hat sich in einer Entscheidung von 1984 dahingehend geäußert, daß es noch keine alternative Prüfungsmethode gibt, die einerseits praktikabel und andererseits der bisherigen Prüfmethode im Hinblick auf ein gerechtes Prüfungsergebnis überlegen wäre. Eine individuelle Prüfung eines jeden einzelnen Behandlungsfalles scheitert an der Vielzahl der Fäll27. Das BSG schildert auch die Schwierigkeiten der Einzelfallprüfung. Eine auf die Abrechnungsunterlagen des Arztes beschränkte Einzelfallprüfung lasse eine zuverlässige Antwort eigentlich nur auf die Frage erwarten, ob die anamnestischen, diagnostischen und therapeutischen Angaben in sich schlüssig seien. Die eigenen Angaben des Arztes könnten die Unwirtschaftlichkeit verdecken[28].

Auf keinen Fall sollten die Befürchtungen eines Arztes, in die Wirtschaftlichkeitsprüfung zu kommen, ihn dazu verleiten, im Einzelfall weniger als das Notwendige zu tun. Nach der Regelung des § 106 Abs. 5 SGB V sollen bei Verstößen gegen das Wirtschaftlichkeitsgebot gezielte Beratungen weitereren Maßnahmen, also etwa Honorarkürzungen, in der Regel vorangehen. Heute ist es also weniger denn je gerechtfertigt, daß die Ärzte nur auf Durchschnittswerte starren wie das Kaninchen auf die Schlange. Der Arzt, der im Einzelfall das Notwendige tut und die Regeln der ärztlichen Kunst beachtet, muß weder eine zivilrechtliche Haftung noch eine Wirtschaftlichkeitsprüfung fürchten.

Darüberhinaus gibt das SGB V den an der kassenärztlichen Versorgung Beteiligten Möglichkeiten an die Hand, die Qualität der ärztlichen Versorgung zu verbessern. Die

---

[26] BSGE 62, S24, 27
[27] BSG SozR 2200 § 368n Nr. 31
[28] BSG SozR 2200 § 368n Nr. 31

Gefahr, daß einzelne Ärzte bei der Behandlung weniger als das Notwendige tun, liegt weniger an der in der Regel zu Unrecht befürchteten Wirtschaftlichkeitsprüfung, sondern ist häufig in mangelhafter Information bzw. Qualifikation begründet.

Nach § 136 SGB V prüfen die Kassenärztlichen Vereinigungen auch die Qualität der in der kassenärztlichen Versorgung erbrachten Leistungen. Von den Bundesausschüssen sind Richtlinien zur Qualitätsbeurteilung zu entwickeln. Ferner vereinbaren nach § 135 Abs. 2 SGB V die Vertragspartner der Bundesmantelverträge einheitliche Qualifikationserfordernisse für die Kassenärzte für ärztliche Untersuchungs- und Behandlungsmethoden, die besondere Kenntnisse und Erfahrungen des Arztes voraussetzen. Zur Zeit werden in einem gemeinsamen Ausschuß der Kassenärztlichen Bundesvereinigung und der Spitzenverbände der Krankenkassen einheitliche Qualifikations-Richtlinien erarbeitet, die dann von den Partnern des Bundesmanteltarifvertrags und den Partnern des Arzt-/Ersatzkassenvertrags lediglich umgesetzt werden müssen. Maßnahmen zur Qualitätssicherung dienen einmal dazu, zu verhindern, daß die Ärzte weniger als das Notwendige tun, zum andern können sie auch überflüssige, bzw. wenig sinnvolle ärztliche Maßnahmen zurückdrängen und dienen somit auch der Wirtschaftlichkeit.

Zusammenfassend läßt sich feststellen, daß es keine kassenärztlichen Regeln oder Verfahren gibt, die den Kassenarzt in die Gefahr einer zivilrechtlichen Haftung bringen. Wer die Regeln der ärztlichen Kunst beachtet, die Patienten ausreichend aufklärt und im Einzelfall eine wirtschaftliche Behandlungsweise wählt, gerät in kein Spannungsfeld. Maximaltherapie oder Maximaldiagnostik sind abzulehnen, wenn sie für den Patienten erhöhte Risiken bringen und auch dann, wenn ein nur geringer weiterer therapeutischer oder diagnostische Nutzen mit großen Kostensteigerungen verbunden ist. Wissenschaftlicher Fortschritt oder neue teure Methoden sind nur dann sinnvoll und von der Solidargemeinschaft zu tragen, wenn sie für Diagnostik oder Therapie erhebliche Verbesserungen bringen. Vor allen Dingen im Bereich der Diagnostik besteht die Gefahr, daß sich Ärzte blind auf Ergebnisse verlassen, die durch aufwendige Technik oder umfassende Laboruntersuchungen gewonnen wurden und vergessen, bei der Diagnose auch den gesamten Patienten zu sehen und ihre eigenen Sinne einzusetzen.

Ohne zu leugnen, daß im Einzelfall umfassende Untersuchungen oder Behandlungen angezeigt sein können, ist es weder für den Patienten noch für Solidargemeinschaft erstrebenswert, daß in allen Fällen Maximaldiagnostik oder Maximaltherapie angewendet werden.

Vor allem Maßnahmen zur Qualitätssicherung können sicherstellen, daß Ärzte im Einzelfall weder zuviel noch zuwenig, sondern das Notwendige tun.

Zur Weiterentwicklung des Begriffs der Wirtschaftlichkeit in der kassenärztlichen Versorgung

Alfred Jensen

1. Allgemeines

Das Thema der heutigen Veranstaltung lautet "Die ärztliche Behandlung im Spannungsfeld zwischen kassenärztlicher Verantwortung und zivilrechtlicher Haftung". Ich möchte dieses mehr juristische Motto um den qualitativen/ökonomischen Aspekt ergänzen. Für mein Verständnis stehen die Gebote einer bedarfsgerechten und zugleich wirtschaftlichen Versorgung in einem Spannungsverhältnis. Um diesen Zielkonflikt aufzulösen, muß meines Erachtens der Begriff der Wirtschaftlichkeit in der kassenärztlichen Versorgung um eine qualitative Dimension weiterentwickelt werden.

Die bisherige Wirtschaftlichkeitsprüfung ist von den Krankenkassen und von den betroffenen Ärzten vielfach als unzureichend empfunden worden – auch zurecht. Ihre Maßstäbe waren in erster Linie ökonomisch orientiert. Heraufbeschworen wurde damit eine Ausrichtung am vermeintlich wirtschaftlichen Durchschnitt. Daher begrüßen die Krankenkassen, daß mit dem Gesundheits–Reformgesetz die bisherigen Prüfmethoden durch weitere, qualifizierte Prüf– und Beratungsansätze ergänzt worden sind. Hierzu zählen die Richtgrößenprüfung und die Prüfung auf Stichprobenbasis ebenso wie Maßnahmen zur Qualitätssicherung. Dabei gilt der Grundsatz "Beratung vor Regreß".

2. Richtgrößen für Arzneimittel

In den vergangenen Jahren haben die Ausgaben für Arzneimittel im Verhältnis zum ärztlichen Honorar ständig zugenommen. Grund dafür war die Verordnung zu vieler und zu teurer Arzneimittel. Mit dem Instrument der Durchschnittsprüfung allein kann man diesem Phänomen nicht mehr beikommen. Die Wirtschaftlichkeit und die Qualität der Arzneimittelversorgung soll duch die nach § 84 SGB V zu vereinbarenden Richtgrößen gefördert werden. Vorrangig sollen die Richtgrößen dazu beitragen, die gesundheitspolitische Mengen– und Strukturentwicklung bei den Arzneimitteln zu beeinflußen. Die Preisentwicklung wird durch die Festbeträge kalkulierbar gemacht.

Für die Bildung von Richtgrößen sind grundsätzlich zwei Ansatzpunkte denkbar:

- Richtgrößen auf der Grundlage definierter Tagesdosen (Daily Defined
  Doses), unterteilt nach Indikations- und Altersgruppen (DDD-Konzept)
  und
- Richtgrößen auf der Grundlage fallbezogener Arzneimittelausgaben.

Die Ausgestaltung von Richtgrößen nach einem DDD-Konzept ist unter qualitativen Gesichtspunkten sicherlich das bessere Konzept. Dabei werden fachgruppenspezifisch und differenziert nach dem Alter der Patienten Tagesdosen für die einzelnen Arzneimittel-Indikationsgruppen definiert. So gebildete Richtgrößen würden allein auf die Menge und die Qualität der Arzneiverordnungen abstellen, die Preiseffekte außen vorlassen. Voraussetzung für ein solches Konzept ist jedoch die Erfassung aller Verordnungen. Dies erfordert entsprechende vertragliche Rahmenbedingungen, die nicht ad hoc geschaffen werden können.

Nicht zuletzt auch um die Festbetragsregelung sinnvoll zu flankieren, sind zeitnahe Lösungsmöglichkeiten ins Auge zu fassen. Als Alternative zum unmittelbar mengenorientierten DDD-Konzept bietet sich ein Konzept an, mit dem eine indirekte Mengenorientierung anhand verfügbarer fallbezogener Ausgabedaten (Arzneikostenstatistiken) vorgenommen werden kann. So ausgestaltete Richtgrößen können allerdings nur dann die erwartete Steuerungsfunktion übernehmen, wenn gegenüber Arzneikostendurchschnitten Preis-, Mengen- und Strukturbereinigungen erfolgen. Insofern müssen Abschläge aufgrund

- der Preissenkungen aus der Festbetragsregelung und
- von Einsparpotentialen durch unwirtschaftliche bzw. unzulässige
  Verordnungen vereinbart werden.

Der verordnende Arzt wird solche Richtgrößen ohne weiteres einhalten können, wenn er auf die Verschreibung von Arzneimitteln verzichtet, deren therapeutischer Nutzen umstritten ist, wenn er therapieadäquate Mengen – insbesondere bei Medikamenten mit Abhängigkeitspotentialen – verordnet und wenn er preiswertere, aber gleich gute oder sogar besser wirksame Verordnungsalternativen berücksichtigt.

Mit Abschlägen aufgrund unwirtschaftlicher Arzneimittel kann und sollte – wenn auch behutsam – in das eingefahrene Verordnungsverhalten der Ärzte eingegriffen werden. Eine so geänderte Verordnungsweise löst das Spannungsverhältnis zwischen Wirtschaftlichkeit und bedarfsgerechter Versorgung mit Arzneimitteln auf.

Sinn- und wirkungsvolle Maßnahme bei Überschreiten von Richtgrößen ist deshalb die arztindividuelle schriftliche und persönliche Beratung des Arztes. Es ist davon auszugehen, daß die Ärzte sich einer solchen pharmako-therapeutischen Beratung durch entsprechend qualifizierte Experten durchaus aufgeschlossen zeigen, da die verwirrende Vielfalt auf dem bundesdeutschen Arzneimittelmarkt eine wirtschaftliche und rationale Arzneimitteltherapie zunehmend erschwert. Gezielte Hinweise für eine rationale Arzneimitteltherapie stoßen deshalb sicherlich auf eine große Akzeptanz.

3. Stichprobenprüfung

Neben der Richtgrößenprüfung hat der Gesetzgeber durch das GRG die arztbezogene Prüfung ärztlicher und ärztlich verordneter Leistungen auf der Grundlage von arzt- und versichertenbeziehbaren Stichproben, die zwei von Hundert der Ärzte je Quartal erfassen sollen, eingeführt. Dabei ist die Stichprobenprüfung eigentlich keine Prüfmethode, sondern ein Auswahlverfahren.

Die Stichprobenprüfung dürfte meines Erachtens eine Einzelfallprüfung darstellen, wobei jedoch auf der Grundlage der im Einzelfall festgestellten unwirtschaftlichen Behandlungsmaßnahmen eine Hochrechnung zulässig erscheint.

Die Besonderheit dieser Prüfmethoden besteht darin, daß ärztliche und ärztlich verordnete Leistungen auf den Versicherten bezogen zugeordnet werden. Die unmittelbare behandlungsbezogene und daher wesentlich differenziertere Beurteilung der Wirtschaftlichkeit des Arztes ermöglicht es, unwirtschaftliche Verhaltensweisen aufzuzeigen, die im Rahmen der Durchschnittsprüfung nicht feststellbar sind. Auf der anderen Seite kann der geprüfte Arzt anhand von Einzelfällen viel eher schlüssig darlegen, warum er gerade d i e eine bestimmte diagnostische oder therapeutische Maßnahme bei einem Patienten angewandt und abgerechnet hat. Er kann sich somit leicher exkulpieren.

Neu bei der Stichprobenprüfung wie bei der Durchschnittsprüfung ist die Verpflichtung, auch die Häufigkeit der Überweisungen zu berücksichtigen. Damit wird bei entsprechender Differenzierung der Überweisungen eine gerechtere Zuordnung der ärztlichen Leistungen zum veranlassenden Arzt ermöglicht.

Die Ärzte, die in die Stichprobenprüfung einbezogen werden, sollten jeweils quartalsweise von den Vertragspartnern, also den Krankenkassen und den Kassenärztlichen Vereinigungen, neu bestimmt werden. Schließlich soll die Stichprobenprüfung auch vorbeugend zum wirtschaftlichen Verhalten der Ärzte beitragen. Da jeder Arzt damit rechnen muß, in eine Stichprobe zu kommen, ohne jedoch den Zeitpunkt vorher zu kennen, ist ein ständiger Anreiz zur Wirtschaftlichkeit gegeben. Auch bei den Ärzten, bei denen die Statistiken keine Auffälligkeiten aufweisen, muß die Wirtschaftlichkeit im Einzelfall geprüft werden. Der Gesetzgeber bezweckt gerade mit der Stichprobenprüfung, daß auch unauffällige Ärzte mitgeprüft werden.

Insgesamt muß festgehalten werden, daß die Stichprobenprüfung hohe personelle und zeitliche Anforderungen an die Prüfgremien stellt und eine differenzierte Datenbasis der ärztlichen und ärztlich verordneten Leistungen voraussetzt. Nicht zuletzt das scheint ein Grund dafür zu sein, daß die praktische Umsetzung der Stichprobenprüfung im Rahmen der durch die Prüfvereinbarungen geregelten Wirtschaftlichkeitsprüfung bis jetzt eher schleppend erfolgte.

4. Qualitätssicherung

Wirtschaftlichkeit und Qualität der Versorgung stehen zwar in einem Spannungsverhältnis; jedoch ist dies meines Erachtens nicht unauflösbar. Ziel ist – wie gesagt – eine
qualitätsorientierte Wirtschaftlichkeitsprüfung. Grundlegend sind jedoch die Rahmenbedingungen, aus denen von vornherein Anreize für eine rationale und wirtschaftliche
Leistungserbringung folgen. Im Nachhinein notwendige Prüfungen und Kontrollen sind
immer der zweitbeste Weg, um gemeinsam anerkannten Grundsätzen Geltung zu ver-
schaffen. Zur Verbesserung der Qualität der Leistungserbringung sieht das GRG nunmehr
eine Reihe von Maßnahmen vor. Qualitätssicherung ist dabei nicht nur eine ureigenste
Aufgabe der Ärzteschaft, sondern sollte weitestmöglich gemeinsam und partnerschaftlich
mit den Krankenkassen geregelt werden.

Beide Seiten, Leistungserbringer und Krankenkassen, haben dabei zum einen auf die
einzelne Leistung abzustellen, die lege artis zu erbringen ist, zum anderen auch auf die
Leistungsstrukturen und ihre Weiterentwicklung unter Berücksichtigung der Ziele der
gesundheitlichen Versorgung. Insofern müssen Standards auf der Grundlage der vorhandenen wissenschaftlichen Erkenntnisse und Prozeßdaten festgelegt werden.

Zur Weiterentwicklung der gesundheitlichen Versorgung fordert der Gesetzgeber die
Beteiligten zu Vorschlägen auf, wie die Leistungsfähigkeit, die Wirksamkeit und die
Wirtschaftlichkeit im Gesundheitswesen erhöht werden kann.

Die Krankenkassen haben bei der Qualitätssicherung im wesentlichen zwei Zielvorstel-
lungen:

> 1. Wir wollen eine qualitativ hochstehende Versorgung der Versicherten
> sicherstellen, die sich an den lege artis–Forderungen einerseits und an deren
> Umsetzungsmöglichkeiten in der Kassenarztpraxis andererseits orientiert.

> 2. Alle diejenigen Ärzte und Zahnärzte sollen ein leistungsgerechtes Honorar
> erwarten können, die bei ihren Patienten mit den Möglichkeiten der modernen
> Medizin eine qualitativ hochstehende und wirtschaftliche Versorgung leisten.

Die Krankenkassen erwarten dabei nicht von jedem Arzt stets höchste, makellose Qualität
am Maßstab extremer wissenschaftlicher Anforderungen. Es gibt aber immer wieder
Arbeitsergebnisse, die beim besten Willen dem geforderten Niveau nicht entsprechen (vgl.
Studie der BKK Voith "Zur Leistungs– und Kostentransparenz in der zahnmedizinischen
Versorgung" aus dem Jahre 1988). Ich möchte hierzu einige Beispiele aus der zahnärzt-
lichen Versorgung nennen:

> 1. Der Anteil der Füllungen, die in einem Basisjahr gelegt wurden und bis
> zum Ende des Folgejahres wiederholt werden mußten, beträgt mehr als 20 v.H.

2. Wiederholungs- bzw. Erweiterungsfüllungen und Überkronung des selben Zahnes erfolgen in einem Jahr.

3. Es erfolgt keine Abrechnung einer eingehenden Untersuchung.

Diese auf GKV-Routinedaten gestützten Prüfkriterien bilden erste, von beratenden Zahnmedizinern abgesicherte Schwellenwerte, mit deren Hilfe die Qualität beurteilt werden kann bzw. Qualitätsprobleme aufgezeigt werden können. In diesem Zusammenhang haben Studien in den USA gezeigt, daß dort eine 90 %ige Übereinstimmung zwischen statistisch auffälligen Behandlungsergebnissen und klinischen Untersuchungsergebnissen besteht.

Grundlage für jede Qualitätssicherung ist zunächst einmal die ausreichende Transparenz, d.h. die Qualität der medizinischen Versorgung muß überschaubar und bewertbar gemacht werden. Nicht zuletzt deshalb hat der Gesetzgeber neben den neuen Vorschriften zur Qualitätssicherung und zur Wirtschaftlichkeitsprüfung auch Transparenzvorschriften in das Sozialrecht eingeführt. Die Selbstverwaltung erhält damit die erforderlichen Informationsgrundlagen, um die Wirtschaftlichkeitsprüfung anhand von qualitativen Prüfkriterien sinnvoller und gerechter zu gestalten.

Aber auch verstärkte Aufklärung und Beratung der Versicherten durch die Krankenkassen, verstärkte Begutachtung und vermehrter Einsatz von Beratungsärzten und -zahnärzten sind notwendig. Dies gilt insbesondere bei wachsender Eigenfinanzierung durch den Patienten bzw. Versicherten. Dieser hat einen Anspruch darauf, daß die Qualität stimmt und ihm nicht tiefer als notwendig in die Tasche gegriffen wird. Die gesetzliche Krankenversicherung muß ebenfalls darauf achten, daß nicht schlechte Qualität wiederholt Zuschüsse auslöst.

Dabei wollen wir ein Ziel nicht aus den Augen verlieren: Wir wollen Vertrauen schaffen zwischen dem Patienten und seinem Behandler, aber auch zwischen den Krankenkassen sowie ihren Verbänden und den ärztlichen Organisationen.

Ich möchte betonen, daß Qualitätssicherungsmaßnahmen ohne die konstruktive Mitarbeiter aller Beteiligten nicht erfolgreich durchzuführen sind. Die Krankenkassen treten dafür ein, die Beratung der Versicherten, die Wirtschaftlichkeitsprüfung und die Qualitätssicherung gemeinsam mit den Ärzten und Zahnärzten zu verbesern. Die Befürchtung, Qualitätskontrollen könnten die Arzt-Patienten-Beziehung untergraben, sind sicherlich unbegründet. Im Gegenteil: Wir brauchen ein funktionierendes System zur Qualitätssicherung für die Sicherung der Zukunft der kassenärztlichen Versorgung.

Ein solch funktionierendes Qualitätssicherungssystem ist auch ein wichtiger Eckpfeiler für eine – sich nicht nur an der Quantität der ärztlichen Leistungen orientierende – Wirtschaftlichkeitsprüfung. Die Einführung von Qualitätsmerkmalen in die Wirtschaftlichkeitsprüfung ist nach meiner Auffassung eine Möglichkeit, das Spannungsverhältnis zwischen adäquater medizinischer Versorgung und wirtschaftlicher Versorgung aufzulösen.

Die ärztliche Behandlung im Spannungsfeld zwischen kassenärztlicher Verantwortung und zivilrechtlicher Haftung[1]

Wolfgang Ascher

Vor dem Hintergrund einer zunehmend technisierten und automatisierten Medizin – insbesondere im Krankenhaus und in medizinischen Spezialzentren – entsteht der Eindruck, Krankheit sei in jedem Falle reparierbar; der menschliche Körper sei lediglich eine biologische Maschine, die bei Defekt – also Krankheit – per Knopfdruck in Ordnung gebracht wird.

Ähnlich wie das eigene Auto, das man eben zur "Inspektion" in die Werkstatt fährt, läßt man beim sogenannten "Leistungserbringer" – also dem guten alten Hausarzt – einen "Gesundheits-Check-up" durchführen.

Diese Metapher scheint meines Erachtens gar nicht so falsch zu sein, geht der Trend in der Rechtsprechung doch immer mehr dahin, den Arzt als Mechaniker zu sehen.

Nehmen wir beispielsweise ein Urteil des Bayerischen Landessozialgerichts aus dem Jahre 1986[2]. Dort wird ärztliches Tun per Zeitwerttabelle, ähnlich den AW-Arbeitswerten des KFZ-Mechanikers, fixiert:

Eine Beratung (BMÄ'78 Nr. 1–4a):	mindestens 3 Minuten
Ein Besuch (BMÄ'78 Nr. 5–8a):	mindestens 15 Minuten
Eine eingehende Untersuchung (BMÄ'78 Nr. 65/65a):	mindestens 17,5 Minuten

Die Rechtsprechung der Zivilgerichte liegt im gleichen Trend und stellt erhöhte Sorgfaltsanforderungen an die ärztliche Kunst.

Dem gegenüber steht ein weit gespanntes Netz kassenärztlicher Vorschriften, in welchem sich die Therapiefreiheit des Arztes oft genug verfängt.

---

[1] Der Vortragsstil ist beibehalten.
[2] LSG München v. 19.2.1986 – L 12 Ka 49/83 –

1. Ärztliche Behandlung und Therapiefreiheit

Die Therapiefreiheit ist schon im Grundgesetz manifestiert (Art. 12 Abs. 1 GG). Das heißt, der Arzt hat die Grundrechte der Verfassung als Abwehrrechte gegen staatliche Eingriffe auf seiner Seite.

Korrespondierend mit der ärztlichen Handlungsfreiheit steht die Verpflichtung, zum Wohl des Einzelnen und der Gesellschaft zu handeln; das heißt, der Staat ist aufgerufen, Regelungen zu treffen, die ärztliches Handeln unter Berücksichtigung und Abwägung der Interessen aller in geordnete und sozial unschädliche Bahnen weist.

So postuliert § 1 BÄO, daß der Arzt – also auch der Kassenarzt – der Gesundheit des einzelnen Menschen und dem Wohle des gesamten Volkes zu dienen hat. Und weiter, daß – quasi als Prämisse zur Erfüllung dieser Pflicht – der Arztberuf seiner Natur nach ein freier Beruf ist.

Die Freiheit der Berufsausübung wird aber durch staatliche Normen auf Bundes– und Landesebene reglementiert.

So unterliegt jeder Arzt den Vorschriften der BÄO und dem jeweiligen Kammergesetz sowie der Berufsordnung seines Landes.

Der Kassenarzt ist darüber hinaus in ein umfangreiches System staatlicher und sich hierauf gründender öffentlich–rechtlicher Vorschriften der Selbstverwaltung eingebunden.[3]

2. Die Kassenärztliche Verantwortung

Die kassenärztliche Tätigkeit – unter welcher hier die kassen– und die vertragsärztliche Versorgung verstanden werden soll– spielt sich im Rahmen einer komplizierten, in erster Linie auf Kontrolle ausgerichteten gesetzlichen Krankenversicherung ab.

Auf dem sozialpolitischen Hintergrund der Finanzierbarkeit der Kosten im Gesundheitswesen löste das ''Gesetz zur Strukturreform im Gesundheitswesen'' vom 20.12.1988[4], fälschlicherweise als Gesundheitsreformgesetz tituliert – fälschlich deshalb, weil nicht die Gesundheit,sondern das Gesundheitswesen reformiert werden sollte – die bisherige Reichsversicherungsordnung im wesentlichen zum 1.1.1989 ab.

---

[3] Vgl. Sozialgesetzbuch, insbes. SGB V; Bundesmantelvertrag, Gesamtverträge, Arzt– /Ersatzkassenvertrag, Prüfvereinbarungen
[4] BGBl. I 1988, S. 2477 ff

Artikel 1 des GRG manifestiert das 5. Buch des Sozialgesetzbuches, die "Gesetzliche Krankenversicherung". Dieser Teil des SGB ist sozusagen die "Bibel" des Kassen-/Vertragsarztes geworden.

Erinnern wir uns an die zuvor zitierten Regelungen der Bundesärzteordnung und der Berufsordnungen, wonach der Arzt dem Einzelnen und dem Volk dient, so finden wir die Sozialpflichtigkeit ärztlichen Tuns auch im SGB V wieder.

Im 4. Kapitel – Beziehungen der Krankenkassen zu den "Leistungserbringern", hierunter sind u.a. auch die Kassenärzte gemeint – werden die Ziele der Kassenärztlichen Versorgung im Rahmen der Krankenversicherung genannt; gemäß § 70 Abs. 1 Satz 1 SGB V haben die Kassenärzte

> "eine bedarfsgerechte und gleichmäßige, dem allgemein anerkannten
> Stand der medizinischen Erkenntnisse entsprechende Versorgung der
> Versicherten zu gewährleisten."

Und in Satz 2 dieser Regelung steht der Satz, der soviel Sprengstoff abgibt:

> "Die Versorgung der Versicherten muß ausreichend und zweckmäßig
> sein, darf das Maß des Notwendigen nicht überschreiten und muß
> wirtschaftlich erbracht werden."

Nun haben wir das Zauberwort gefunden und ausgesprochen:

> Wirtschaftlichkeit !

Dieser Begriff hat auch den Gesetzgeber ganz in seinen Bann gezogen, so stark, daß er fast an jeder Stelle des SGB V auftaucht.

Das grundgesetzliche Postulat der Berufs- und Therapiefreiheit dagegen werden Sie, meine Damen und Herren, im SGB vergeblich suchen!

Gleich im übernächsten Paragraphen, nämlich in § 72 SGB V "Sicherstellung der Kassenärztlichen Versorgung" wird das Wirtschaftlichkeitsgebot als oberste Maxime der Vertragsgestaltung zwischen den Kassenärztlichen Vereinigungen und den Primär- und Ersatzkassen erneut genannt:

> " Die Kassenärztliche Versorgung ist im Rahmen der gesetzlichen
> Vorschriften und der Richtlinien der Bundesausschüsse durch schriftliche
> Verträge der Kassenärztlichen Vereinigungen mit den Verbänden der
> Krankenkassen so zu regeln, daß eine ausreichende, zweckmäßige und
> wirtschaftliche Versorgung der Versicherten unter Berücksichtigung des
> allgemein anerkannten Standes der medizinischen Erkenntnisse gewähr-
> leistet ist und die ärztlichen Leistungen angemessen vergütet werden. "

Von hier aus ist es dann nur noch ein kurzer Weg zu § 106 SGB V, der die Grundlagen für die eigentliche Wirtschaftlichkeitsprüfung bei den Primär- und Ersatzkassen bildet.

Ärztliches Handeln wird geprüft nach

1. Durchschnittswerten,
2. Überschreitung von Richtgrößen (§ 84 SGB V) und aufgrund von
3. Stichproben.

Hierunter fällt auch die Häufigkeit von Überweisungen, Krankenhauseinweisungen und Arbeitsunfähigkeits–Bescheinigungen.

Das heißt: Schwimmt der Kassenarzt in der Masse, ist er Klasse!

Ist Masse wirklich Klasse ?

Wir haben es doch mit Individuen zu tun, die eben ganz unterschiedlich reagieren und auch unterschiedlich zu behandeln sind; denken Sie nur an den Allergiker, der auf einen Stoff reagiert, auf welchen 1000 andere nicht reagieren.

Doch wir scheinen in einer komplexen Gesellschaft zu leben, die gerade wegen ihrer Komplexität zur groben Vereinfachung neigt.

Nehmen wir den Krankenschein (sprich: Behandlungsausweis) irgendeiner AOK oder BKK :

Für die Diagnose hat der Kassenarzt gerade 5 Zeilen von insgesamt 60 Zentimetern Länge (persönlich gemessen !).

Dem gegenüber hat er als ''Leistungserbringer '' 39 Zeilen, also insgesamt 148 Zentimeter, zur Verfügung, um seine '' Leistungskennzeichen '' (sprich: Gebührenordnungspositionen) für ein Quartal anzuschreiben.

Auf 60 Zentimetern steht das Krankenbild eines Patienten in einem Quartal. Und dies genügt für einen Durchschnittsvergleich, der nota bene in den Häufigkeitsstatistiken und Falldurchschnitten nur auf die Gebührenordnungspositionen abstellt und gar nicht auf die Diagnosen. Da ist dann ''die Eins'' (Beratung) im komplizierten Fall genauso viel wert – nämlich 8,50 DM – wie im Falle von Husten, Schnupfen, Heiserkeit.

Doch wie wirklichkeitsgetreu die Häufigkeitsstatistiken sind, soll folgendes Beispiel zeigen, welches besonders deshalb für mich nahe liegt, weil ich selbst aus Bayern stamme:

> Wenn ein Patient 10 Maß Bier trinkt und ein anderer nichts, dann
> hat statistisch gesehen jeder im Durchschnitt 5 Maß getrunken. Der
> Unterschied wird erst durch die reale Betrachtungsweise klar:
> der eine hat nämlich einen Rausch und der andere ist nüchtern !

Lassen Sie mich genauso nüchtern fortfahren, denn nunmehr möchte ich einen zweiten Aspekt der Wirtschaftlichkeitsprüfung aufzeigen, der meines Erachtens die Frage der fachlichen Kompetenz sowohl im ministeriellen als auch im gesetzgeberischen Bereich widerspiegelt, nämlich die Tatsache, daß die letztendliche Entscheidung, ob eine medizinische Behandlung sinnvoll und wirtschaftlich ist, nicht bei Gremien liegt, die einen ärztlichen Überhang haben.

Nehmen wir z.B. die aufgrund von § 106 Abs. 3 SGB V neu (1.1.1990) geschaffene Bayerische Prüfungsvereinbarung. Dort ist geregelt, daß sich der Prüfungsausschuß aus je 3 Vertretern der Ärzte und der Krankenkassen zusammensetzt (§ 2 Abs. 3).

Gemäß § 106 Abs. 4 SGB V wechselt der Vorsitz jährlich.

Und nun kommt es:

Bei Stimmgleichheit gibt die Stimme des Vorsitzenden den Ausschlag. Das heißt im Extremfall – also Vorsitz Kassenvertreter und Stimmengleichheit – entscheiden 3 Nichtärzte über einen rein ärztlich zu beurteilenden Sachverhalt.

Das Gleiche gilt im Ersatzkassenbereich gemäß § 4 Abs. 3 der Prüfvereinbarung (Wirkung ab 1.10.1990).

Die Möglichkeit eines unabhängigen Vorsitzenden wurde vom Gesetzgeber also nicht gesehen oder nicht gewollt.

Man gewinnt den Eindruck, es gehe nicht mehr um ärztliche Verantwortung, sondern bloß um vermehrte Kontrolle.

Neben der eben besprochenen Wirtschaftlichkeitsprüfung sollen gemäß § 83 Abs. 2 SGB V in den Gesamtverträgen Verfahren zur Prüfung der Abrechnungen auf Rechtmäßigkeit durch "Plausibilitätskontrollen" der Kassenärztlichen Vereinigungen vereinbart werden; gleiches ist in § 21 Abs. 8 des neuen Arzt-/Ersatzkassenvertrages geregelt.

Laut Duden heißt plausibel: eingängig. In einem Rechtsstaat ist eine Handlungsweise grundsätzlich rechtmäßig oder rechtswidrig, das heißt, sie erfüllt einen definierten Tatbestand oder nicht.

Nicht so bei der Handlungsweise eines Kassenarztes! Dort wird im Rahmen einer Rechtmäßigkeitsprüfung ärztlicher Abrechnungen geprüft, ob diese trotz Rechtmäßigkeit auch logischerweise rechtmäßig, also plausibel sind.

In der amtlichen Kommentierung zu § 83 Abs. 2 SGB V[5] ist lediglich zu lesen, die Partner der Gesamtverträge seien verpflichtet, die Prüfungen ärztlicher Abrechnungen so auszugestalten, daß Abrechungsmanipulationen verhindert werden. Außerdem schließe diese Regelung weitere Prüfungen durch die Krankenkassen nicht aus.
Verhindern bedeutet Prävention.

Nehmen wir zum Beispiel § 10 b des Bayerischen Gesamtvertrages (Wirkung ab 1.1.1990) und schauen wir, wie es mit der Prävention von Abrechnungsmanipulation steht. Dort ist (ähnlich wie in § 21 Abs. 8 EKV–A) geregelt, daß pro Quartal fünf(!) Kassenärzte zum Beispiel auch anhand von Tagesprofilen hinsichtlich der Rechtsmäßigkeit ihrer Abrechnung auf Plausibilität geprüft werden.

Nehmen Sie eine Bezirksstelle wie München mit fast 3.000 Kassenärzten. Dort soll anhand von fünf Kassenärzten eine Prävention im Hinblick auf Abrechnungsmanipulationen bei den restlichen 2.995 Kassenärzten erfolgen. Wie stellt man sich eine Abschreckung dieser Kassenärzte vor, durch öffentliche Zurschaustellung der fünf Übeltäter? Oder sollen die Ärzte nicht vielmehr in toto durch staatlich verordnete Einschüchterung in ihrem ärztlichen Tun beschränkt werden?

Die Kassenärztliche Vereinigung Bayerns erstellt ein Tagesprofil der 5 Deliquenten und hat gemäß § 10 b Abs. 3 Gesamtvertrag die Primärkassen in Bayern zu unterrichten.

---

[5] GRG-Handbuch, KKF, Fachverlag für Krankenkassen, Altötting

Hier wird der bedenkliche Weg beschritten, Ärzte ohne ein ordentliches Verfahren, in welchem sie rechtliches Gehör beanspruchen können, vorzuverurteilen oder zu brandmarken, um sog. "Abrechnungsmanipulationen" zu verhindern.

Warum wird nicht gleich offen ausgesprochen, was hinter dieser quasi-Stasi-Abrechnungsschnüffelei steckt, nämlich der latente Schuldvorwurf, alle Kassenärzte seien potentielle Abrechnungsbetrüger. Dann schon lieber gleich der Staatsanwalt und ein wirklich rechtsstaatliches Verfahren. Denn Betrug kommt in allen Branchen vor, auch bei den Kontrolleuren ärztlicher Abrechnungen, wie der Fall eines Hauptbuchhalters der Kölner Filiale der Bundesknappschaft Bochum beweist, der laut Medical Tribune"[6] mehr als 1,6 Millionen DM erschwindelte".

Nicht nur das Wirtschaftlichkeitsgebot engt die Erbringung ärztlicher Leistungen ein. Auch die Vergütungs- und Honorarseite wird so gestaltet, daß Druck auf den Kassenarzt ausgeübt wird und er sich mit seiner Therapiefreiheit zwischen Skylla und Charybdis befindet.

So soll der Honorarverteilungsmaßstab gemäß § 85 Abs. 4 Satz 4 SGB V sicherstellen,

"daß eine übermäßige Ausdehnung der Tätigkeit des Kassenarztes verhütet wird."

Gemäß § 84 SGB V werden auf Landesebene zwischen den Partnern der Gesamtverträge Richtgrößen für das Volumen verordneter Leistungen, insbesondere von Arznei- und Heilmitteln, vereinbart.

Der Kassenarzt, der Patienten der Primärkassen behandelt, trägt überdies auch noch das Risiko eines Punktwertabsinkens infolge der Ausweitung der Leistungen aller Kassenärzte. Ein Punktwertabsinken trifft ihn auch dann, wenn er selbst sich "wirtschaftlich", also sparsam verhält, der Rest der Kassenärzte aber nicht. Eine ähnliche Regelung treffen wir auch im Ersatzkassenbereich mit der Honorarbegrenzung an, obwohl die Ersatzkassen mit der zwischenzeitlichen Wiedereinführung der Einzelleistungsvergütung nach DM-Beträgen dem Kassenarzt den Eindruck vermitteln könnten, er erhalte seine Leistungen voll nach DM-Beträgen vergütet.

Eine weitere Gefahr droht der ärztlichen Therapiefreiheit durch die nunmehr in § 129 Abs. 1 Nr. 1 SGB V eingeführte "Möglichkeit" für den Kassenarzt statt des Arzneimittelnamens auf dem Rezept einen Wirkstoff zu verordnen oder die Substitution des Markenpräparates durch den Apotheker zuzulassen.

Vom früheren aut-simile-Verbot zur aut-simile-Möglichkeit und dann zum Gebot ist es nur ein Katzensprung.

---

[6] vom 5.10.1990, S. 4046

3. Die zivilrechtliche Haftung

Angesichts der zuvor genannten Reglements wirkt es wie Hohn, wenn das SGB V in § 76 unter dem Titel "Freie Arztwahl" die lapidare Pflicht deklariert:

> "Die Übernahme der Behandlung verpflichtet den an der kassenärztlichen
> Versorgung teilnehmenden Arzt dem Versicherten gegenüber zur
> Sorgfalt nach den Vorschriften des bürgerlichen Vertragsrechtes."

Ein zuvor total kontrollierter und in seiner Therapiefreiheit eingeengter Kassenarzt soll dann, möglichst zum Nulltarif, die aufgrund des Arzt-Patienten-Vertrages (§§ 611 ff, 276 BGB) geforderte größtmögliche Sorgfalt walten lassen.

Im zivilen Haftungsrecht des BGB gilt –anders als im Strafrecht– kein individueller, sondern ein auf die allgemeinen Verkehrsbedürfnisse ausgerichteter objektiver Sorgfaltsmaßstab.

Der Arzt kann daher den Fahrlässigkeitsvorwurf – Vorsatz scheidet wohl zu 99,9 % aus – nicht dadurch entkräften, daß er sich auf fehlende Fachkenntnisse oder Einengung aufgrund kassenarztrechtlicher Wirtschaftlichkeitsprüfungen beruft. Er hat nach dem jeweiligen aktuellen Stand der medizinischen Erkenntnisse zu handeln.

Lassen Sie mich die Skylla – sprich: GRG-Normen– und Charybdis – sprich: Zivilhaftungs-situation des Kassenarztes anhand von einigen Urteilen aus beiden Bereichen verdeutlichen:

Erstes Beispiel:

Bei der Beurteilung, ob ein Behandlungsfehler vorliegt, ist grundsätzlich auf den Zeitpunkt des ärztlichen Eingriffes abzustellen und den zu dieser Zeit bekannten Risiken.[7]

Weist der Kassenarzt seine Patienten zum Beispiel zur Diagnostik in ein Krankenhaus ein um CT-Aufnahmen durchführen zu lassen, so kann er hierdurch mit § 106 Abs. 2 SGB V kollidieren, der im Rahmen der Wirtschaftlichkeitsprüfung auch die Häufigkeit von Krankenhauseinweisungen mit Kürzungsmaßnahmen belegt.

Denkt der Kassenarzt rein wirtschaftlich, so wird er versuchen, die Zahl der Krankenhauseinweisungen niedrig zu halten und weniger auf die erweiterten Diagnostik-Möglichkeiten eines CTs Wert zu legen. Tut er dies so weit, daß er unter dem Durchschnitt seiner Fachkollegen liegt, belohnt ihn die Rechtsprechung des Bundessozialgerichts damit, daß er bei den Besuchen und Wegegeldern über dem Durchschnitt liegen darf:

---

[7]   OLG Düsseldorf, VersR 1985, 478

> Liegen die Krankenhauseinweisungen deutlich unter dem Durch-
> schnitt, wird vermutet, daß ein Mehraufwand an Besuchen und Wege-
> geldern für die Einsparungen im Bereich der Krankenhauseinweisungen
> ursächlich gewesen
> ist.[8]

Nächstes Beispiel:

Besitzt ein Heilmittel Nebenwirkungen, so ist der Patient speziell zu kontrollieren, d.h. der Arzt ist verpflichtet, alles ihm Zumutbare zu unternehmen, um die Nebenwirkungen bereits im Anfangsstadium zu erkennen und zu vermeiden. [9]

Wie sollen die Prüfungsausschüsse der Kassenärztlichen Vereinigungen anhand der Häufigkeitsstatistiken des Arztes in Verbindung mit der 5-Zeilen-Diagnoseleiste auf dem Behandlungsausweis ohne Zuhilfenahme des in diesem Fall verordneten Rezeptes wissen, daß es sich um ein Mittel mit den geschilderten Nebenwirkungen handelt?

Die Prüfgremien sehen unter Umständen nur den Ansatz von Beratungs- und Untersu-chungsziffern, die – weil zivilrechtlich gefordert – häufiger erbracht werden und dann bei-spielsweise im Leistungsbereich "Beratungen" gemäß der BSG-Rechtsprechung als unwirtschaftlich gekürzt werden:

> "Bei Unwirtschaftlichkeit in einzelnen Leistungsbereichen oder
> Leistungsarten können Beanstandungen und Kürzungen auf diesen
> Bereich beschränkt werden."[10]

Nächstes Beispiel:

Das OLG Düsseldorf hat einen Kassenarzt zu Schadensersatz verurteilt, weil dessen Urlaubsvertreter einen Patienten zu Unrecht arbeitsfähig erklärt hat, wodurch dem Patien-ten Vermögensnachteile entstanden sind.[11]

Folge dieser Rechtsprechung wäre also, daß der Kassenarzt, um Schadenersatzansprü-chen aus dem Weg zu gehen, vielleicht häufiger arbeitsunfähig schreibt. Doch das verbietet ihm die BSG-Rechtsprechung, wonach die zu häufige AU-Schreibung zum Regreß führt[12]. Die Kürzung in diesem Bereich entspricht auch dem Postulat des jetzigen § 106 Abs. 2 SGB V.)

---

[8] BSG vom 9.11.1982 – 6 RKa 23/82 – USK 82221 und vom 15.4.1986 – 6 RKa 38/84.

[9] OLG Bamberg vom 19.9.1975 – 3 U 31/74; ähnlich OLG Zweibrücken vom 28.4.1982 – 7 U 25/78 –

[10] BSG vom 8.5.1985 – 6 RKa 24/83 – USK 85190

[11] OLG Düsseldorf, VersR 1985, 370

[12] BSG vom 8.5.1985 – 6 RKa 7/84 – USK 85187

Nächstes Beispiel:

Laut BGH muß ein Arzt bei einer ersten Diagnosestellung einem Verdacht auf eine mögliche andere Erkrankung nachgehen und diesen Verdacht abklären.[13]
Kommt er dieser Pflicht nach, so behandelt er als sorgfältiger und vorsichtiger Arzt vielleicht auch unter Zuhilfenahme teurer Techniken mit erhöhten Diagnosemöglichkeiten u.U. unwirtschaftlich und wird – wie oben aufgezeigt – auch in einzelnen Leistungsgruppen gekürzt.

Letztes Beispiel:

Ist ein bestimmtes Mittel bei einer Krankheit besonders wirksam und infolgedessen im Vergleich mit allen anderen Heilmitteln so effektiv, daß diese weit erkennbar zurücktreten, so liegt bei Nichtanwendung des effektiveren Mittels ein Behandlungsfehler vor.[14]
Was geschieht, wenn dieses Heilmittel besonders teuer ist und zum Beispiel über dem Festbetrag (§ 35 SGB V) liegt? Dann trifft den Kassenarzt laut BSG die Kürzung.[15]
Wie vertragen sich die vorgenannten Beispiele mit den folgenden Aussagen des BGH in zwei Urteilen aus dem Jahre 1982 und 1984?
Dort wird ausgeführt:

> "Die Wahl der Behandlungsmethode ist primär Sache des Arztes!"[16]

Dieses ärztliche El Dorado findet sich, außer im Krankenhaus, nur noch für den frei niedergelassenen Arzt, der Privatpatienten behandelt.
Für ihn gilt die Therapiefreiheit des § 1 Abs. 1 der jeweiligen Berufsordnung.
Und wenn man die Honorarseite ansieht, findet man in § 14 Abs. 1 der Musterberufsordnung den Satz:

> " Die Honorarforderung des Arztes muß angemessen sein. Für die
> Berechnung ist die Gebührenordnung die Grundlage.
> Der Arzt hat dabei die besonderen Umstände des einzelnen Falles,
> insbesondere die Schwierigkeit der Leistung, den Zeitaufwand sowie
> die örtlichen Verhältnisse nach billigem Ermessen zu berücksichtigen."

Der Einzelfall, also der konkrete Patient mit seiner Krankheit und seinen ganz individuellen Sorgen ist maßgeblich. Und hierfür soll der Arzt ein angemessenes, marktwirtschaftlich gesehen leistungsgerechtes Entgelt erhalten.

---

[13] BGH, VersR 1985, 886
[14] RGSt 74, 60
[15] BSG vom 26.4.1978 – 6 RKa 9/77 und 10/77 – USK 78199
[16] BGH, VersR 1982, 771, BGH, VersR 1984, 470

Keine Durchschnittsbetrachtung, keine Schnüffel- und Hyper-Kontroll- oder Plausibilitätsmechanismen!

Nur: Diese Janusköpfigkeit ärztlichen Handelns – hier Kassenpatient, dort Privatpatient – führt in eine Zwei-Klassen-Medizin, die eines Sozialstaates nicht würdig ist.

Es stellt sich abschließend die Frage, was in der aktuellen Situation getan werden kann.

Auf die Rechtsprechung der Gerichte wird man wenig Einfluß nehmen können, insbesondere, solange keine wirkliche Einheitlichkeit der Rechtsprechung der Zivil- und Sozialgerichte herrscht. Die Zivilgerichte befassen sich – ebenso wie der Arzt – mit dem konkreten Einzelfall und fordern zu größter Sorgfalt bei der Behandlung auf.

Die Sozialgerichte befassen sich dagegen in den angesprochenen Bereichen mit dem Patienten nur in Form von Durchschnittswerten und fordern den Arzt zu sparsamem Verhalten auf.

Diese divergierenden Forderungen lassen sich nach Auffassung des BPA nur zusammen bringen, wenn die Richtlinien für ärztliches Handeln einheitlich über das Berufsrecht gefunden und ausgebaut werden, wenn somit für alle Ärzte, ob im Krankenhaus oder in freier Praxis, gleiche Anforderungen gelten, auch für die Bereiche der Wirtschaftlichkeit und Qualitätskontrolle.

Die Einführung einer obligatorischen Weiterbildung ist deshalb für jeden allgemeinärztlich tätigen Arzt unerläßlich.

Die Ärzteschaft muß zudem über die KVen, die sie in die Prüfgremien schickt, ihren ganzen ärztlichen Sachverstand in die Waagschale werfen und sich von rein ökonomischen Gesichtspunkten bisherigen Stils lösen.

Das Prüfwesen muß zu einer Einrichtung umfunktioniert werden, die primär den Arzt berät und vor unwirtschaftlicher Behandlung bewahrt.

Für das Prüfwesen gilt die gleiche Forderung wie für die Medizin:

Mehr Früherkennung und Prävention !

Mehr Klasse statt Masse !

Kassenärzte werden zwischen dem obskuren "Wirtschaftlichkeitsgebot" und haftungsrechtlichen Qualitätsanforderungen zerrieben

Jochen Kubitschek

Der Kassenarzt sieht sich in der eigenen Praxis unter anderem mit zwei Forderungen konfrontiert, deren gleichzeitige Erfüllung eine weder theoretisch noch gar praktisch zu bewältigende Aufgabe darstellt. Die Diskrepanz zwischen Soll und Haben ist dabei so groß, daß sich ein gangbarer Kompromiß auch theoretisch nicht erkennen läßt.

Auf der einen Seite ist der Kassenarzt nämlich auf Grund von höchstrichterlichen Urteilen gehalten, seine Kassenpatienten nach dem aktuellen Stand der medizinischen Wissenschaft – bis hin zur Neulandmedizin – zu behandeln (3. Senat des Bundessozialgerichts), während ihm gleichzeitig nach "gewachsenem Recht" von der Mehrzahl der Sozialgerichte und von den Prüfungsgremien der Kassenärztlichen Vereinigung zugemutet wird, seine Praxistätigkeit ausschließlich an obskuren "Wirtschaftlichkeitsstatistiken" messen zu lassen, die sich ihrerseits weder an medizinischen Notwendigkeiten noch gar an ökonomisch sinnvollen Gesichtspunkten einer übergeordneten "Wirtschaftlichkeit" orientieren.

Wohlmeinende Außenstehende könnten nun auf die naheliegende Idee kommen, daß sich – guten Willen auf allen Seiten vorausgesetzt – ein tragbarer und gangbarer Kompromiß zwischen medizinisch Erforderlichem und wirtschaftlich Sinnvollem finden lassen müßte.

Diese Annahme ist aber auf Grund der sogenannten Sachzwänge naiv und daher falsch. Entscheidend ist, daß sich die diagnostischen Aufwendungen im ambulanten Bereich vermutlich vervielfachen müßten, wollten sich die Kassenärzte tatsächlich – wie vom Bundessozialgericht gefordert – am "aktuellen Stand der medizinischen Wissenschaft" – die Neulandmedizin eingeschlossen – orientieren.

In den vergangenen Jahrzehnten haben sich weder ärztliche Standespolitiker, noch gar nichtärztliche Gesundheitspolitiker und Krankenkassenfunktionäre, dazu durchringen können, der mehr oder weniger ahnungslosen Öffentlichkeit die ganze unpopuläre Wahrheit mitzuteilen.

Sie hätten anderenfalls nämlich bekunden müssen, daß sich eine medizinisch optimale ambulante Betreuung der Bevölkerung mit den politisch durchsetzbaren Krankenkassenbeiträgen nicht finanzieren läßt. Da diese Mitteilung nicht opportun ist, nehmen alle Beteiligten Zuflucht zu einer für Ärzte und Pateinten verhängnisvollen "Lebenslüge".

Danach ist – sozusagen ex kathedra – medizinisch ausreichend und daher auch zwangsläufig wirtschaftlich, was von der Mehrzahl der Ärzte einer Fachgruppe in therapeutischer
und diagnostischer Hinsicht angeordnet wird.

Ein Beispiel aus der Praxis: Verzichtet die Mehrzahl der praktischen Ärzte zu einem
beliebigen Zeitpunkt beispielweise darauf, vor dem Einsatz von Antibiotika die eigentlich
erforderliche Resistenzbestimmung durchzuführen, dann handelt derjenige Kassenarzt
automatisch unwirtschaftlich, der sich an der medizinischen Fachliteratur bzw. dem
entsprechenden Urteil des Bundesgerichtshofs (AZ IV ZR 116/82) orientiert, das die
Unterlassung einer solchen Resistenzbestimmung zum Behandlungsfehler erklärt.

In diesem Zusammenhang muß man leider feststellen, daß es sich als Kassenarzt sehr gut
mit dem Wissen leben läßt, daß man vielleicht pro Jahr mehrere hundert derartige
Behandlungsfehler begeht, während sich mit einem Dauerkonflikt mit dem Kontrollorgan
KV kaum ruhig schlafen läßt.

Nun könnte man bei einem so unumstrittenen Fall natürlich auf die Idee kommen, daß
sich eine solche medizinisch korrekte Handlungsweise gegen Ignoranz und fachliche In-
kompetenz leicht auf dem Klageweg durchsetzen läßt. Dies ist aber leider keineswegs so.
Juristen wissen natürlich längst, daß zwischen Recht haben und Recht bekommen häufig
Welten liegen.

Die Vertreter der KV und der Krankenkassen stellen sich in der Diskussion gewöhnlich
auf den nur zu gut bekannten Standpunkt, daß niemand etwas dagegen hat, wenn Dr. X. bei
dem Patienten Y. eine Resistenzbestimmung durchführt und natürlich wird sowohl die
Therapie als auch die vorgeschaltete Diagnostik von der Kasse bezahlt.

Diese demagogische Aussage ist richtig und falsch zugleich und beweist nur, wie
scheinheilig die Argumente auf Seiten der Krankenkassen und der KVen für gewöhnlich
sind.

Tatsächlich schert sich im Alltag niemand darum, was der Kassenarzt in seiner Praxis
treibt, solange er nur nicht teurer ist als die Mehrzahl seiner Fachgruppenkollegen.

Dabei spielt es überhaupt keine Rolle, ob das was er tut, medizinisch sinnvoll und wirtschaftlich ist. A priori geht die KV nämlich davon aus, daß alles was im statistischen Durchschnitt der Fachgruppe liegt, automatisch medizinisch korrekt und gleichzeitig wirtschaftlich ist.

Das beispielhaft geschilderte Problem wird nämlich erst in dem Moment virulent, wenn
ein Kassenarzt im Gegensatz zur überwältigenden Mehrzahl seiner Kollegen – vor beinahe
jeder Antibiotikaverordnung die medizinisch erforderliche Resistenzbestimmung ansetzt.
Allein diese eine diagnostische Maßnahme würde ihn so weit aus dem statistischen Schnitt
der Fachgruppe herauskatapultieren, daß vor dem Prüfungsausschuß eine sachliche Diskussion anhand des jeweiligen Einzelfalles auf Grund einer "offensichtlichen Unwirtschaftlichkeit" nicht mehr stattfinden müßte. Eine pauschale Honorarkürzung wäre die
Folge.

Sollte ein solcher gemaßregelter Kassenarzt aber vor dem Prüfungs- bzw. Beschwerdeausschuß der KV keine "Einsicht" zeigen und sich zu der zutreffenden Behauptung
versteigen, daß Resistenzbestimmungen quasi schon aus Haftungsgründen Pflichtleistun-
gen sind, kann er sein blauen Wunder erleben.

"Wollen Sie damit andeuten, daß alle jene Kollegen schlechte Ärzte sind, die vor einer Antibiotikatherapie keine Resistenzbestimmung machen?" würde vielleicht die drohend vorgebrachte Frage des Vorsitzenden der Prüfungskommission lauten. Die aus dem Leben gegriffene Steigerung wäre die Feststellung des Vorsitzenden: "Ich selbst mache nie eine Resistenzbestimmung. Wollen Sie behaupten, daß ich ein schlechter Arzt bin?"

Nun könnte man diese Frage ja verärgert bejahen – doch leider käme man dabei automatisch in Konflikt mit der Berufsordnung, die herabsetzende Äußerungen über Kollegen unter Strafe stellt.

In diesem Spannungsfeld zwischen einander widersprechenden sozialgerichtlichen Grundsatzurteilen und auf Grund der real vorhandenen Machtstrukturen und wirtschaftlichen Abhängigkeiten wird der Kassenarzt dazu gezwungen – will er nicht sehenden Auges die mögliche Vernichtung seiner wirtschaftlichen Existenz billigend in Kauf nehmen –, sich einseitig dem von der KV mit eiserner Hand durchgedrückten "Wirtschaftlichkeitsgebot" unterzuordnen. Dabei ist er gut beraten, die sich in Form von Lehrbuchinhalten präsentierende medizinische Wissenschaft möglichst ganz in sein Unterbewußtsein zu verdrängen, da diese vor den Prüfungsgremien der KV häufig die Rolle eines Parias spielt und daher in die Entscheidungen der Gremien kaum einfließt.

Dieser im Prüfalltag typische Verzicht auf die rechtlich vielleicht durchsetzbare Wahrung der eigenen Rechte ist das Resultat einer bewußt oder unbewußt vorgenommenen Güterabwägung. Während nämlich Patientenklagen, die sich auf eine medizinisch mangelhafte Diagnostik bzw. Therapie stützen, in der Bundesrepublik – im Gegensatz zu den USA – trotz allgemein steigender Tendenz für den ambulant tätigen Hausarzt noch immer eine exotische Ausnahme darstellen, ist die existenzielle Bedrohung des einzelnen Kassenarztes durch "Prüfmaßnahmen" der zuständigen Kassenärztlichen Vereinigung alltäglich und real.

Diese Tatsache drückt sich auch darin aus, daß sich bei einer Umfrage der Zeitschrift "status" nur zwischen 10,3 und 36,8 % der Kassenärzte von den KV-Organen ausreichend unterstützt und vertreten fühlen.

Natürlich gibt und gab es immer einzelne Kollegen, die Zivilcourage bewiesen und vor dem dornigen Weg durch die Gerichtsinstanzen nicht zurückschreckten. Diese erstritten im Einzelfall Urteile, die Hoffnung machten. Doch im Nachhinein erwiesen sich diese Hoffnungen im Regelfall als unbegründet, da sich die Prüfgremien der KVen anscheinend bewußt in einer Art rechtsfreien Raum bewegen und höchstrichterlichen Grundsatzurteilen nur geringe Aufmerksamkeit schenken.

Im Regelfall lassen sie es auf ein Verfahren vor dem Sozialgericht ankommen und fahren damit nicht schlecht, da sehr viele Kassenärzte eine Eskalation der Auseinandersetzung mit der mächtigen KV zu Recht fürchten.

Hinzu kommt, daß die Rechtsprechung vor dem zuständigen Sozialgericht nicht immer das Vertrauen des rechtsuchenden Kassenarztes verdient. Immer wieder wurde nämlich von Ärzten und deren Rechtsanwälten bemängelt, daß sich die den Berufsrichtern beigeordneten ehrenamtlichen Laienrichter aus Ärzten bzw. Kassenvertretern rekrutieren, die gleichzeitig in den Prüfgremien der KV tätig sind.

Diese Interessenkollission dürfte daher dafür verantwortlich sein, daß es nahezu für jedes für den Kassenarzt positive Urteil auch Urteile gibt, die eine um 180 Grad gedrehte Meinung dokumentieren.

Tatsächlich wird der bundesdeutsche Kassenarzt daher ausschließlich von den "KV–Richtern" daran gemessen, wie sich die von ihm verursachten Kosten im Vergleich mit allen Ärzten seiner Fachgruppe ausnehmen. Dabei hat die widersinnige Ausrichtung am durchschnittlichen Scheinschnitt der Fachgruppe dazu geführt, daß innerhalb der Kassenärzteschaft gezwungenermaßen in den letzten Jahrzehnten eine negative Nivellierung stattgefunden hat, da immer nur die überdurchschnittlich vielseitigen und fleißigen Kollegen wirtschaftlichen Repressionen ausgesetzt waren.

In diesem Zusammenhang ist es interessant zu wissen, daß vor Jahren nur etwa 15 % der Allgemeinärzte und praktischen Ärzte mehr als 30 Positionen der Gebührenordnung abrechneten und somit die allgemeinmedizinische Versorgung der Bevölkerung sicherstellten. Und ausgerechnet diese Ärzte waren gleichzeitig die bevorzugten Opfer von Honorarkürzungen, da sie regelmäßig bei der Honorarabrechnung den Fachgruppendurchschnitt deutlich überschritten.

Niemals sahen sich in der Vergangenheit dagegen diejenigen Ärzte dem normativen Druck der KV–Gremien konfrontiert, die ihre Patienten durch die Unterlassung von Untersuchungen und von Behandlungsmaßnahmen gefährdeten. Ein Unterschreiten des Fachgruppendurchschnitts war immer eine erwünschte Abweichung vom Normalen.

Diese seit Jahrzehnten verfestigten Handlungsschablonen führten in der ambulanten Medizin dazu, daß eine Orientierung des niedergelassenen Arztes an Haftungsgesichtspunkten im Regelfall unterblieb. Verglichen mit der existenziellen Gefährdung des einzelnen Kassenarztes durch disziplinarische Maßnahmen der KV mußte die Gefährdung durch prozessierende Patienten oder deren Angehörige als verschwindend gering angesehen werden.

Hinzu kam, daß es noch vor zehn Jahren beinahe undenkbar war, daß ein ärztlicher Gutachter vor Gericht bereit war, einen Kollegen bloßzustellen. Der Sinnspruch "Eine Krähe hackt der anderen kein Auge aus", war lange Jahre lang Realität. Dies hat sich erst allmählich geändert, und führt heute dazu, daß ab und zu große Kunstfehler geahndet werden können.

Über diese für die Patienten positive Entwicklung kann man sich aber unmöglich freuen, solange ein Kassenarzt die Vernichtung seiner wirtschaftlichen Existenz riskiert, wenn er sich bei der Erbringung seiner Leistungen konsequent und ausschließlich an medizinischen Erfordernissen orientiert – wenn er seine Diagnostik also beispielsweise an einem "Lehrbuch der rationalen Diagnostik und Therapie" ausrichtet.

Dies würde nämlich zwangsläufig in einzelnen Leistungssparten zum Überschreiten des Fachgruppendurchschnitts um mehrere tausend Prozent führen und würde – konsequent zu Ende gedacht – letztendlich zum Entzug der Kassenzulassung und somit zur Vernichtung der wirtschaftlichen Existenz führen. Dieses Risiko ist aber natürlich keiner Einzelperson zumutbar.

Daher muß die Forderung erhoben werden, daß parallel zur verstärkten Durchsetzung früher vernachlässigter Patientenrechte auch eine Abkehr von den geschilderten Wirtschaftlichkeitsüberlegungen und einer Hinwendung zu einer ausschließlich medizinischen Sichtweise gehen muß. Anderenfalls werden Ärzte und Patienten auf der Strecke bleiben.

Anmerkungen zu den Anforderungen an den ärztlichen Sorgfaltsmaßstab im Sozialversicherungsrecht, Zivilrecht und Berufsrecht

Christoph M. Stegers

Da der berufsrechtlich zu gewissenhafter, zivil- und deliktsrechtlich tendenziell zu optimaler Tätigkeit verpflichtete Kassenarzt sozialversicherungsrechtlich nur Leistungen im Rahmen einer ausreichenden, zweckmäßigen und wirtschaftlichen Versorgung abrechnen kann, fragt sich, ob er dem Patienten unter Umständen mehr schuldet, als er gegenüber der Kassenärztlichen Vereinigung liquidieren darf oder ob Honoraranspruch und Leistungspflicht des Arztes einerseits und der Behandlungsanspruch des sozialversicherten Patienten andererseits stets deckungsgleich sind.

Letzteres meint jedenfalls der 6.Senat des Bundessozialgerichtes[1]. Trifft dies zu, ist aus kassenärztlicher Sicht weiter zu fragen, ob sowohl Hafungsansprüchen des Patienten als auch Regreßansprüchen der KV gegenüber eine Verteidigung unter Berufung auf die lex-artis möglich ist.

I. Sozialversicherungsrechtlicher Behandlungsanspruch

Dem Behandlungsanspruch des Patienten gegenüber der gesetzlichen Krankenversicherung entspricht umgekehrt der kassenärztliche Pflichtenkatalog.

Einerseits müssen gemäß §§ 2 Abs.1, Satz 3 und 70 Abs.1 SGB V Qualität und Wirksamkeit der Leistungen dem allgemein anerkannten Stand der medizinischen Erkenntnisse entsprechen und den medizinischen Fortschritt berücksichtigen.

Die Leistungen dürfen gem. §§ 70 I Satz 2 SGB V, 72 Abs.II, i.V.m. §§ 2 Abs.IV und 12 I, SGB V – andererseits nur – ausreichend zweckmäßig und wirtschaftlich sein. Übrigens trifft das Wirtschaftlichkeitsgebot nicht nur den Arzt, sondern dem Wortlaut nach auch den Patienten (§ 2 Abs.4 SGB V).

---

[1] BSG, Urteil v. 21.6.1989 – 6 RKa 11/89 –

Die Klammer zwischen dem, was allgemein anerkannter Stand der medizinischen Erkenntnisse ist und dem, was ausreichend ist, sollen die Richtlinien der Bundesausschüsse gemäß §§ 91, 92, 94 SGB V festschreiben. Sie formulieren ärztliche Mindeststandards in Teilbereichen der Medizin z.B. der Prothetik, der ärztlichen Betreuung bei Schwangerschaft und Mutterschaft oder der Maßnahmen der Früherkennung.

Aus der gesetzlichen Formulierung, wonach die Bundesausschüsse insbesondere Richtlinien in den genannten Bereichen (§ 92 Abs.1 Nummern 1–9) zu beschließen haben, folgt, daß der Katalog nicht abschließend ist.

Die Bundesausschüsse haben daher auch im weiteren gesetzlich nicht genannten Bereichen Richtlinienkompetenz. Hiervon haben sie bislang jedoch nicht Gebrauch gemacht.

Daß eine ausreichende Leistung etwas anderes beinhaltet, als eine mit ''Befriedigend'' oder ''Gut'' bewertete, liegt auf der Hand.

Da aber der Kassenarzt gem. § 76 Abs. IV SGB V zur Sorgfalt nach den Vorschriften des Bürgerlichen Vertragsrechts verpflichtet ist, sind Situationen nicht auszuschließen, in denen ihm unter Umständen mehr als eine bloß ausreichende Leistung abverlangt wird.

II. Vertraglicher, zivilrechtlich geforderter Behandlungsstandard

Die zivilistische Rechtsprechung gewährt dem Patienten für die Krankenhausbehandlung vertraglich wie deliktisch den gleichen Schutz. Es kommt auch nicht darauf an, ob der Patient privat- oder pflichtversichert ist. Der Sorgfaltsmaßstab des Arzthaftungsrechts grenzt Qualitätsmangel gegenüber dem anerkannten und gesicherten Stand der ärztlichen Wissenschaft im Zeitpunkt der Behandlung ab.

Er gibt das rechtliche Maß dessen, was in der ärztlichen Behandlung an Erwägungen und Leistungen vom Arzt konkret zu erwarten ist.

Er hat den manigfachen ''Üblichkeiten'' entgegenzutreten mit dem Maß des rechtlich ''Erforderlichen''[2]

Der Sorgfaltsmaßstab ist objektiv typisierend bestimmt und nicht subjektiv individuell. ''Ein Unterschreiten des Standards *guter* ärztlicher Handlung ist finanziell auszugleichen''[3]

Schon bei der Diagnose kann der Patient verlangen, daß der Arzt von allen ihm zur Verfügung stehenden Erkenntnisquellen Gebrauch macht, deren Anwendung unter Berücksichtigung des Stands der medizinischen Erkenntnisse und der verfügbaren Mittel möglich ist[4].

---

[2] Geiß, Arzthaftpflichtrecht München 1989, S. 46.
[3] Steffen, Neue Entwicklungslinien der BGH-Rechtsprechung zum Arzthaftungsrecht, 3. Auflage, Köln 1990, S. 36).
[4] BGH, VersR 1989, 702

Der BGH hat bereits 1974 im sogenannten "Halsrippenurteil"[5] hohe Anforderungen gestellt:

> "Auch wenn bei Operationen nur in 1% der Fälle Schäden auftreten, die durch vorsorgliche Untersuchungen vermieden werden können, hat der Patient einen Anspruch auf eine solche Untersuchung, selbst wenn diese bisher nicht üblich war."

Für den Bereich der stationären Behandlung hat Steffen formuliert[6], daß es in bisher noch nicht definierten Grenzen möglich sein könnte, oberhalb einer unverzichtbaren Basisschwelle die den medizinischen Qualitätsanforderungen der Gegenwart zu entsprechend habe, den Standard für die personellen, räumlichen und apparativen Behandlungsbedingungen für das Landkrankenhaus niedriger anzusetzen, als für die Universitätsklinik.

Solche Abstufungen sind unter niedergelassenen Ärzten naheliegend nur zwischen Allgemeinmedizinern und Gebietsärzten. Eine vertikale Arbeitsteilung nach Versorgungsstufen innerhalb des gleichen Fachs, wie sie sich bei der stationären Behandlung abzeichnet, scheidet im übrigen jedoch mit Blick auf die für alle niedergelassenen Ärzte gleichermaßen geltende Fortbildungspflicht und die unverzügliche Übertragung dieser Erkenntnisse in die Praxis ohne Zeitverzögerung aus.

Zivilrechtlich ist – vereinfacht gesprochen "gute (fach-)-ärztliche Übung" der Standard eines erfahrenen (Fach-)Arztes mithin in der Tendenz optimales Bemühen geschuldet[7] Arztstandard oder tendenziel optimale Behandlung erforderlich.

III. Berufsrechtlich geforderter Sorgfaltsmaßstab

Die ärztliche Berufsordnung basiert auf den Kammergesetzen der einzelnen Länder. Sie ist nach Umfang und Inhalt ihrer Regelungen von diesen Gesetzen abhängig.
Deshalb darf in den Berufsordnungen nicht mehr und nichts anderes geregelt werden, als die Kammergesetze zur autonomen Gestaltung durch die Landesärztekammer Raum lassen[8].

---

[5]   BGH, Urt. v. 8.10.1974 – VI ZR 179/72 – = AHRS 1862/3, S. 5
[6]   Steffen, a.a.O. S. 37; BGH VersR 1988, 495; zur Kritik: Damm, NJW 1989, 737 ff.; Giesen, JZ 1988, 414.
[7]   Die Betonung liegt auf dem Wort "tendenziell".
[8]   Narr, Ärztliches Berufsrecht, 2. Auflage, Köln 1989, Rz. 715).

Ist die Musterberufsordnung[9] zu ihrer Rechtsgültigkeit von der zuständigen Vertreterversammlung der Landesärztekammer in autonomes Satzungsrecht transformiert worden, so ist ihre Aussage am jeweiligen Kammergesetz zu messen[10].

Widerspricht eine Formulierung der Berufsordnung dem jeweiligen Landesgesetz, hat dieses Vorrang. Es steht also formelles, vom zuständigen Landesgesetzgeber erlassenes Gesetz im Rang über der autonomen Satzung der Ärztekammer.

Landesgesetzgeber und Ärztekammern verlangen übereinstimmend vom Arzt, seinen Beruf gewissenhaft auszuüben (z.B. § 28 Kammergesetz HKG Niedersachsen i.V.m. Gelöbnis und § 1 Abs.1 u. 3 der Berufsordnung der ÄK Niedersachsen).

Mit anderen Worten: Die Ärzteschaft unterwirft sich dem Landesgesetzgeber folgend selbst höchsten Anforderungen. Man sieht förmlich den nach entferntesten Zweifeln suchend, seine Ergebnisse ständig überprüfend, und sich stets auf dem neuesten Stand der Wissenschaft haltenden Medicus vor sich.

Verlangt ist nicht bloß ausreichendes und wirtschaftliches Verhalten, sondern gewissenhaftes Arbeiten.

Übertragen wir nun die kassenarztrechtlichen (a), haftungsrechtlichen (b) und die berufsrechtlichen (c) Anforderungen auf Fälle aus der Praxis:

Fall 1: Verkannte Ruptur eines Aneurysma

Eine 41jährige Patientin wurde an einen Neurologen überwiesen. Auf dem Überweisungsschein findet sich unter der Rubrik "Diagnose/Verdacht" die Eintragung "Cephalgien unklarer Genese".

Tags darauf meldete sich die Patientin bei dem Neurologen. Der früheste Untersuchungstermin ist 1O Tage später möglich. Dem Neurlogen schilderte die Patientin ihre Beschwerden so, wie sie es dem Hausarzt gegenüber auch getan hatte, nämlich, daß sie starke akute Kopfschmerzen gehabt habe, verbunden mit Übelkeit, Erbrechen und Durchfall. Sie sei benommen, müde und abgeschlagen gewesen. Außerdem habe sie zur Zeit der hausärztlichen Untersuchung Nackenschmerzen gehabt.

Der Neurologe diagnostizierte einen Virusinfekt mit Übelkeit, Durchfall, sowie das Fehlen von Fieber. Er ging von einer Symptomatik eines Kopfschmerzes bei einem Virus-Infekt im Sinne einer leichten meningialen Mitbeteiligung aus.

Allerdings fiel ihm auch eine Reflexdifferenz an den Beinen auf. Er ordnete eine Kontrolluntersuchung für das nächste Quartal an. Bei Wiederauftreten von Beschwerden sollte sich die Patientin aber umgehend melden.

Der Neurologe hat zwar ein EEG, jedoch kein CT durchgeführt, oder eine Liquorpunktion vorgenommen. Im selben Quartal traten nochmals starke Kopfschmerzen, Übelkeit, Erbrechen und Benommenheit auf. Die Patientin suchte sofort den Neurologen auf. Dieser diagnostizierte einen Migräneanfall. Die Patientin und der Ehemann bestanden jedoch auf

---

[9]   DÄ 1976, S. 1543, Neufassung DÄ 1985, S. 3371)
[10]   Narr a.a.O.

einer sofortigen Abklärung, woraufhin sich der Neurologe zu einer Einweisung in ein Allgemeinkrankenhaus bereit erklärte. Die dortige Lumbalpunktion wies auf eine Hirnblutung hin. Die Patientin wurde in eine Spezialklinik verlegt. Noch bevor dort operiert wurde, trat eine (zweite) Rezidivblutung auf.

Menschlich ist der Fall tragisch. Volkswirtschaftlich handelt es sich um einen Rentenfall. Den Vorwurf im Verhältnis zur Kassenärztlichen Vereinigung bzw. der Krankenkasse unwirtschaftlich gehandelt zu haben, hat sich der Neurologe erspart.

Um so mehr sieht er sich dem Vorwurf mangelnder differentialdiagnostischer Abklärung ausgesetzt. Weder wurde ein Nativ–Computertomogramm oder eine Kontrastmittel-Computertomografie noch etwa eine Lumbalpunktion oder gar eine Angiografie veranlaßt.

Nur der Arzt selber weiß, ob er diese Untersuchungen an jenem ersten Untersuchungstermin in der zweiten Hälfte des Quartals mit Blick auf den Durchschnitt nicht veranlaßte, sondern die Patientin lediglich für das nächste Quartal wieder einbestellte. Die sozialversicherte Frau leidet nach dem rupturierten Aneurysma bzw. der intracerebalen Blutung an einer linksbetonten Tetraspastik. Der materielle Schaden dürfte in Millionenhöhe liegen.

a)
Der Kassenarzt hat sich mithin scheinbar wirtschaftlich verhalten, da ihm sein Tages– bzw. Quartalsprofil sagte, daß er in diesem Quartal schon genügend Leistungen der genannten Art bzw. Auftragsüberweisungen (Formulierung des alten BMV–Ä) oder nach neuerer Formulierung Zielaufträge, bzw. Rahmenaufträge gemäß § 21 Abs. 7 BMV–Ä veranlaßt hatte.

Daß eine solche Software, gem. § 36 BMV–Ä 1990 wohl nicht zulässig sein dürfte, sei einmal dahingestellt. Bei einer Privatpatientin hätten solche Überlegungen keine Rolle gespielt.

b)
Die haftungsrechtlich zu fordernde ''gute ärztliche Übung'' hat der Medikus in dem Beispielsfall nach Auffassung eines eingeschalteten Sachverständigen nicht eingehalten. Damit liegt auch gleichzeitig ein Verstoß gegen §§ 2, Abs. I Satz 3, 70 Abs. I, 72 Abs. 2, 76 Abs. 4 SGB V i.V. mit § 15 BMV–Ä 1990 vor.

c)
Außerdem dürfte ein Verstoß gegen die berufsrechtliche Pflicht zu gewissenhafter Tätigkeit vorliegen (§ 28 HKG Niedersachsen). Mit der skizzierten Fallkonstellation konfrontiert reagieren Kassenärzte bisweilen mit der Verschiebung der Untersuchungen in das nächste Quartal. Es soll auch vorkommen, daß durch Urlaub oder vorgeschobene Gründe der Behandlungsbeginn verzögert wird. Derartiges Ausweichverhalten ist – wie der Fall zeigt – nicht risikolos. Richtigerweise hätte der Medikus in jenem Fall wohl eine Überweisung aus anderen Gründen unter Berufung auf § 21 IV BMV–Ä 1990 ausstellen müssen.

Fall 2: Verkannter Tumor

Ein Hausarzt überwies seine Patientin an den ermächtigten Chefarzt einer radiologischen bzw. nuklearmedizinischen Abteilung. Der Hausarzt hatte bei ihr eine Schwellung am Hals getastet. Seine Verdachtsdiagnose lautete:

Struma der Schilddrüse. Auf dem Überweisungsformular bat er um Neoplasmaausschluß. Als Einzelauftragsleistung nannte er ein Schilddrüsenzintigramm. Gleichzeitig fragte er an, ob aus fachärztlicher Sicht die Anfertigung eines Computertomogramms erforderlich sei ("CT ?").

Der ermächtigte Radiologe führte das Schilddrüsenzintigramm durch und nahm eine Röntgendurchleuchtung vor. Danach legte er sich diagnostisch dahingehend fest, daß die palpable Schwellung an der rechten Halsseite durch eine ausgeprägte Fehlstellung der Halswirbelsäule vorgetäuscht sei. Der Hausarzt verließ sich auf diese Auskunft und ordnete daher keine Kontrollen an.

Ein halbes Jahr danach mußte der Patientin ein von Aprikosen- auf Birnengröße angewachsener Tumor operativ entfernt werden. Eine kleine Operation "weit im Guten" war nicht mehr möglich. Chemotherapie und Strahlenbehandlung folgten.

Da die Haftpfichtversicherung des Radiologen den Schaden nicht regulieren wollte, schloß sich ein Arzthaftungsprozeß an.

a)

Formell kassenarztrechtlich bestand für den ermächtigten Arzt kein Auftrag, ein CT zu fertigen, denn die entsprechende Auftragsüberweisung fehlte.

Angesichts des Auftrages, ein Schilddrüsenszintigramm anzufertigen, war es ihm nicht gestattet ohne weiteres zusätzliche Untersuchungen anzustellen[11].
Beraten durfte er die Patientin kassenarztrechtlich gesehen ebenfalls nicht, da insoweit keine Ermächtigung bestand.

b)

Im Haftungsprozeß[12] wurde der Radiologe jedoch nicht mit dem Einwand gehört, daß die Durchführung eines CTs kassenarztrechtlich eines bestimmten Formulars bedurft hätte und der Hausarzt dieses bei der erbetenen einzelnen Auftragsleistung nicht verwandt habe. Vielmehr hat ihm das Gericht als schuldhaften und sogar grob-schuldhaften Fehler vorgehalten, daß er eine klare Aussage traf, ohne zuvor die Anfertigung eines Computertomogramms anzuregen.
Vertrags- und deliktsrechtlich wird von dem ermächtigten Arzt verlangt, daß er sich mit dem Hausarzt, der die Auftragsüberweisung geschrieben hatte, in Verbindung setzte und ggf. eine kassenarztrechlich korrekte Verfahrensweise (§§ 28, 30 BMV-Ä 1990) anregt.

---

[11] LSG Stuttgart, MedR 1989, S. 209
[12] OLG Hamm, Urt. v. 9.1.1991 – 3 U 66/90 – (unveröffentlicht)

Daß sich dies rein faktisch gesehen nicht gänzlich ohne Beratung machen läßt, liegt auf der Hand.

c)
Berufsrechtlich liegt eindeutig ein Verstoß gegen die Pflicht zu gewissenhafter Tätigkeit im Sinne einer höchstmöglichen Sorgfalt und gegen den Grundsatz kollegialer Zusammenarbeit vor.

Fall 3: Verordnung eines Antikonzeptivums bei gleichzeitig verordneter embryotoxischer Substanz

a)
Verordnet ein Arzt einer gebärfähigen Patientin embryotoxische Substanzen, hat die Krankenkasse gleichzeitig die Verordnung eines Antikonzeptivums zu tragen. Der 3. Senat des Bundessozialgerichts hat in seinem Urteil vom 24.1.1990[13] statuiert, daß in solchen Fällen die Verordnung von Antikonzeptiva zweckmäßig im Sinne einer mittelbaren Wirksamkeit ist.

Bemerkenswert daran ist, daß diese Entscheidung nicht auf dem Durchsetzungsvermögen eines Kassenarztes beruht, sondern eine Patientin die Entscheidung erstritten hat.

Obwohl sozialversicherungsrechtlich verpflichtet zweckmäßige Leistungen zu verordnen, ist kein einziger Rechtsstreit bekannt geworden, der auf entsprechende Veranlassung des Frauenarztes betrieben wurde.

b)
Vertrags- und haftungsrechtlich schuldete der Arzt eine Beratung über die embryotoxische Wirkung des verabreichten Präparates und – wenn keine Gegenanzeigen vorlagen – die Verordnung des Präparates.

c)
Ein berufsrechtlich zu gewissenhafter Tätigkeit verpflichteter Arzt mußte die Patientin ebenfalls über die Empfängnisverhütung beraten und ggf. geeignete Mittel verordnen.

Das Dilemma des Kassenarztes hat rechtlich seine Ursache darin, daß bei der Wirtschaftlichkeit nur auf das Rechtsgut ''Beitragssatzstabilität'' für die Versichertengemeinschaft abgestellt wird, in concreto es jedoch um Leib, Leben und Gesundheit eines einzelnen Patienten gehen kann.
Überdies werden die Konflikte über wirtschaftliche Verordnungsweise einerseits zivilistische Haftung andererseits auf verschiedenen Rechtswegen ausgetragen.

Zwar beruhen Diagnostik und Therapie, ja die Medizin insgesamt, auf Untersuchungen, Studien, kurzum: auf Erfahrungen in anderen Fällen. Zivilrechtlich wird der Arzt jedoch

---

[13] BSG, Urt. v. 2.4.1990 – 3 RK 18/88 –

immer nur für den Einzelfall in Anspruch genommen. Die Generalpflichtenklausel der Berufsordnung verlangt von ihm gewissenhaften Dienst am Einzelnen (und am gesamten Volk).

Ob ein Arzt wirtschaftlich arbeitet bemißt sich ebenso wenig wie die Frage, ob er sorgfältig handelte, danach, ob der Patient gesundete. Das Wirtschaftlichkeitsgebot läßt z.B. Strahlen– und Organschäden, aber auch andere Spätschäden z.B. solche am Bewegungsapparat und damit nicht nur Folgen für den Patienten, sondern auch Folgen für andere Sozialversicherungsträger, außer Betracht.

Es ist nicht zu erkennen, warum sich die zivilrechtliche Einzelfallgerechtigkeit nicht auch auf die Frage der Wirtschaftlichkeit übertragen ließe. Jede Verordnung sollte sich aus der Fallkonstellation heraus selbst rechtfertigen können. Daher sollte die Einzelfallprüfung größere Bedeutung haben. So würde von Arzt und Patient ein Stück Unsicherheit genommen. Die Einzelfallprüfung entspricht eher dem Humanitätsgebot der Berufsordnung und des SGB, als die statistische Vergleichsprüfung.

Das Wirtschaftlichkeitsgebot hat sich dem Heilauftrag unterzuordnen, auch wenn in casu mit einer Leistung die 120 oder 150 %–Marke überschritten wird.

Der Arzt muß davor bewahrt werden, wegen einer möglichen Honorarkürzung seinem Heilauftrag zuwider zu handeln. Der Patient muß als Konsument medizinischer Leistungen geschützt werden und darauf vertrauen können, daß er es mit einem gewissenhaft arbeitenden Medicus zu tun hat und nicht mit einem, der vor allen Dingen gegen Ende des Quartals versucht ist nur noch honorareinsichtige Patienten zu behandeln.

Wegen der getrennten Rechtswege sind die in der Berufsordnung, dem Zivilrecht und dem Kassenarzt divergierend formulierten Anforderungen von der Rechtspflege bisher nicht problematisiert worden. Das Sozialgesetzbuch hat an seiner Nahtstelle zum Zivilrecht (§ 76 Abs. 4 SGB V) das Wirtschaftlichkeitsgebot in das Ziel einer medizinischen Qualität auf modernem Niveau eingebettet. Die Sozialgerichtsprechung hat bisher keinerlei Rekurs auf die Zivilrechtsprechung oder die Berufsordnungen genommen, sondern bei der statistischen Vergleichsprüfung das Heil in einer möglichst homogenen Vergleichsgruppe gesucht.

Podiumsdiskussion

Schwarz–Schilling: Herr Dr.Kubitschek, der heute wegen einer Erkrankung leider nicht bei uns sein kann, hat den Konflikt, den wir in der Fragestellung des Symposiums angesprochen haben, für sich sehr individualistisch gelöst: Er hat seinen früheren Beruf als Kassenarzt aufgegeben und ist Medizinjournalist geworden. Wegen dieser interessanten Konstellation bedauern wir es – neben der Tatsache seiner Erkrankung –, daß er seine kritische Position hier nicht selbst zur Diskussion stellen kann.

Ich darf Ihnen nunmehr die Teilnehmer an der Podiumsdiskussion vorstellen. Neben den Referenten des heutigen Vormittags – Herrn Ratajczak, Herrn Jensen, Herrn Ascher und Herrn Kossow – sind dies die Vertreter des Bundessozialgerichts und des Bundesgerichtshofs.

Die Prämisse unseres Symposiums und, wie ich denke, die überwiegende Meinung hier auf dem Podium ist – vielleicht kann man sagen: noch – , daß in der Tat zwischen der Rechtsprechung des 6.Senats des Bundessozialgerichts und des 6.Senats des Bundesgerichtshofs ein Widerspruch besteht, der den Kassenarzt in einen Konflikt bringt zwischen dem Gebot der Sparsamkeit einerseits und dem Gebot, den Patienten unter Ausschöpfung aller Möglichkeiten optimal zu behandeln, andererseits.

Als Antagonisten in diesem Konflikt darf ich Ihnen zum einen Herrn Dr.Emil Baader vorstellen. Er ist Mitglied des 3.Senats und des 6.Senats, des Kassenarztsenats, des Bundessozialgerichts. Gleichzeitig ist er Verfasser des Ihnen sicher allen bekannten Buches "Beweiswert und Beweisfolgen des statistischen Unwirtschaftlichkeitsbeweises im Kassenarztrecht".

Zum anderen stelle ich Ihnen Herrn Dr.Erich Steffen vor, den Vorsitzenden Richter des 6.Senats des Bundesgerichtshofs. Sein Name fällt immer dann, wenn von der Haftung des Arztes die Rede ist.

Die Zahnärzte haben so etwas wie einen Pionierweg in dem Problembereich, der uns heute interessiert, eingeschlagen. Als einen Vertreter der Kassenärzte und gleichzeitig wie ich vorwegnehmen darf, als einen Kritiker der statistischen Vergleichsprüfung und der diesbezüglichen Rechtsprechung des Bundessozialgerichts stelle ich Ihnen Herrn Dr.Thomas Muschalik vor. Er ist stellvertretender Leiter der Vertragsabteilung der Kassenzahnärztlichen Bundesvereinigung.

Wir haben vorhin von Herrn Dr.Jensen vom Bundesverband der Betriebskrankenkassen eine durchaus positive Prognose auch und gerade vor dem Hintergrund des in Kraft getretenen Gesundheits–Reformgesetzes gehört. Wie dazu der AOK–Bundesverband steht, werden wir von dessen Hauptgeschäftsführer, Herrn Dr.Franz Josef Oldiges, hören. Er war selbst lange Jahre im Bundesministerium für Arbeit und Sozialordnung tätig und hat dort Gesundheitspolitik betrieben.

Last but not least möchte ich Ihnen Herrn Dr.Heße vorstellen. Er ist der Vertreter der KV Nordrhein. Herr Dr.Kossow, der Vorsitzende der KV Niedersachsen, hat sich nicht nur als Referent hier, sondern auch in seinem vor wenigen Monaten erschienenen Buch "Bittere Reformen" sehr kritisch mit der Situation des Kassenarztes auseinandergesetzt. Herr Dr.Heße wird dazu die Ansicht der KV Nordrhein, des Mitveranstalters dieses Symposiums, vertreten.

Herr Dr.Heße, die große Mehrzahl der Ärzte fühlt sich von den Kassenärztlichen Vereinigungen – frei nach Kubitschek – verraten und verkauft, vom Gesetzgeber in ihrer Therapiefreiheit zu Lasten des Patienten eingeschränkt – so etwa Herr Ascher – und schließlich von der Rechtsprechung im Konflikt zwischen dem Wirtschaftlichkeitsgebot und dem Haftungsrecht zerrieben.

Sie selbst haben ein Stichwort geprägt, das ich an Sie zurückgeben möchte: "Armer Arzt". Was dürfen wir darunter verstehen, Herr Dr.Heße?

Heße: Der Kassenarzt sieht sich mitten in einem Spannungsfeld, in dem in vier verschiedene Richtungen Kräfte vektoriell bei ihm ansetzen, wobei er sich im Zentrum befindet. Würden jetzt jeweils zwei Vektorpaare gebildet werden können, bei denen die Größe zwar identisch ist, die Richtung aber genau entgegengesetzt, dann wäre der Arzt in seinem Spannungsfeld fein heraus. Sämtliche Kräfte würden sich dann, wie jeder Mathematiker weiß, egalisieren. Es würde dann gar kein Spannungsfeld existieren – ein praktisch nie erreichbarer Idealfall.

Wie nahe der Kassenarzt dem Idealfall kommen kann, hängt also von vier vektoriellen Größen ab, von denen ich nach langfähriger kassenärztlicher Erfahrung sagen muß, daß wir nicht in der Lage sind, weder auf ihre Größe noch auf ihre Richtung Einfluß zu nehmen, weil diese vier Kräfte im Vorhinein nicht exakt genug definiert sind, vielleicht auch nicht definiert werden können. Also: Armer Arzt – freie Fahrt dem Zufall!
Ganz so ist es natürlich nicht. Aber wie wir alle wissen, ist doch bei den vier vektoriellen Kräften im Rahmen der Gerichtsbarkeit einem nicht unerheblichen Ermessensspielraum das Tor offengelassen, was sich schon manchmal als segensreich für die Ärzte erwiesen haben mag, aber wodurch sicherlich auch schon gegen den Arzt entschieden worden ist, obwohl sich dieser doch so sehr im Recht fühlte.

Wir haben bisher immer nur die auf den Arzt wirkenden vektoriellen Kräfte betrachtet. Aber es kommt ja noch eine fünfte vektorielle Kraft in diesem Spannungsfeld dazu: das Individuum Arzt selbst. Diese Komponente mag zwar der Arzt bei kritischer Selbsteinschätzung noch am ehesten in diesem Spannungsfeld kalkulieren können, aber völlig wird er nicht einmal diese in den Griff bekommen.

Wenn aber die eigene Beurteilung schon so schwer fällt, dann ist es leicht nachvollziehbar, daß es Ausschüsse oder Gerichte umso schwerer haben werden, im Nachhinein diese fünfte vektorielle Komponente – das Individuum Arzt – korrekt in das Spannungsfeld einzuordnen.

Das ist aber m.E. eine conditio sine qua non, weil jeder medizinische Behandlungsfall a priori eine Einmaligkeit darstellt. Kein Arzt sollte je vor einem Ausschuß oder einem Gericht darauf verzichten, mit allem Nachdruck darauf hinzuweisen, daß er, manchmal nur er, der exakteste Kenner der gesamten damaligen Situation sein kann.

Schon manchmal habe ich mich darüber gewundert, wenn psychiatrische Kollegen vor Gericht oder Ausschüssen mit einer verblüffenden Sicherheit in der Lage zu sein schienen, retrograd die Zurechnungsfähigkeit oder Unzurechnungsfähigkeit ihrer Mitmenschen zu beurteilen bezüglichen eines Ereignisses, das lange Zeit zurückliegt und bei dem sie nicht anwesend waren. Ich möchte offen gestehen, daß ich mir das nicht so ohne weiteres zutrauen würde, weshalb ich wahrscheinlich auch nicht Psychiater geworden bin.

Daß aber meine psychiatrischen Fachkollegen keine Übermenschen sind, sondern auch nur mit Wasser kochen, wird dann durch die Tatsache allerdings bewiesen, daß sich schon öfters psychiatrische Gutachten in ein und derselben Angelegenheit diametral widerspra-chen. Sollte ein psychiatrischer Kollege in meinen soeben gemachten Ausführungen einen Angriff auf sich oder seine Fachdisziplin sehen, so hätte er mich gründlich mißverstanden. Ich wollte eigentlich nur die Schwierigkeit, wenn nicht Unmöglichkeit, dieses Unterfan-gens prinzipiell aufzeigen.

Wenn denn alles so schwierig ist, sollten wir dann nicht das Handtuch werfen und sagen: '' Wir lassen es besser insgesamt sein?''

Bei vielen Kolleginnen und Kollegen an der Basis bekäme ich sicherlich für einen solchen Vorschlag Applaus, zumindest was das gesamte Prüfwesen bezüglich der Wirt-schaftlichkeit angeht. Pragmatiker sagen eventuell an dieser Stelle: Das Prüfwesen ist viel teurer als der durch Unwirtschaftlichkeit verursachte Schaden!

Als Gegenargument könnte man anführen – wenn man davon ausgeht, daß obige Fest-stellung zum jetzigen Zeitpunkt richtig ist – ,daß sich der Schaden durch Unwirtschaftlich-keit abrupt erhöhen würde, wenn man ohne Prüfwesen verfahren würde. Soll man es also auf einen solchen Versuch ankommen lassen?

Ich sehe mich nicht in der Lage, die Skeptiker zufriedenstellend zu widerlegen. Die Vertreter der Jurisprudenz können sich sicherlich nur sehr widerstrebend mit einem in ihren Augen sicherlich chaotischen Zustand anfreunden. Außerdem träten auch unsere Vertragspartner – die Krankenkassen – auf den Plan. Ihnen muß zugebilligt werden, daß sie in Bezug auf Honorar, Arzeneien, Heil- und Hilfsmittel ein Wort mitreden, weil sie das Geld dafür auf den Tisch legen müssen. Auch der KV kann es nicht gleichgültig sein, wenn sich besonders rigorose Ärzte zu Ungunsten ihrer Kolleginnen und Kollegen ein unge-rechtfertigt großes Stück vom Gesamtkuchen abschneiden.

Sie sehen also, wieviele Interessen aufeinanderprallen.

Aber wir sind ja noch nicht am Ende. Betrachten wir nun als weiteren Vektor den Vergütungsanspruch des Arztes, den er durch seine Honoraranforderung geltend macht und der durch Honorarkürzung, durch Arzeneiregresse, Regresse wegen unzulässiger Verordnung oder Hervorrufung eines sonstigen Schadens gemindert werden kann. Zu oft habe ich in Sitzungen des Beschwerdeausschusses von Kolleginnen und Kollegen das Argument gehört: ''Ich werde ja jetzt schon gekürzt. Was würde erst sein, wenn ich alles abrechnen würde, was ich wirklich gemacht habe?''

Das ist sicherlich nicht der richtige Weg. Denn durch seinen Verzicht schadet er u.a.

seinen Kolleginnen und Kollegen, die ja durch ein solches Vorgehen seinerseits in der Statistik schlechter abschneiden als es der Fall wäre, wenn er alles abgerechnet hätte. Aber er schadet auch sich selbst, was nicht schwer einzusehen ist.

Wenn ein Arzt eine Leistung für zweckmäßig, ausreichend und notwendig erachtet hat, dann soll er gefälligst auch die Courage besitzen, diese Leistung abzurechnen. In diesem Punkt gibt es für mich kein Wenn und kein Aber! Außerdem muß sich der Kollege fragen lassen, ob er sich denn derart auf Rosen gebettet fühlt, daß er sich Honorarverzichte leisten kann. Nicht wenige Arztpraxen haben bereits bankrott gemacht und noch erheblich mehr sollen kurz davor stehen und haben es noch gar nicht gemerkt.

Das sagen Leute, die von Wirtschaft mehr verstehen, als man es uns Ärzten im Allgemeinen zutraut. Wenn also ein Arzt daran interessiert ist, daß das System der freien Arztpraxis in unserem Staat erhalten bleibt, dann sollte er sich Generositäten abgewöhnen, die er sich eigentlich gar nicht leisten kann. Er sollte es für sich und seine Kolleginnen und Kollegen tun.

Last but not least kommen wir nun zum Behandlungsanspruch des Patienten und zum Haftungsrisiko. Daß ein Patient Anspruch auf eine ausreichende, zweckmäßige und unter wirtschaftlichen Aspekten günstige und richtige Behandlung hat, ist für mich als Arzt kein Diskussionsthema. Ich gehe davon aus, daß meine Kolleginnen und Kollegen ebenso denken. Kein Arzt sollte sich aber dazu hergeben, sich in eine Handlanger- oder Erfüllungsgehilfenrolle vom Patienten drängen zu lassen, sei es nun in Form von ungerechtfertigten Krankschreibungen, von Arzenei- oder Heil- und Hilfsmitteln bzw. Kurmaßnahmen.

In welcher Zwickmühle wir Ärzte sitzen, ist uns allen bekannt. Zum einen besteht die Furcht des Arztes, den Patienten zu verlieren, was er sich ja in der jetzigen prekären Situation gar nicht leisten kann – speziell in hart umkämpften Großstadtgebieten nicht. Zum anderen lassen ihn auch noch die Krankenkassen im Regen stehen, denen er ja durch wirtschaftliches Denken und Handeln helfen will, Geld zu sparen. Der Patient geht nämlich manchmal zur Krankenkasse und beklagt sich dort, daß er dieses und jenes nicht von seinem Arzt bekommen habe. Die lakonische Antwort, die der Patient dort erhält, ist uns Ärzten allen bekannt: ''Ihr Arzt darf und muß Ihnen alles verordnen, sofern dies zweckmäßig, ausreichend und notwendig ist. Wir als Krankenkassen müssen uns da raus halten, weil wir sonst in die Therapiefreiheit des Arztes eingreifen würden.''

In den Augen des Patienten ist jetzt also der Arzt der böse Bube, an dem es liegt, wenn er als Patient etwas nicht bekommt.

Ich meine: Wehret den Anfängen – lassen Sie sich bitte nicht erpressen!

Vertrauen Sie darauf, daß Ihre Kolleginnen und Kollegen nicht so einfältig sind, diesem Patienten unbotmäßige Dinge zu verordnen, um sich den so begehrten Schein an Land zu ziehen. Sollten sie es aber doch tun, dann müssen Sie darauf vertrauen, daß Ihren Kolleginnen und Kollegen Kürzungen oder Regressen recht bald die Freude an solchen Praktiken vergeht. Daß ein solches Verhalten dem Ansehen der gesamten Ärzteschaft letztlich schaden würde, sollte nicht weiter Gegenstand der Diskussion sein.

Inwieweit das Mitverantwortungsgefühl des Patienten hier eine prozentuale Kostenbeteiligung gesteigert werden könnte, ist zur Zeit allerorten Gegenstand heißer Diskussionen.

Bezüglich des Haftungsrisikos möchte ich klarstellen, daß man sich im medizinischen Bereich auf dem Boden eines Dienstvertrages und nicht auf dem Boden eines Werkvertrages befindet. Sie bieten als Arzt lediglich an, den Patienten nach den Regeln der ärztlichen Kunst zu behandeln ohne Erfolgsgarantie. Weichen Sie bei diesem Vorgehen nachweislich von den Regeln der ärztlichen Kunst ab, dann haben wir den gefürchteten und berühmten Kunstfehler. Das ist aber unter Experten heute gar nicht mehr die gebräuchliche Praxis, um von der Seite des Patienten her einen Arzt haftbar zu machen. Es wird heute eher der Weg der ''mangelnden Aufklärung'' gegangen, weil das besser und schneller beweisbar sein soll. Versierte Juristen bedienen sich für ihren Mandanten noch der Staatsanwaltschaft, indem sie vorab die ganze Angelegenheit strafrechtlich angehen. Ist dann die Beweisaufnahme so weit gediehen, daß es dem Anwalt reicht, dann wird das strafrechtliche Verfahren schleunigst beendet und in ein zivilrechtliches umfunktioniert, weil weder der Anwalt noch sein Mandant den Arzt hinter Gittern sehen wollen. Der Anwalt möchte ein gescheites Honorar, der Patient eine gescheite Entschädigung. Einen Vorteil hatte dieses auf den ersten Blick umwegige Verfahren auf jeden Fall. Der Rechtsanwalt brauchte so nicht auf privater Ebene kostspielige und manchmal vielleicht ihm unmögliche Recherchen anzustellen. Das hat für ihn auf elegante Weise die Staatsanwaltschaft erledigt. Dieses Vorgehen ist rechtlich absolut korrekt. Der Anwalt kann sich sogar bei seinem Vorgehen vorab das schwächste Glied der Kette aussuchen z.B. eine Krankenschwester, eine Arzthelferin – auch das ist rechtlich absolut möglich.

Nun mag sich der Arzt sagen: Alles halb so schlimm. Ich bin ja haftpflichtversichert. Auch das hat nur bis zu einem gewissen Grade Bestand. Nehmen wir an, daß ein Patient durch Rezeptur einer billigeren und qualitätsmäßig schlechteren Arzenei zu Schaden kommt, deshalb zivilrechtlich gegen den Arzt klagt, so ist das durch die Haftpflicht noch abgesichert. Mußte der Patient aber infolge dieser Rezeptur wochenlang im Krankenhaus behandelt werden, so könnte die Krankenkasse den Arzt auf Verursachung eines ''sonstigen Schadens'' verklagen (Krankenhauskosten). Das wäre dann aber urplötzlich eine öffentlich rechtliche Angelegenheit. Solche Dinge sind dann in Ihrer Haftpflicht mitnichten abgesichert. Sie, als Arzt, müßten dann der Krankenkasse diesen Schaden aus der eigenen Tasche bezahlen, obwohl es ja eigentlich Ihre ursprüngliche Absicht war, durch besondere Wirtschaftlichkeit der Krankenkasse sparen zu helfen.

Wenn nun jemand annehmen sollte, daß das alles Spitzfindigkeiten sind, die meinem etwas heißgelaufenen Gehirn entsprungen sind, so muß er sich sagen lassen: Sie irren! Natürlich sind letzte Angelegenheiten nicht so sehr Gegenstand des alltäglichen Prüfwesens. Der Vollständigkeit halber wollte ich mich aber auch dazu äußern.

Vor allen Dingen wollte ich aber auch aufzeigen, daß ich nicht blockiert bin für Argumente der Gegenseite, dann aber auch diese Bereitschaft der Gegenseite meinen Argumenten gegenüber erwarte.

Nur so kann Voltaire recht behalten, wenn er sagt: ''Aus dem Zusammenprall der Meinungen entsteht die Wahrheit''.

Schwarz–Schilling: Ein sehr ausführlicher Beitrag, der sicher auch wichtig war und für den ich Ihnen, Herr Dr.Heße, dankbar bin, zumal Sie von der KV Nordrhein und damit Mitveranstalter sind. Ich bitte die anderen Diskussionsteilnehmer, nach Möglichkeit in der verabredeten Zeit zu bleiben und die entscheidenden Punkte herauszugreifen.

Ich möchte aus dem Vortrag von Herrn Dr.Heße einen Punkt hervorheben, den auch Herr Dr.Kossow angesprochen hat. Die Verrechtlichung der kassenärztlichen Versorgung und als Gegengewicht dazu die Stärkung des Mitverantwortungsgefühls des Patienten durch eine entsprechende Kostenbeteiligung. Herr Dr.Kossow hat letzteres als einen gangbaren Weg dargestellt. Wir haben soeben von Herrn Dr.Heße gehört: Das ist ein umstrittenes Thema.

Herr Dr.Muschallik, sehen Sie darin eine Möglichkeit der Problemlösung?

Muschallik: Sicher ist es so, daß die Verrechtlichung gerade im Kassenarztrecht immer weiter um sich greift. Die Situation erinnert den Juristen vielleicht an das Preußische Allgemeine Landrecht, mit dem schon einmal der Versuch unternommen wurde, möglichst allen Einzelfällen Rechnung zu tragen und eine abschließende rechtliche Würdigung vorzunehmen. Dieser Versuch ist schon damals gescheitert. Er wird in diesem Bereich auch heute scheitern, führt aber sicherlich, wenn man beispielsweise an die neuen Regelungen des Prüfverfahrens im SGB V denkt, dazu, daß gerade der unmittelbar betroffene Arzt und Zahnarzt, der nicht über die gewisse Indolenz eines geschulten Juristen verfügt, einen noch weitergehenden Eingriff, ja teilweise eine Fesselung seiner Tätigkeit in der Praxis empfinden muß.

Ob die Selbstbeteiligung unbedingt der gangbare Weg ist, möchte ich im Moment einmal dahingestellt sein lassen, weil mir diese Forderungen schon wieder zu weit in Richtung des Rufs nach dem Gesetzgeber gehen. Wir haben diesen Ruf hier verschiedentlich gehört, haben aber auch – jedenfalls nach meiner Bewertung – übereinstimmend feststellen können, daß, was das Prüfverfahren angeht – dies ist für mich der zentrale Punkt dieses Symposiums –, die Einzelfallprüfung als die am besten geeignete Prüfungsform bewertet worden ist, um dem tatsächlichen Behandlungsgeschehen Rechnung zu tragen.

Das ist eine Bewertung, die sich in der ständigen Rechtsprechung des Bundessozialgerichts wiederfindet und die auch beim Gesetzgeber auf fruchtbaren Boden gefallen ist; man denke nur daran, daß der Gesetzgeber in § 106 SGB V die Stichprobenprüfung mit der Zielsetzung eingeführt hat, die auch von ihm als unbefriedigend empfundene Wirtschaftlichkeitsprüfung auf der Basis einer statistischen Vergleichsprüfung zu verbessern.

Allerdings muß man auch sagen, daß die Diskussion sehr stark von den kassenärztlichen Gegebenheiten vorgeprägt ist. Dabei geht leider etwas unter, daß es auch noch andere Denkmöglichkeiten gibt, daß es andere Gegebenheiten zu berücksichtigen gilt.

Im kassenärztlichen Bereich ist die statistische Vergleichsprüfung historisch gewachsen und wird, wie auch die Beiträge der Referenten gezeigt haben, mehr oder weniger als gegeben hingenommen. Es wird gar nicht so sehr darüber nachgedacht, ob es nicht vielleicht auch andere Lösungsmöglichkeiten gibt, es sei denn, der Gesetzgeber greift ein.

Grundsätzlich ist sicher richtig, daß die Einzelfallprüfung vorzugswürdig ist. Ich möchte das durch drei weitere Gesichtspunkte untermauern. Die Beiträge der Referenten haben gezeigt, daß der einer statistischen Vergleichsprüfung zugrunde liegende Gesichtspunkt, nämlich daß der Durchschnitt aller abgerechneten Leistungen gleichzeitig die Definition des tatsächlich Wirtschaftlichen impliziert, auf den Einzelfall bezogen eine reine Fiktion ist. Der Gesetzgeber hat zudem im SGB V bestimmt, daß in der Wirtschaftlichkeitsprüfung die

Beratung Vorrang hat. Es hat also eine Beratung des Arztes und des Zahnarztes zu erfolgen, wie er seine Behandlung in Zukunft wirtschaftlich gestalten kann. Wie soll eine solche Beratung aussehen, wenn die Prüfung selbst nur auf der Grundlage statistischer Vergleiche stattfindet und keinerlei Betrachtung des Einzelfalls mehr erfolgt?

Als Vorzug der statistischen Vergleichsprüfung wird lediglich herausgestellt, sie sei praktikabler als die Einzelfallprüfung. Ob diese Auffassung zutreffend ist, sei zunächst einmal dahingestellt. Ich möchte darauf verweisen, daß gerade im Hinblick auf die Unvollkommenheit der Vergleichsprüfung die Rechtsprechung in der Vergangenheit immer weitergehende Anforderungen an deren Durchführung gestellt hat. Ich denke hier an die Anforderungen an eine differenzierte Gestaltung der Vergleichsgruppen oder an die jüngste Entwicklung, daß in die Vergleichsbetrachtung wonach Ärzte, die bestimmte Leistungen überhaupt nicht abrechnen, nicht einbezogen werden dürfen.

Je weiter diese Entwicklung geht, je differenzierter die Anforderungen werden, desto schwieriger, desto aufwendiger wird natürlich auch die Durchführung eines solchen Prüfungsverfahrens werden. Es stellt sich für mich die Frage, ob es nicht Strategien gibt, auch eine Einzelfallprüfung mit einem vergleichbaren Aufwand durchzuführen.

Dieses läßt, so meine ich, das SGB V durchaus zu. Zwar ist die Einzelfallprüfung, abgesehen von der Stichprobenprüfung, nicht expressiv verbis genannt worden, aber die Vertragspartner der gesamten Mantelverträge sind frei, das Prüfungsverfahren im gesetzlichen Rahmen zu regeln. Dazu gehört auch die Einzelfallprüfung. Die Widerstände hiergegen wegen der vermeintlichen Unpraktikabilität sind, meine ich, nicht in allen Punkten gerechtfertigt. Zunächst einmal möchte ich darauf verweisen, daß im kassenzahnärztlichen Bereich ein Großteil aller Behandlungsleistungen ohnehin der nachträglichen Wirtschaftlichkeitsprüfung entzogen sind. Hier findet ein vorheriges Gutachterverfahren statt, d.h. die Behandlung wird geplant, und es wird eine Einzelfallentscheidung darüber getroffen, ob diese Behandlung so durchgeführt werden kann.

Natürlich kann das kein Modell sein, das eine generelle Anwendung finden kann, denn nicht jede akut notwendige Behandlung kann vorab geprüft und bereits abschließend geplant werden. Aber immerhin: Es zeigt sich, daß pro Jahr mehrere hunderttausend Fälle gutachterlich im Einzelfall geprüft werden und daß dieses Verfahren durchaus praktikabel durchführbar ist.

Es kommt hinzu, daß im zahnärztlichen Bereich die Einzelfallprüfung auch in den Verträgen als das vorrangige Prüfverfahren festgeschrieben worden ist und daß dies durch geeignete organisatorische Maßnahmen in weiten Bereichen tatsächlich auch so praktiziert wird.

Natürlich ist es nicht denkbar, daß bei jeder Prüfung jeder Einzelfall im Quartal – oder gar in mehreren Quartalen – einer fachlichen Würdigung unterzogen wird. Aber es gibt Strategien, dieses Verfahren zu vereinfachen. Ich denke beispielsweise an ein Berichterstatterverfahren und insbesondere an die Möglichkeit, eine Prüfung auch an Hand von repräsentativen Beispielsfällen durchzuführen.

Im zahnärztlichen Bereich kommt hinzu, daß gegenüber dem ärztlichen Bereich folgende Besonderheit vorliegt: Es gibt dort eine Fülle von konkret nachprüfbaren Leistungen. Ob der Zahn extrahiert ist, ob er gefüllt ist, wie eine bestimmte prothetische Versorgung durchgeführt worden ist – alles das läßt sich konkret nachprüfen und nachvollziehen.

Natürlich sind Bereitschaft und Verständnis eines Kassenzahnarztes bezüglich einer Kürzung auf Grund einer statistischen Aussage bei solchen Leistungen minimal. Eine Beratung hinsichtlich einer Wirtschaftlichkeit in Zukunft ist, so meine ich, auf dieser Basis auch nicht möglich.

Wir sehen uns allerdings einem weiteren Problem gegenüber, nämlich der jüngsten Rechtsprechung des Bundessozialgerichts hierzu, die an die Einzelfallprüfung besondere weitere Anforderungen gestellt und insbesondere ausgeführt hat, daß eine unmittelbare Tatsachenfeststellung erfolgen müsse. Das allerdings ist selbstverständlich.

Das Bundessozialgericht hat dazu ausgeführt, daß sich oftmals auch bei nachprüfbaren Leistungen der Befund vor Beginn der Behandlung sowie die Notwendigkeit der konkreten Durchführung der Behandlung und deren Wirtschaftlichkeit gar nicht mehr durch die nachträgliche Betrachtung des Behandlungserfolgs feststellen lassen. Deswegen sei die statistische Vergleichsprüfung immer noch objektiver, weil sie ja zumindest eine objektive Aussage darüber zuließe, ob denn beispielsweise der Zahnarzt über den Vergleichszahlen seiner Kollegen liegt oder nicht.

Das ist sicherlich richtig. Allerdings meine ich: Auch eine vielleicht unvollkommene Einzelfallbetrachtung unter fachlichen Gesichtspunkten kommt den tatsächlichen Umständen immer noch näher als eine statistische Vergleichsprüfung, die – das wollen wir nicht vergessen – nur eine bloße Schätzung ist und mit dem konkreten Behandlungsgeschehen nichts zu tun hat.

Schließlich sehe ich auch noch einen gewissen Widerspruch in einer weiteren Argumentation, des Bundessozialgerichts. Es hat nämlich den Beweiswert der ärztlichen Befundunterlagen und der Dokumentation in Zweifel gezogen, indem es ausführt, daß diese Unterlagen – ich sage es einmal verkürzt – manipulationsanfällig seien und vielleicht auch gar nicht das beinhalten, was tatsächlich geschehen ist.

Das steht, so meine ich, im Widerspruch zu der entsprechenden Bewertung durch den Bundesgerichtshof, der den ärztlichen Befundunterlagen im Gegenteil einen ganz erheblichen Beweiswert zugebilligt hat – zu Recht, wie ich meine. Die Unterstellung – ohne konkreten Anhaltspunkt –, daß in den Befundunterlagen etwas falsch oder unvollständig aufgezeichnet wird, würde im Extremfall auch implizieren, daß der Arzt einen Betrug, wenn nicht sogar eine gefährliche Körperverletzung begangen hat. Zu dieser Auffassung besteht meiner Meinung nach keine Veranlassung.

Meiner Ansicht nach besteht im Lichte dieser Rechtsprechung für die Vertragspartner ein gewisser Manövrierspielraum. Die Vertragspartner wären in der Lage, eine vernünftige Regelung des Prüfverfahrens hin zu einer möglichst umfassenden Einzelfallbetrachtung vorzunehmen.

Ich möchte in diesem Zusammenhang abschließend ganz kurz auf eine Bemerkung von Herrn Jensen zu sprechen kommen, der in seinen Aussagen zur Qualitätsproblematik zu Recht darauf hingewiesen hat, daß die Wirtschaftlichkeitsprüfung auch unter Qualitätsgesichtspunkten zu sehen ist und daß natürlich ein allseitiges Interesse daran besteht, daß die Behandlung auch möglichst qualitativ hochwertig durchgeführt wird. Eine solche Beurteilung ist erst recht nur im Wege einer einzelfallorientierten Betrachtung möglich. Der Versuch, die Qualität aus dem Computer zu besorgen, ist schon vor etwas 20 Jahren beim Club of Rome kläglich gescheitert. Auch bei den Ärzten wird der Versuch, eine Qualitäts sicherung aus dem Computer vorzunehmen, scheitern. Ich meine, hier sind die Vertragspartner gefordert, eine vernünftige und vor allen Dingen auch finanziell praktikable Regelung vorzunehmen.

Schwarz–Schilling: Das ist genau die Frage, die ich an Herrn Dr. Oldiges weitergeben möchte. Das Stichwort von Herrn Dr.Jensen lautet: "qualitätsorientierte Wirtschaftlichkeitsprüfung". Herr Dr.Jensen sah diese qualitätsorientierte Wirtschaftlichkeitsprüfung gerade vor dem Hintergrund des in Kraft getretenen Gesundheits–Reformgesetzes als möglich an. Ist es tatsächlich so? Hat das Gesundheits–Reformgesetz in der Tat Konfliktlösungsmöglichkeiten in dem Sinne, wie Herr Dr.Muschallik sie eben gerade benannt hat, an die Hand gegeben? Oder hat das Gesundheits–Reformgesetz nicht vielmehr neues Konfliktpotential geschaffen?

Oldiges: Das Gesundheits–Reformgesetz hat einerseits Richtungen aufgezeigt, wie Konflikte gelöst werden können, es hat andererseits neues Konfliktpotential dadurch geschaffen, daß erweiterte Prüfmöglichkeiten installiert wurden. Nun kommt es für die Vertragspartner darauf an, wie das neue Instrumentarium ausgeschöpft wird.

Lassen Sie mich etwas weiter ausholen; dann komme ich auf das, was Herr Dr.Muschalik und Herr Dr.Jensen gesagt haben, zurück. Um es gleich vorweg zu sagen: Ich komme zu ähnlichen Lösungen.

Das Konfliktpotential wurde bereits hinreichend dargestellt, insbesondere wie es sich beim Arzt und beim Versicherten darstellt. Es kann die Situation eintreten, daß der Versicherte klagt, weil ihm ein Gesundheitsschaden entstanden ist, und daß gleichzeitig die Kasse klagt, daß ihr ein Vermögensschaden entstanden ist. Ich kann mir vorstellen, daß, wenn wir das Geschäft so weiterbetreiben, wie wir es in den letzten Jahren getan haben, solche Fälle öfter auftreten. Das darf nicht sein. Diese Veranstaltung hier wird sicher dazu beitragen, die Diagnose in diesem Punkt noch einmal zu schärfen.

Wir müssen damit beginnen, das Gesundheits–Reformgesetz so einzusetzen, daß das, was ich eben als Möglichkeit geschildert habe, nicht geschieht. Es bietet dazu hinreichend Möglichkeiten.

Die Gesundheit ist auch ein soziales Gut. Die Verantwortung, die sich aus der Gesellschaft ergibt, aber auch aus den kollektiven Regelungsmechanismen, ist in den letzten Jahren zu sehr strapaziert worden. Wir haben insbesondere zu viele Regelungsmechanismen eingeführt, die der Kostenminderung, die der ökonomischen Beherrschbarkeit des Kostengeschehens dienen sollten. Wir haben zuwenig getan, um Qualitätssicherung zu betreiben.

Aus diesem Konflikt – mangelnde Qualität auf der einen Seite und ökonomische Verantwortlichkeit auf der anderen Seite – hat sich manche Entwicklung ergeben. Wir haben manchmal einen Mangel an Qualität beklagt und sind diesem Mangel an Qualität mit ökonomischen Restriktionsmechanismen entgegengetreten. Ich glaube, das war ein falscher Ansatz.

Um es plakativ zu sagen: Ich meine, wir müssen alles, was die Qualität in der Versorgung aufbaut, stärken. Dann können wir das, was ökonomische Restriktionen ausmacht, abbauen.

Gleichzeitig müssen wir zweifellos die Mitverantwortung der Versicherten stärken. Das Krankheitsgeschehen ist so, daß dies in vielen Bereichen möglich ist.

Ich selbst schließe dabei auch nicht aus, daß in indizierten Fällen – nicht als Globalmaßnahme – die Eigenbeteiligung weiter ausgebaut wird. Das ist für mich letztlich kein Problem.

Bisher habe ich sozusagen von der abstrakten Regelungsebene gesprochen. Auf der zweiten Ebene können wir natürlich auf Wirtschaftlichkeitsverfahren nicht verzichten. Diesbezüglich stimme ich mit denen überein, die gesagt haben: Wir müssen von den kollektiven Prüfmechanismen möglicherweise weitgehend Abstand nehmen und zu individuellen Prüfverfahren kommen. Ich persönlich meine, daß die Stichprobenprüfung letztlich eine Einzelfallprüfung ist. Die Stichprobenprüfung sagt ja nur aus, in welchem Umfang eine Einzelfallprüfung vorgenommen werden soll, nämlich bei 2 % der Ärzte im Quartal. Hier geht es nur um das Aufgreifkriterium, nicht um das Durchführungskriterium. In der Durchführung handelt es sich meiner Ansicht nach um Einzelfallprüfungen.

Insofern hat das GesundheitsReformgesetz durchaus den Weg vorgezeichnet. Interessant ist, daß sich die Ärzteschaft – nicht die Zahnärzteschaft – gegen die Ausweitung der Einzelfallprüfung oder der Stichprobenprüfung gewehrt hat. Als es um die gesetzgeberische Auseinandersetzung ging, hat die Ärzteschaft hier sehr restriktiv gewirkt. Ich glaube, daß in der Tendenz die Einzelfallprüfung verstärkt und weiterentwickelt werden muß.

Vor der Prüfung steht die Beratung. Wir müssen das Beratungsverfahren erweitern, vielleicht noch mehr qualifizieren. Vor allen Dingen müssen wir es für den Arzt verständlicher machen. Ich persönlich habe den Eindruck, daß sich die Beratungsverfahren auch heute noch in Kategorien bewegen, die der Sprache und dem Verständnis des Arztes nicht ganz gerecht werden. Insofern haben die Einrichtungen, die hier zur Beratung aufgerufen sind, einen gewissen Lernbedarf. Ich stelle fest: Bei den Kassenärztlichen Vereinigungen, aber auch bei den Kassen läuft dieses Geschäft.

Auch die individuelle Prüfung ist letztlich eine nachträgliche Prüfung. Es wird die Frage gestellt: Kann man eine nachträgliche Prüfung nicht dadurch vermeiden, daß man das eine oder andere einer vorherigen Prüfung unterzieht, bevor die Therapie überhaupt beginnt? Im zahnärztlichen Bereich haben wir viele Behandlungskomplexe in vorherige Gutachterverfahren gegeben. Ich halte solche Verfahren für durchaus sinnvoll. Im ärztlichen Bereich haben wir das nicht. Man sollte wirklich überlegen, ob es dort nicht die eine oder andere Kategorie gibt, die hierfür geeignet ist.

Für mich liegt die Entwicklung in der Beratung, der vorherigen Festlegung von Behandlungsmethoden und der Individualprüfung. Dahin müssen wir kommen, um letztlich den Konflikt vor den Gerichten – seien es die Zivilgerichte, seien es die Sozialgerichte – zu vermeiden oder zahlenmäßig möglichst gering zu halten. Ganz vermeiden lassen wird er sich nicht.

Für mich besteht zumindest in der Praxis kein großer Unterschied zwischen den anerkannten Regeln der medizinischen Wissenschaft und den Regeln der ärztlichen Kunst. Das scheint vielmehr ein juristisches Problem zu sein, das hoffentlich nie relevant wird.

Kollektive Prüfverfahren sind eingeführt worden, weil gesetzliche Krankenversicherung ein Massengeschäft beinhaltet. Ein solches Massengeschäft kommt ohne massenhaft wirksame Prüfverfahren nicht aus. Wir müssen überlegen, wie es uns gelingen kann, mehr die Einzelfallprüfung zu praktizieren, sie wirksam zu machen und daraus auch Präventivmaßnahmen zu entwickeln. Gleichzeitig sind die Kollektivverfahren zurückzudrängen. Ich glaube, das ist auch möglich.

Ich habe nach dem Referat von Herrn Jensen den Eindruck, daß er es in der Tendenz auch so dargestellt hat, und zwar speziell für den Arzneimittelbereich. Im Arzneimittelbereich gibt es besondere Probleme.

Wir müssen unter diesem Gesichtspunkt auch die Richtgrößenprüfung sehen. Die Richtgrößenprüfung darf nicht zu einem mechanistischen Verfahren werden, bei dem man letztlich sagt: Je Altersgröße wird dieses oder jenes Volumen an Arzneimittelverordnungen festgelegt, und jedem, der diesen Betrag überschreitet, droht ganz automatisch ein Regreß.

Auch hier steht die Beratung im Vordergrund. Letztlich ist es nur eine Orientierungsgröße. Die Beratung muß auf dieser Orientierungsgröße aufbauend funktionieren. Meine Erfahrung ist: Ärzte sind Beratungen, die ihnen entgegenkommen, sehr zugeneigt. Sie lehnen sie nicht ab.

Kurzum: Die Tendenz geht dahin, die hier aufgezeigten Konflikte zu minimieren. Wenn wir uns alle darüber einig sind, auf diesem Weg zügig fortzuschreiten, ist in fünf Jahren ein solches Symposium nicht mehr notwendig.

Schwarz-Schilling: Das wird die Zeit zeigen!

Herr Dr.Baader und Herr Dr.Steffen, Sie haben die sachverständigen Referenten und die übrigen Verfahrensbeteiligten gehört. An dieser Stelle, nach der ersten Runde auf dem Podium, möchte ich vorläufig die Beweisaufnahme schließen und zunächst Herrn Dr.Baader, der hier wiederholt und auch recht massiv im Hinblick auf die Rechtsprechung des Bundessozialgerichts angesprochen worden ist, um sein Votum bitten. Ich richte die ganz konkrete Frage an Sie, Herr Dr.Baader: Wird das, was der Bundesgerichtshof vom Kassenarzt fordert, nämlich eine optimale Behandlung, nach der Rechtsprechung des Kassenarztsenats des Bundessozialgerichts unter Umständen nicht honoriert?

Baader: Ich will versuchen, darauf zu antworten. In der Tat bin in erster Linie ich hier angesprochen worden.

Ich möchte überhaupt nicht kritisieren, daß sehr viele Statements heute hier abgegeben worden sind, die ich ein bißchen neben die eigentliche juristische Kleinarbeit stelle, auf die es häufig ankommt. Ich bin für jedes dieser Statements dankbar, erzeugen sie doch alle ein Problembewußtsein für das, was in diesem schwierigen Bereich der Krankenversorgung an Problemen ansteht. Das ist die eine Seite. Die andere Seite ist, daß das Thema des Symposiums juristisch zugespitzt war. Die Zuspitzung lautete: Es besteht ein Widerspruch zwischen der Rechtsprechung des Kassenarztsenats und anderen Institutionen, wobei ich nicht genau weiß, wer auf der anderen Seite stehen soll. Selbst wenn man aber durch eine intensive Diskussion zu dem Ergebnis kommen sollte, daß in dieser Fragestellung möglicherweise viel Scheinproblematik steckt, könnte es lehrreich sein, wenn man darangeht, diese Scheinproblematik – wenn es denn eine ist – aufzudecken und zu durchschauen.

Ich möchte kurz ausführen, wie ich zunächst an dieses Thema herangegangen bin. Ich dachte: Nanu, ist es dir zehn Jahre lang entgangen, daß darin ein Widerspruch steckt? Ich dachte auch: Es gibt die §§ 31, 40 SGG, nach denen für Angelegenheiten des Kassenarztrechts ein eigener Senat zu bilden ist. An dieser Vorschrift – und nur an dieser Vorschrift – liegt es also, daß das Kassenarztrecht senatsmäßig vom übrigen Krankenversicherungsrecht getrennt ist. Das Kassenarztrecht ist ein Teilgebiet des Krankenversicherungsrechts. Das gehört innerlich zusammen. Soweit es um die ärztliche Versorgung geht – Krankengeld und ähnliche Geldleistungen lasse ich beiseite –, sind beide Senatsgebiete untrennbar miteinander verwoben. Es handelt sich um ein einheitliches Rechtsgebiet. Ob es dabei um Rechtsbeziehungen zwischen den Kassenärzten und den Krankenkassen geht, also um das, was in § 51 Abs.2 Kassenarztrecht genannt wird, oder um Rechtsbeziehungen zwischen Versicherten und Krankenkassen, ist dabei von völlig untergeordneter Bedeutung. So kann es vorkommen, daß zur Entscheidung über dieselbe Rechtsfrage je nachdem, ob der Kassenarzt oder der Versicherte klagt, der 6.Senat des Bundessozialgerichts oder der 3.Senat zuständig ist. Es werden also in demselben Rechtsgebiet sowohl der 6.Senat als auch der 3.Senat tätig. Schon deswegen habe ich meine Zweifel, ob es sich bei der aufgeworfenen Frage wirklich um einen echten Widerspruch handelt. Bedenken Sie auch, was die zusätzliche Aufgabe des Revisionsgerichts ist: nicht nur den Fall inter partes zu entscheiden, sondern auch auf die Rechtseinheit zu achten und davon auszugehen, daß das Urteil Eingang in die gesamte Rechtssystematik findet, über diese Wirkung inter partes hinaus sozusagen durch viele innere Rechtssituationen gestützt wird. Es ist die rechtlich gegebene Aufgabe des Revisionsgerichts, bei der Entscheidung deren Vereinbarkeit mit dem jeweiligen Rechtssystem im Auge zu behalten und damit die Rechtseinheit zu bewahren. Wenn es sich andererseits bei der kassenärztlichen Versorgung – gleichgültig, ob die streitige Rechtsbeziehung in die Zuständigkeit des 3.Senats oder des 6.Senats fällt – um ein einheitliches Rechtssystem handelt, ist es, denke ich, schon aus diesen Gründen sehr unwahrscheinlich, daß die jeweils beteiligten Revisionsrichter nicht merken – dahinter stecken natürlich Prämissen, wenn ich so argumentiere –, daß sich ihre Rechtsprechung zum kassenärztlichen Wirtschaftlichkeitsgebot und ihre generelle Rechtsprechung zum Anspruch auf kassenärztliche Versorgung möglicherweise widersprechen. Wir sind Tag für Tag dabei, an Hand des Instituts der Nichtzulassungsbeschwerde einen rechtlich so schwierigen Zulassungsgrund wie den der Abweichung zu prüfen. Ich weiß, wie schwer es ist, wenn ein Beschwerdeführer die Abweichung von einer anderen Entscheidung nachweisen muß. Man ist auf diese Frage also gefuchst. Das gilt umso mehr, als die Revisionsrichter durch das Institut des Großen Senats, der bei unterschiedlicher Beurteilung einer Rechtsfrage durch verschiedene Senate anzurufen ist, aber auch durch das Gesetz zur Wahrung der Einheitlichkeit der Rechtsprechung der Obersten Gerichtshöfe des Bundes, das bei abweichender Rechtsprechung eine Vorlage an den Gemeinsamen Senat der Obersten Gerichtshöfe vorsieht, bei Abweichungsfragen außerordentlich hellhörig sind. Last not least kommt in dem ganz speziellen Fall hinzu, daß die Richter des 3.Senats des Bundessozialgerichts dieselben Richter sind wie diejenigen des 6.Senats. Beide Senate sind personell gleich besetzt. Man hätte also schon ein wenig das Klingeln im Ohr. Ich muß sagen: Heute morgen habe ich mich zeitweise gefragt, ob ich seit zehn Jahren mit Augenbinden herumgelaufen bin.

In § 368 e RVO hieß es, der Versicherte habe den Anspruch auf eine Versorgung, die zur Heilung und Linderung nach den Regeln der ärztlichen Kunst zweckmäßig, ausreichend, notwendig und wirtschaftlich sei. Dementsprechend heißt es nun in § 12 SGB V, ab 1.Januar 1989 in Kraft, die Leistungen müßten ausreichend, zweckmäßig und wirtschaftlich sein, sie dürften das Maß des Notwendigen nicht überschreiten. Es hätte – ohne inhaltliche Änderung – auch die Aussage genügt: Versicherte haben Anspruch auf diejenige Behandlung, die zur Heilung oder Linderung der Krankheit notwendig ist. Diesen Begriff kann man durchaus auf eine solche Abstraktionshöhe schieben, daß er eigentlich alles zum Ausdruck bringt, worüber wir streiten. In § 27 SGB V wird allein der Begriff der Notwendigkeit verwendet.

Das Mittel muß zweckmäßig sein, und es darf, so würde ich sagen, weder überflüssig noch zu gering bemessen sein. Man könnte, statt den Begriff der Notwendigkeit zu verwenden, unter Benutzung schon etwas konkreterer Begriffe auch sagen: Die Behandlung muß zweckmäßig sein und darf dabei das Maß des Ausreichenden weder unterschreiten noch überschreiten. Daran sieht man, wie diese Dinge voneinander abhängig sind.

Der eine Teil der hier aufgeworfenen Konfliktfragen hat etwas mit der Rechtsprechung des Bundessozialgerichts zur eigentlichen Zweckmäßigkeit, zur Zweckmäßigkeit in einem etwas engeren Sinne, zu tun, der andere Teil aber mit der Rechtsprechung zum Unter- bzw. Übermaß, also zur Frage der Wirtschaftlichkeit.

Ich möchte jetzt noch vortragen, wie die beiden Senate an diesen abstrakten, sehr hoch angesiedelten Begriff der Zweckmäßigkeit herangehen. Das will ich nicht nur theoretisch ausführen, sondern zeigen, daß ein unmittelbarer Zusammenhang mit der Suche nach dem angeblichen Widerspruch besteht.

Zweckmäßigkeit in diesem engen Sinn hat zunächst einmal etwas mit kausaler Wirksamkeit zu tun, also mit der Eignung zur Behandlung, insbesondere also mit der Eignung des Arzneimittels, die erstrebte Gesundung herbeizuführen. Das rechtliche Problem liegt in erster Linie in der Frage, wie der Nachweis der Wirksamkeit des Mittels geführt werden kann. Regelmäßig ist die Wirksamkeit nach den Regeln der ärztlichen Kunst bzw. nach dem allgemein anerkannten Stand der medizinischen Erkenntnisse zu bestimmen. Es handelt sich auch hier um allgemeine Erfahrungssätze. Das, was bezüglich der Wirtschaftlichkeitsprüfung gerügt wurde, ist letztlich ebenfalls nichts anderes als die Anwendung allgemeiner Erfahrungssätze. Ich denke, das muß man ganz klar sehen.

Das Bundessozialgericht hat die Zweckmäßigkeit in diesem Sinne der kausalen Wirksamkeit auch in Fällen bejaht, in denen die Eignung des Mittels noch nicht allgemein anerkannt war – das ist in einigen Referaten lobend hervorgehoben, zum Teil aber auch gerügt worden, ohne daß ich weiß, weshalb –, im Einzelfall aber ein positiver Nachweis erbracht wurde. Das bezog sich – nachzulesen im 52.Band unserer offiziellen Sammlung – auf die Behandlung bei zerebralen Bewegungsstörungen.

Das führt zu Fällen, in denen ein Wirksamkeitsnachweis schon deshalb nicht erbracht werden kann, weil die Krankheitsursache unbekannt ist. So hat der 3.Senat des Bundessozialgerichts parallel zu einer Entscheidung des 6.Senats des Bundesgerichtshofs in einem Fall multipler Sklerose die Behandlung mit Thymusextrakten unter dem Gesichtspunkt bejaht, daß bei schweren Erkrankungen unbekannter Genese der Arzt verpflichtet ist, auch solche Behandlungsmöglichkeiten in seine therapeutischen Überlegungen einzubeziehen, die nicht durchgehend anerkannt sind, wenn andere Behandlungsmöglichkeiten aus medizinischen Gründen auszuscheiden haben und durch das Mittel eine Besserung nach ärztlichem Ermessen mit einer nicht nur ganz geringen Erfolgsaussicht möglich erscheint.

Da ist jetzt wiederum zu fragen: Liegt hier der 3. Senat mit dem 6.Senat im Widerspruch? Das ist offenbar nicht der Fall. Der Begriff der Zweckmäßigkeit muß – entsprechend den Aufgaben des ärztlichen Berufs; so haben wir es ja auch ins Urteil geschrieben – nicht nur im Sinne nachweisbarer Wirksamkeit, sondern auch im Sinne experimenteller Wirksamkeit, wie ich es nennen möchte, interpretiert werden. Das lag hier sehr nahe: In beiden Fällen – Bundesgerichtshof und 3.Senat des Bundessozialgerichts – handelte es sich um eine schwere lebensbedrohende Krankheit unbekannter Genese. Das Urteil ist aus dem Selbstverständnis des Arztes heraus völlig klar. Ich wage die Aussage, ohne der Rechtsprechung zum neuen SGB V vorzugreifen: Ich kann mir nicht vorstellen, daß man von dieser Rechtsprechung abgehen wird, auch wenn es sich um neue Formulierungen handelt. Es gab heute morgen in einem Referat schon ein Anzeichen dafür, daß die Selbstverwaltung hier keine abweichende Praxis anstrebt.

Der Begriff der Zweckmäßigkeit hat noch eine dritte problematische Seite, und zwar insofern, als er nicht nur im Sinne der unmittelbaren Wirksamkeit zu verstehen ist. So hat der 3.Senat des Bundessozialgerichts in seinem Urteil vom 24.Januar 1990 ein Empfängnisverhütungsmittel, obwohl es als solches natürlich kein Arzneimittel ist, dann als verordnungsfähiges Arzneimittel angesehen, wenn es eingesetzt wird, um gesundheitsschädliche, nämlich embryoschädliche Nebenwirkungen des eigentlichen Hauptmittels zu verhindern. Der Begriff der Zweckmäßigkeit war hier im Sinne bloß mittelbarer Wirksamkeit auszulegen.

Aber nicht um diese Frage der Zweckmäßigkeit mit ihren, wie man sagen könnte, drei Seiten geht es beim Komplex der Wirtschaftlichkeitsprüfung. Es geht hier um eine andere Perspektive. Es steht die Frage des Mindest– und Höchstmaßes der Behandlung an. Das ist etwas anderes als die bisher behandelte Wirksamkeit. Die Frage der Wirksamkeit des Mittels ist sozusagen eine vorrangige Frage gegenüber der Frage der Wirtschaftlichkeit des Mittels, da man eben zur Wirtschaftlichkeit gar nicht kommen kann, wenn schon die Wirksamkeit verneint wurde.

Ich möchte mit wenigen Worten aufzeigen, woran es liegen kann, daß dem Arzt in diesem Bereich ein Vorwurf gemacht wird. Der Vorwurf kann ganz konkret lauten: Der Arzt hat ein Mittel eingesetzt, das zwar wirksam ist, von der Versichertengemeinschaft aber, weil zu teuer, nicht getragen werden kann. Hier liegen die Bereiche Wirksamkeit einerseits und Ökonomie andererseits säuberlich getrennt nebeneinander. Aber darum geht es bei dem, worüber wir hier auf diesem Symposium reden, nicht. Diese Fälle haben Einzelfallcharakter und würden auch als Einzelfälle angegangen werden. Deshalb würden sie in einem statistischen Vergleich von vornherein keinen Eingang finden. Man muß auch sehen, daß es ganze Bereiche gibt, die dem gar nicht zugänglich sind. Wenn Sie die Anforderungen, wie ich sie an die Homogenität der Vergleichsgruppe stelle, mit berücksichtigen, sehen Sie, daß nicht alles, was unter dem Aspekt der Wirtschaftlichkeit angegangen werden kann, etwas mit der statistischen Wirtschaftlichkeitsprüfung zu tun hat.

Die zweite Gruppe möglicher Vorwürfe in diesem Bereich, die ebenfalls nichts mit der statistischen Wirtschaftlichkeitsprüfung zu tun haben, aber doch genannt werden müssen, um die Masse von Erscheinungen deutlich zu machen, hat zum Inhalt: Der Arzt hat ein Mittel verschrieben, das bei gleicher Wirksamkeit von einer anderen Firma wesentlich billiger angeboten wird. Auch hier sind die beiden Bereiche noch klar voneinander zu trennen. Es ist zwar denkbar, daß solche Fälle statistisch miteinander verglichen werden. Da hier aber die Unwirtschaftlichkeit klar durch unmittelbare Feststellungen geprüft werden kann, wäre die rechtliche Zulässigkeit eines statistischen Vergleichs als Grundlage einer nachteiligen Verwaltungsentscheidung wohl fraglich. Jedenfalls ist das nicht der typische Fall der statistischen Wirtschaftlichkeitsprüfung. Solche Fälle sind von den Kritikern auch gar nicht gemeint und berühren die Thematik dieses Symposiums nicht.

Beim dritten Komplex ist dies allerdings der Fall. Ich habe versucht, das in Veröffentlichungen zu analysieren, um zu zeigen, um was es eigentlich geht. Wir müssen das schon deshalb einigermaßen begrifflich fassen, um Art.3 des Grundgesetzes gerecht zu werden, um jedermann in gleicher Weise zu behandeln, nämlich mit der gleichen Begrifflichkeit. Auch das ist eine Aufgabe der Rechtsprechung. Der dritte Komplex lautet: Der Arzt hat an sich wirksame Mittel im Übermaß verschrieben. Eine kleinere Packung, eine kürzere Anwendungszeit wären ausreichend gewesen. Oder: Der Arzt macht bei bestimmten Krankheiten zu viele Besuche; sie sind in diesem Maße weder diagnostisch noch therapeutisch vertretbar. Mit derselben Begründung wird gesagt: Der Arzt macht zu viele Röntgenaufnahmen.

Das sind die Fälle der statistischen Wirtschaftlichkeitsprüfung. Bei ihnen läßt sich zwar der Bereich des wirtschaftlichen Maßes nicht mehr vom Bereich der Zweckmäßigkeit im Sinne der Wirksamkeit trennen, denn der Arzt verteidigt sich doch gerade mit dem Argument, daß das höhere Maß im Interesse der schnelleren und besseren Gesundung liege.

Vielleicht können wir jetzt etwas klarer erkennen: Das eine ist die Zweckmäßigkeit im Sinne der Wirksamkeit schlechthin – man kann sagen: Zweckmäßigkeit im engeren Sinne –, und das andere ist die Zweckmäßigkeit im Sinne der Wirksamkeit im Rahmen des vom Arzt gewählten Zeitfaktors, um es ganz abstrakt auszudrücken. In diesen Fällen trifft der Arzt zeitliche Entscheidungen. Diese Zeit – das ist nicht ganz unwichtig – bringt ihm zugleich – man darf gar nicht bestreiten, daß dies ein wesentlicher Teil der Problematik ist – sein Einkommen.

Jeder neutrale ökonomische bzw. volkswirtschaftliche Beobachter des Systems sagt, daß dies ein Hauptproblem des Systems ist, daß der Arzt sozusagen selbst bestimmt, was er verdient. Das muß man einfach einmal sehen. Von daher kommt man natürlich zu der naheliegenden Frage, ob ein Gericht der Verwaltung verbieten kann, die statistische Wirtschaftlichkeitsprüfung als Institut einzusetzen.

Ich meine, wenn wir diese beiden Bereiche voneinander lösen und zu unterscheiden lernen, können wir auch die Problematik lösen, die in dem Thema dieses Symposiums enthalten ist, nämlich die Frage eines Widerspruchs in der Rechtsprechung. Ich habe bis dato aufmerksam zugehört und habe einen solchen Widerspruch nicht gesehen. Ich stelle das so in den Raum. Möglicherweise ist das überspitzt; wenn, dann ist es ebenso lehrreich wie Ihre Überspitzung, die Sie in das Thema dieses Symposiums geschrieben haben. Ich habe einen solchen Widerspruch nirgends gesehen, denn mit der Verneinung der Wirtschaftlichkeit wird, auch wenn wir diese als Zweckmäßigkeit in einem weiteren Sinne bezeichnen müssen, nicht zugleich eine vorher bejahte Zweckmäßigkeit im engeren Sinne verneint. Denken Sie an die drei Fälle, die ich aufgeführt habe. Nur in einem solchen Fall – so predigen wir ständig unseren Nichtzulassungsbeschwerdeführern – läge juristisch ein echter Widerspruch vor.

Bevor ich zum Schluß zu der kritisierten statistischen Wirtschaftlichkeitsprüfung einige Thesen äußern werde – aus zeitlichen Gründen kann ich das nicht im Detail ausführen –, möchte ich einen grundsätzlichen Hinweis geben. Ich sagte schon: Das Institut der Wirtschaftlichkeitsprüfung durch statistischen Vergleich ist keine Erfindung der Gerichte, auch nicht des Kassenarztsenats des Bundessozialgerichts. Dieses Institut haben die Organe der Selbstverwaltung in ihrer Autonomie, obwohl wir diese vor einem Monat durch das Großgeräteurteil vielleicht etwas in Frage gestellt haben, geschaffen. Verwaltungsgerichte aber – die Sozialgerichtsbarkeit ist eine spezielle Verwaltungsgerichtsbarkeit – sind wie alle Gerichte nur Streitentscheider, sie sind keine Verwaltungsbehörden. Das Bundessozialgericht als Juidikative hat daher also nur darüber entschieden, ob die von der Selbstverwaltung geschaffene Institution des statistischen Wirtschaftlichkeitsnachweises ermächtigungsrechtlich gedeckt und ob sie beweisrechtlich und verfassungsrechtlich vertretbar ist. Beides hat der 6.Senat bejaht.

Dabei kann nicht die Rede davon sein, daß ich – hier reagiere ich als persönlich Angesprochener – einen "Überbau" für diesen statistischen Wirtschaftlichkeitsbeweis zu schaffen versucht hätte, wie heute morgen gesagt worden ist. Genau das Gegenteil ist der Fall.

Sie müssen als Revisionsinstanz prüfen, ob dieses Institut den Ansprüchen der Rechtseinheit, die ich zu Beginn meiner Ausführungen genannt habe, genügt. Das heißt doch wohl auch, immer zu sehen, ob man hier innere Strukturen schaffen kann, die es ermöglichen, jedem gerecht zu werden, der in vergleichbaren Fällen auftritt. Jeder, der einmal ein Urteil geschrieben hat, weiß, daß man so etwas in einem Urteil nicht ausschreiben kann. Aus dem Senat heraus ist eines Tages gesagt worden: Jetzt setzt sich einmal einer von uns hin und durchleuchtet dieses System, denn wir brauchen innere Strukturen; dazu sind wir in Wahrung des Rechtsstaatsprinzips verpflichtet.

Natürlich mußten wir dabei auch § 287 ZPO heranziehen, wonach ausnahmsweise der Richter eine Schätzung vornehmen darf. Hier ist etwas Vergleichbares, aber es ist nicht dasselbe. Die Zivilrechtsprechung hat aber den Ansatz des § 287 ZPO auf den Anspruchsgrund ausgedehnt.

Aus diesen Anregungen heraus wurde ein Büchlein geschrieben. In der Zwischenzeit wurde das weitergeführt, gerade in einem Artikel in der "Sozialgerichtsbarkeit" zur Frage der Homogenität der Vergleichsgruppe. Das Wichtigste an der ganzen Wirtschaftlichkeitsprüfung durch statistischen Vergleich ist die Homogenität der Vergleichsgruppe. Der Satz, der heute morgen hier kritisch zitiert wurde, steht auf Seite 15: "Der Grundgedanke, auf dem der Schluß auf die Unwirtschaftlichkeit beruht, lautet: Erbringt der Kassenarzt unter vergleichbaren Bedingungen einzelne Leistungen häufiger als seine Kollegen, so wächst in dem Maße, in dem diese Abweichung größer wird, auch die zur Sicherheit tendierende Wahrscheinlichkeit, daß er bei diesen Leistungen über das Maß des Notwendigen hinausgeht." Ich denke immer noch, daß dies völlig selbstverständlich ist. Jeder Statistiker, jeder Mathematiker, Hunderte von Kassenärztlichen Vereinigungen und

Prüfärzten und der Gesetzgeber scheinen davon auszugehen – auch der 3. und der 6.Senat des Bundessozialgerichts. Wir alle in unserer täglichen Erfahrung gehen davon aus, daß dieser Satz richtig ist. Dann kommt dieser kritisch vermarkte Nachsatz: "Dieser Satz soll hier nicht auf seine erkenntnistheoretische Haltbarkeit untersucht werden." Das bedeutet aber doch nicht, daß dieser Satz in Zweifel gezogen wird. Das hätte man sofort gemerkt, wenn man den weiteren Satz zitiert hätte, der nämlich mit dieser Frage gar nichts zu tun hat . In diesem Zusammenhang ging es nämlich um die Frage, ob wir diesen neuen Beweis, der da auf uns zugekommen ist, als einen Anscheinsbeweis betrachten können oder nicht. Nur in diesem Zusammenhang ist der zitierte Nachsatz zu verstehen. Im nächsten Satz heißt es: "Jedenfalls steht allein schon nach seinem Anspruch" – nur darauf kam es es mir an – "den er erhebt, fest, daß er im Gegensatz zum Anscheinsbeweis, der nur ein bedingter Beweis sein will, tendenziell einen unbedingten Beweis zu erbringen beansprucht." Das ist nach meiner Auffassung auch richtig. Es ist zwar nicht ein Beweis über eine Einzelfallfeststellung, sondern schlicht und einfach ein statistischer Beweis, nicht mehr, aber auch nicht weniger.

Ich möchte ein weiteres Mißverständnis ausräumen. Herr Muschallik, das Bundessozialgericht hat – ich kenne den Inhalt des Urteils, das Sie vorhin genannt haben, sehr wohl – nicht von einem verminderten Urkundenbeweis gesprochen. Auch das ist eine Mißinterpretation. Wenn sie prüfen wollen, dann müssen Sie natürlich vorsichtig sein, ob eine Urkunde dafür ausreicht, ganz unabhängig von der in unserer Rechtsprechung üblichen Regel des Beweisrechts, daß der Beweis bei Primärtatsachen anzusezten hat. Erst dann, wenn das schwierig oder nicht möglich ist, ist ein mittelbarer Beweis zulässig. Das ist genau das, was wir auch als Prämisse vor den Unwirtschaftlichkeitsbeweis setzen.

Herr Oldiges hat gesagt, er könne sich vorstellen, die Angelegenheit werde individualisiert. Ich habe vorhin gesagt: Individueller als bisher kann diese Prüfung auch dadurch werden, daß ich eine optimal homogene Vergleichsgruppe bilde. Ich persönlich habe das immer wieder – nicht nur in Urteilen, sondern auch in Aufsätzen gefordert. Da ist seitens der Prüfärzte noch viel zu verbessern. Da liegt das eigentliche Problem. Ich gehe einmal von folgender theoretischen Vorstellung aus: 100 Ärzte mit gleicher Ausbildung – beispielsweise als Augenärzte, die einen ganz schmalen Spielraum innerhalb ihrer Einzelleistungen haben – behandeln unter vergleichbaren Bedingungen 50 Patienten mit derselben Indikation, demselben Lebensalter, demselben Geschlecht – auf dieser Basis ist doch eine statistische Aussage über die Wirtschaftlichkeit einer Behandlung möglich! Der springende Punkt ist eben die Bildung der engeren Vergleichsgruppe.

Ich fasse zusammen.

Wenn der Streit um die Wirtschaftlichkeit gekennzeichnet ist durch verschiedene Auffassungen über das Maß der Behandlung und damit über den Rahmen des vom Arzt gewählten – wie ich es nennen möchte – Zeitfaktors, dann wird man es für vertretbar halten müssen, wenn Gesetzgeber und Selbstverwaltung aus Kostengründen von der Notwendigkeit einer Gegenprüfung ausgehen. Das ist heute hier vielfach konzediert worden.

Diese Gegenprüfung ist immer nur an Hand allgemeiner Erfahrungssätze, also nach abstrakten Kriterien möglich. Der statistische Vergleich ist nur eine besondere Art der Anwendung dieser allgemeinen Erfahrungssätze. Wenn Sie außerhalb des statistischen Vergleichs prüfen, wird Ihnen das sofort deutlich. Nehmen wir an, da sitzen zehn Ärzte und hören sich das an. Alle sagen: Es ist völlig unmöglich, was der macht; wir machen alle etwas völlig anderes, weil wir dieses und jenes glauben. Das ist sozusagen communis opinio. Das sind die *Erfahrungssätze* . In dem einen Fall greift man im gewöhnlichen Beweisrecht darauf zurück, und im anderen Fall tut man das innerhalb eines statistischen Prüfungsverfahrens. Ich sehe da keinen Unterschied.

Dagegen läßt sich methodisch solange nichts einwenden, wie das Prüfgremium eine homogene und auch zahlenmäßig aussagekräftige Vergleichsgruppe gebildet hat. Nehmen wir einmal an, 50 Ärzte – es gibt Statistiker, die sagen, man bräuchte 100, andere verlangen 30, um statistisch Beweiskräftiges aussagen zu können – würden tatsächlich eine bestimmte Behandlungsmethode anwenden. Dann haben wir doch gar keine Bedenken zu sagen: Hier ist die Aussage beweiskräftig. Sie ist eben nur beweiskräftig, weil man die Prämisse der Homogenität gesetzt hat. Das ist das Wesentliche. Da müssen Sie, Herr Oldiges, mehr Individualität schaffen. Das kann man durch die Rechtsprechung nicht von heute auf morgen tun. Man kann Erfahrungen, die in bestimmten Bereichen gesammelt werden müssen nicht einfach deswegen überspringen, weil man theoretisch eine Sache durchdacht hat und sagt: Es müßte anders gemacht werden. Das tut das Bundesverfassungsgericht auch nicht. Es tut dies sehr weise und peu á peu: Jetzt dürft ihr es noch, aber nächstes Jahr dürft ihr es nicht mehr. Das mag juristisch manchmal absurd klingen, daß heute etwas rechtmäßig sein soll, was morgen nicht mehr rechtmäßig ist.

Das Hauptproblem des statistischen Vergleichs liegt also in der Frage der Homogenität der Vergleichsgruppe. Hier haben die Prüfgremien noch einiges zu verbessern.

Daß ein Arzt infolge der Wirtschaftlichkeitsprüfung dazu gebracht wird, das Maß der erforderlichen Behandlung eines Patienten derart zu reduzieren, daß die *Haftungsfrage* entsteht, ist kaum vorstellbar. Der statistische Beweis – das muß man einfach verstehen – besagt etwas Generelles: Du hast das Mittel aller deiner Kollegen, die dasselbe tun wie du, die genauso ausgebildet sind, die unter denselben klimatischen Bedingungen leben usw., arithmetisch um 200 % überschritten. Mehr sagt der statistische Beweis nicht aus.

Ein Vorwurf mit Blick auf die Haftungsfrage betrifft immer nur den ganz konkreten Einzelfall – nur das kann sich Herr Steffen vorstellen, denn er hat es immer nur mit dem Einzelfall zu tun –, während der Vorwurf der Unwirtschaftlichkeit dahingeht, im allgemeinen, also gerade nicht im Einzelfall, das durch die Erfahrung gesetzte Maß überschritten zu haben.

Es ist doch wohl zu vermuten, daß ärztliche Handlungen, die überhaupt als haftungsrelevant in Betracht kommen, eher etwas mit eindeutigen Falschentscheidungen zu tun haben. Wollte der Arzt einem dennoch einmal unterstellten Vorwurf, einen bestimmten Patienten zu kurz, zuwenig intensiv behandelt bzw. untersucht zu haben, tatsächlich mit dem Vorbringen begegnen wollen, er habe die unterlassene Mehrleistung in einem vorangegangenen Quartal – wenn auch nur generell – gekürzt bekommen, so stünde dem, eine homogene Vergleichsgruppe vorausgesetzt, doch auch das Argument entgegen, daß die anderen Ärzte generell mit einem niedrigeren Maß ausgekommen sind, ohne sich im Einzelfall den Vorwurf einer haftungsrelevanten Minderbehandlung ausgesetzt zu haben. Im Übrigen wird durch die Rechtsprechung dadurch, daß sie grundsätzlich eine Kürzung erst ab einer Überschreitung um 50 % zuläßt, doch ein weiter Ermessensspielraum belassen.

Schwarz-Schilling: Im Laufe der Ausführungen von Herrn Dr.Baader ist deutlich geworden, daß einige Teilnehmer darauf brennen zu erwidern. Ich bin trotzdem der Meinung – ich hoffe, Sie teilen diese Meinung –, daß es richtig war, Herrn Dr.Baader die Möglichkeit zu geben, seine Auffassung hier in aller Ausführlichkeit bekanntzugeben.

Ich darf zum Abschluß der ersten Podiumsrunde, bevor wir zur Podiumsdiskussion bzw. anschließend zur Plenumsdiskussion kommen, die Frage an Herrn Dr.Steffen richten: Besteht bezüglich dessen, was wir von Herrn Dr.Baader gehört haben, ein Widerspruch zwischen dem Bundessozialgericht und dem Bundesgerichtshof? Oder sind Sie sich im Rahmen dieser Darlegungen einig?

Steffen: Bis zu dem Zeitpunkt, als Herr Baader begann zu plädieren, war ich an sich wild entschlossen, einen Teil der Pfeile, die hier in Richtung Bundessozialgericht abgeschossen wurden, auf meine Brust bzw. auf die Brust des Bundesgerichtshofs zu lenken; nicht etwas wegen eines "Krähen-Comments", der nicht existiert, sondern eher deshalb, weil ich heute das für mich erstmalige und sensationelle Empfinden hatte, daß sich hier Interessenvertreter der Patienten und Ärzte gemeinsam begeistert über die Haftungsrechtsprechung des 6.Senats ausgelassen haben. Das ist kein schönes Gefühl. Es macht nämlich immer unruhig, wenn Menschen zufrieden sind. Dann wittert man, daß dahinter doch etwas anderes steht. Wir haben die Erfahrung gemacht: Wenn alle über uns schimpfen, liegen wir eigentlich richtiger. Herr Baader hat im Grunde meine Hilfe überhaupt nicht nötig. Er hat die Dinge glänzend und souverän auf sich genommen. Ich kann eigentlich einen fundamentalen Widerspruch zu der Auffassung unseres Senats jetzt nicht mehr feststellen, nachdem ich diese Erläuterungen gehört habe.

Es wurde hier die Auffassung vertreten, daß unsere Zivilrechtsprechung tendenziell auf einen optimalen Behandlungsstandard verpflichtet sei – Herr Dr.Ratajczak hat das heute morgen expressis verbis gesagt –, aber ebenso auf einen – das ist auch unsere Vorstellung – in den wirtschaftlichen Rahmen eingebetteten Behandlungsstandard. Wir sind hier auf einem kassenärztlichen Symposium. Wir haben aber bezüglich des Kassenarztbehandlungsverhältnisses keine andere Sicht als bezüglich des Krankenhausbehandlungsverhältnissses. Da haben wir schon deutlich gemacht, daß, auch was die wirtschaftliche Enge, die finanzielle Enge angeht, Differenzierungen bezüglich des Sorgfaltsmaßstabs und Beschränkungen gesehen werden müssen. Vom Sorgfaltsmaßstab können nicht die örtlichen, die individuellen Schwächen in einer Behandlungssituation ausgenommen werden, aber jedenfalls müssen die Begrenzungen des Systems hineinspielen. Zu diesem System gehören natürlich auch finanzielle Engpässe.

Dann kann natürlich schon vom Wesen her keine Divergenz zwischen dem Behandlungsanspruch des Kassenpatienten und dem Haftungsrisiko des Kassenarztes bestehen; denn im Grunde hat die Haftung keine andere Aufgabe, als Defizite, als Qualitätsmängel bei der Erfüllung des Arztauftrags anzumelden und in entsprechende geldliche Kompensation umzumünzen. Deswegen hat – das ist logisch – dort, wo die ärztlichen Behandlungspflichten durch finanzielle Überlegungen beschränkt sind, Entsprechendes in den Sorgfaltsmaßstab einzufließen. Natürlich hat sich der Sorgfaltsmaßstab nicht auf ein Wirtschaftlichkeitsgebot, das irgendwo selbständig im Raum steht, auszurichten, sondern es hat sich am ärztlichen Heilauftrag auszurichten. Das Wirtschaftlichkeitsgebot muß sich dem ärztlichen Heilauftrag unterzuordnen. Es ist ebenso dem Auftrag verpflichtet, der Gesundheit des Menschen, einem Schutzgut, zu dienen. Das ist nicht allein in Geld auszurechnen. Das ist anders im Rahmen eines ärztlichen Dienstleistungsverhältnisses in der Tiermedizin. Bevor das Gesetz zum Schutz der Tiere erlassen wurde, hätte man das unter der Perspektive der Nutzen-Kosten-Relation anders sehen können.

Im Prinzip muß es so sein, daß sowohl für das zivilrechtliche als auch für das sozialversicherungsrechtliche Verständnis die Gesundheit Vorrang vor wirtschaftlichen Erwägungen hat, daß der Nutzen-Risiko-Vergleich – also die Indikation – Vorrang hat vor dem Nutzen-Kosten-Vergleich.

Ich meine – Herr Dr.Baader hat das hier sehr gut ausgeführt –, daß auch in dem neuen SGB V keine andere Sicht zum Ausdruck kommt. Zumindest läßt es diese Sicht zu. Es bettet das Wirtschaftlichkeitsgebot in das Ziel einer medizinischen Qualität auf einem modernen Niveau ein.

§ 76 Abs.4 SGB V führt in den Sorgfaltsmaßstab des Zivilrechts hinein, welcher der Gesundheit als einem absoluten Schutzgut verpflichtet ist, der Gesundheit des Kassenpatienten nicht anders als der Gesundheit des Privatpatienten. Auch daraus möchte ich ableiten, daß besondere Divergenzen zwischen den beiden Rechtswegen hier nicht auftreten können. Natürlich hat auch der Arzt, der einen Privatpatienten behandelt, die vertragliche Verpflichtung, ihn nicht mit überflüssigen Leistungen und auch nicht mit überflüssigen Kosten zu belasten. Das ist nachher nicht, Herr Dr.Ratajczak, nur eine Frage des Verlustes des Honoraranspruchs, sondern das kann durchaus zu Schadenersatzansprüchen führen. Ich nenne in diesem Zusammenhang die Stichworte defensive Medizin, Übermaßbehandlung, Schrotschuß einer Polypragmasie, daß man sozusagen nur in die Symptome hineinschießt, um zu sehen, was dabei herauskommt.

Divergenzen können natürlich auftreten, wenn man den Ansatzpunkt des Wirtschaftlichkeitsgebots aus dem Auge verliert; das ist nämlich der ärztliche Auftrag. Das muß der Ansatzpunkt sein, dieses Eingebundensein in die Arzt-Patient-Beziehung. Jede Abweichung von diesem Orientierungsmaßstab muß nach meiner Ansicht nicht nur zu einem Schaden des Patienten führen, sondern unter dem Strich auch zu einer völlig unwirtschaftlichen Belastung der Gemeinschaft der Sozialversicherten. Es ist eine Binsenweisheit, wenn ich sage: Die Unterbewertung der Wirtschaftlichkeit im Haftungsrecht würde zu einem Haftungsrecht führen, das an der Versorgungswirklichkeit vorbeigeht, d.h. es würde den Arzt mit einer übermäßigen Haftung belasten. Die bedeutete, daß Systemgrenzen zu Lasten des Haftpflichtversicherungsträgers verschoben würden. Dieses wiederum hätte die Erhöhung der Prämie zur Konsequenz und letzten Endes – das wissen wir spätestens seit dem Juristentag 1978 in Wiesbaden – eine Überwälzung auf den Patienten bzw. auf den Sozialversicherungsträger.

Ebenso, wie dieser Kreislauf vermieden werden muß, führt eine Überbewertung der Wirtschaftlichkeit im Sozialrecht letztlich zu einer wirtschaftlichen Belastung der Sozialversicherungsgemeinschaft dadurch, daß die ärztliche Sorgfalt herabgesetzt wird, daß der Patient länger krank ist, daß Fehler nicht mehr als solche angemeldet werden. Im Prinzip müssen iatrogene Lasten im Gewande von Krankheitsfolgen doch wieder entweder von der Krankenversicherung oder von der Rentenversicherung entschädigt werden.

Diese Dinge muß man im Auge behalten.

Schwarz-Schilling: Herr Dr.Steffen, Letzteres war, denke ich, ein ganz wichtiger Punkt. Sehen Sie sich in der Lage, eventuell im Verlauf der Podiumsdiskussion weitere Ausführungen dazu zu machen?

Steffen: Mit Sicherheit.

Schwarz-Schilling: Die beiden Herren Richter haben es verstanden, in souveräner Eleganz zumindest um einige kritische Punkte herumzusegeln, die heute morgen sehr prägnant formuliert wurden. Ich rechne mit Ihrer Zustimmung, daß wir den Antagonisten von heute morgen Gelegenheit geben, bestimmte Fragen, die sich mit absoluter Sicherheit aufgedrängt haben, noch einmal konkret zu stellen.

Ihr Einverständnis voraussetzend, schlage ich vor, daß wir auf Grund der Äußerungen, die von Herrn Dr.Baader und Herrn Dr.Steffen gekommen sind, die Referenten des heutigen Vormittags zu Wort kommen lassen.

Herr Dr.Ratajczak ist von Herrn Dr.Baader konkret auf die Problematik des erkenntnistheoretischen Überbaus, auf die Problematik der Beweisführung angesprochen worden. Diesbezüglich hat Herr Dr.Baader Herrn Dr.Ratajczak und dessen Kritik kritisiert. Ich denke, Herr Dr.Ratajczak möchte dazu noch einige Anmerkungen machen.

Ratajczak: Die Schrift von Herrn Dr.Baader, die ich zitiert habe, die auch sehr lesenswert ist, ist der Versuch des 6.Senats, die mißverstandene oder auch schwer zu verstehende Rechtsprechung des 6.Senats zur Wirtschaftlichkeitsprüfung theoretisch zu untermauern sowie ausführlich darzulegen und zu begründen, unter welchen Voraussetzungen man glaubt, zu Erkenntnissen kommen zu können. So gesehen ist diese Schrift eine Erklärungsschrift, vielleicht auch eine Rechtfertigungsschrift. Ich habe sie als Überbau angesehen. Vielleicht ist es auch eine Wortspielerei.

Das Problem hat Herr Dr.Baader nicht angesprochen. Sicher ist ein statistischer Vergleich ein statistischer Vergleich. Das ist keine Frage. Aber wenn ich sage, wir haben die von den Partnern der Gesamtverträge an die Rechtsprechung herangetragene statistische Prüfung akzeptiert, muß ich als Gericht, um zu einer statistischen Aussage zu kommen, auch akzeptieren, daß die Partner der Gesamtverträge sagen: Der statistische Mittelweg erlaubt nicht nur eine Aussage darüber, wieviel ein Arzt pro Quartal und Patient umsetzt, sondern erlaubt zugleich den zwingenden Schluß – das ist meines Erachtens das Entscheidende –, daß insoweit in einer bestimmten Bandbreite zweckmäßig, wirtschaftlich, notwendig behandelt wird, nicht zuwenig, nicht zuviel.

Ich meine, als Vertreter von Ärzten oder aus der Sicht eines betroffenen Kassenarztes, der dem Zwangssystem gesetzliche Krankenversicherung und KV unterworfen ist, habe ich einen Anspruch darauf, daß die Gerichte überprüfen, ob dieses Axiom, das die Verwaltung postuliert, überhaupt zutrifft. Ich meine, dieses Axiom trifft nicht zu.

Nun ist es zwar richtig, daß ich, je homogener eine Vergleichsgruppe ist, desto eher dahin komme, daß dieses Axiom zutrifft. Aber Sie finden auch in größten KV-Bezirken keine 100 Ärzte und keine 50 Ärzte, die unter vergleichbaren Bedingungen vergleichbar behandeln, weil sie aus unterschiedlichen Universitäten, aus unterschiedlichen Krankenhäusern, aus unterschiedlichen Schulen kommen, ganz andere Behandlungsüberzeugungen haben.

Wenn ich wirklich homogene Vergleichsgruppen habe, dann komme ich zu Kleinstgruppen von 10 bis 30 Leuten. Diese sind dann homogen, aber dann bewege ich mich aus
dem Bereich der statistischen Prüfung heraus. Dann kann ich auch die Einzelfallprüfung
als Regelfallprüfung wieder einführen.

Herr Dr.Baader hat – das ist ein gutes Beispiel – die neue Entscheidung zur Verordnung
von Kontrazeptiva als Kassenleistung angesprochen, wenn Ärzte der Patientin embryotoxische Substanzen verordnen, um zu verhindern, daß sie während dieser Zeit schwanger
wird. Ein Kassenarzt hat sich die Mühe gemacht, gegen diese Regelung im SGB V
anzugehen. Er hat gesagt: Das ist Unsinn, das ist eine notwendige Parallelmaßnahme. Das
war e i n Kassenarzt unter tausenden. Der Rest hat es schlicht nicht gemacht, weil er sich
gesagt hat: Der Gesetzgeber will das nicht, und die Schwierigkeit mit der KV riskiere ich
nicht, also behandele ich nicht so.

Die Ärzte haben alle nicht richtig behandelt. Natürlich ist es zwingend notwendig, daß
ich, wenn ich einer Frau embryotoxische Substanzen verordne und die Frau im gebärfähigen Alter ist, verhindere, daß sie schwanger wird. Das ist ganz klar nach § 12 SGB V eine
notwendige Kassenleistung, gleichgültig, was das Gesetz sagt.

Es wurde nicht gemacht, und zwar nicht etwa deshalb, weil nicht erkannt wurde, daß es
notwendig war, sondern weil man sich die Mühe, sich mit der KV herumzuschlagen, erspart
hat.

Heute morgen wurden eine Reihe von Beispielsfällen aufgezeigt, in denen ganz konkret
1977 die Zivilrechtsprechung beispielsweise gesagt hat: Die Kolposkopie muß sein. Das
Bundessozialgericht hat in einer neueren Entscheidung gesagt: Nein, sie darf nicht sein,
wenn sie trotzdem gemacht wird, erfolgt keine Honorierung.

Das sind Dinge, bei denen der 6.Senat andere Anforderungen an die Behandlung stellt,
als sie zivilrechtlich vorhanden sind. Die Tatsache, daß es zwischen dem 6.Senat und dem
3.Senat nie zu Konflikten kommt, liegt nicht darin begründet, daß die Senate identisch
besetzt sind; auch nicht darin, daß das Problem nicht gesehen wird. Zu Konflikten kommt
es deshalb nicht, weil sich die Fragen anders stellen. Ein Patient kann fordern, daß die
Krankenkasse alles bezahlt, was notwendig ist. Was notwendig ist, wird dann durch
Gutachten belegt. Ein Kassenarzt kann in der Wirtschaftlichkeitsprüfung nicht sagen: Ich
habe 50 Fälle, die alle so oder so gelagert sind, die hat kein anderer. Diese Statistiken gibt
es nicht. Es gibt für den Bereich der KV Nordwürttemberg eine interne Untersuchung, die
einmal in einen Prozeß eingeführt wurde, wieviel schwere zu behandelnde Unfälle ein Arzt
im Schnitt hat. Wenn ein Arzt darlegen kann, daß er das Doppelte oder Dreifache hat, ist
die KV bereit, die Sache zu akzeptieren.

In Südwürttemberg wird das nicht gemacht. Dort sagt man: Uns interessiert nicht, welche
Statistiken man in Nordwürttemberg hat; wir haben sie nicht. Wir sagen: Im Schnitt hat
jeder Arzt gleich viel schwere Fälle.

Diese Unmöglichkeit, aus dem konkreten Behandlungsablauf heraus den Nachweis zu
führen ''Ich behandele richtig'', wird in der Rechtsprechung nicht gesehen. Die statistische
Prüfung läßt diesen Beweis nicht zu. Ich meine, dies geht einfach nicht an. So zerreibt man

den Arzt. Einerseits soll er hohe Diagnoseleistungen erbringen – ich meine: völlig zu Recht
–; der Kassenpatient darf alles mögliche als Behandlung verlangen, auch als Kassenleistung, das wird ihm auch bezahlt; andererseits soll sich der Arzt nach völlig abstrusen, nicht
durchschaubaren Kriterien, die sich auch jedes Quartal ändern können, behandeln lassen.

Es gibt tatsächlich eine solche Wellenbewegung, daß ein Arzt immer gleich behandelt,
aber in dem einen Quartal auffällig ist, in dem anderen Quartal nicht. Ich kenne solche Fälle.
Das ist keine Theorie. Man könnte breit darlegen, warum das so ist.

Ich möchte noch etwas zur homogenen Vergleichsgruppe sagen. Den Zahnarztfall habe
ich deswegen ausgewählt, weil die Zahnärzte als homogen angesehen werden können.
Wenn sich ein Zahnarzt grundsätzlich auf eine bestimmte Behandlungsmethode verlegt
und sagt, er mache Wurzelfüllungen statt Prothetik, dann fällt er auf, obwohl er etwas tut,
was die Richtlinien an sich als den Regelfall ansehen. Aber der Rest der Zahnärzte tut es
nicht, weil es sich im Ergebnis wirtschaftlich nicht lohnt, da der Zeitaufwand zu groß ist.

Diese Dinge werden in der Wirtschaftlichkeitsprüfung bisher nicht berücksichtigt. Ich
kann sie nur zum Vorschein bringen, wenn etwas vom Ablauf her schiefläuft. Im Falle der
Zahnärzte ist es schiefgelaufen. Trotz dieser drastischen Überschreitungen von bis zu 1900
% hat die KZV gesagt: Wir prüfen die Einzelfälle.

Warum ist nicht anders entschieden worden? Es war ein Gremium aus sechs Personen.
Den Vorsitz hatte ein Kassenvertreter. Es kam zum Stichentscheid. Deswegen wurde
gekürzt. Die KZV-Vertreter haben den Zahnärzten dann geraten zu klagen – völlig zu
Recht.

Schwarz–Schilling: Vielen Dank für den erfreulich kurzen und prägnanten Beitrag. Ich
denke, wir fahren in derselben Form fort. Unser Stichwort lautet: Homogenität der
Vergleichsgruppe. Ich habe den Eindruck, Herr Dr.Baader schiebt den Schwarzen Peter zu
den Prüfärzten. Wie ist Ihre Meinung, Herr Dr.Kossow?

Kossow: Es ist ja nichts Neues, daß der Kassenarzt am Schluß den Schwarzen Peter erhält,
weil er der Schwächste in dieser ganzen Kette der Schwarze-Peter-Spieler ist. Deswegen
ist es klug, wenn man an übergeordneter Stelle sitzt, sich auf das Schwarze-Peter-Spiel und
nicht auf irgendein anderes Spiel zu einigen, weil man dabei nämlich der sichere Sieger ist.

Dessen ungeachtet möchte ich Herrn Dr.Baader und Herrn Dr.Steffen nicht attackieren.
Sie haben mir nämlich durch die Ordnung in den Köpfen, die doch sehr beeindruckend
dargelegt worden ist, gezeigt, daß die Rechtspflege, auf die es dem Kassenarzt zunächst
einmal ankommen muß, eigentlich in ganz guten Händen ist. Das Problem scheint mir
woanders zu liegen, nämlich in der Tatsache, daß die Dinge so komplex sind. Wenn man
über einen einzigen Begriff eine Viertelstunde reden muß, wie das höchste Rechtspfleger
hier getan haben, wenn ich mir die Vielzahl der Begriffe ansehe, die zu beachten sind, wenn
ich die ganze Interdependenz der Paragraphen betrachte, dann muß ich sagen: Da findet
kein Kassenarzt mehr durch, da finden auch manche Verwaltungseinheiten nicht durch.

Aber es gibt eben in den Verbänden und insbesondere in den Krankenkassenverbänden
und in den Ministerien eine ganze Reihe von Leuten, die da ganz hervorragend durchfin-
den. Sie benutzen die Intransparenz, um die Ärzte zu beherrschen.

Weil dieses nicht so bleiben kann, werden Ärzte, ob das der KV-Verwaltung paßt oder nicht, ermuntert werden müssen, Prozesse zu führen, wenn sie sich nicht wohlfühlen, statt sich vom Patienten abzuwenden. Letzteres können sie sich schon aus ethischen Gründen nicht leisten. Die Wettbewerbsprobleme kommen hinzu.

Ich darf Ihnen die Konsequenz dieses Ansatzes, der übrigens längst Realität ist, schildern. Im Gebiet der Kassenärztlichen Vereinigung Niedersachen sind derzeit 1300 Rechtsstreitigkeiten vor dem Sozialgericht anhängig. Ich unterschreibe pro Woche mindestens 30 Vollmachten für Sozialrechtsstreitfälle. Dabei müssen Sie berücksichtigen, daß manche Streitquartale zusammengefaßt sind, daß also ein Rechtsstreit auch einmal acht Quartale umfassen kann.

Es geht dabei fast immer um Fragen der Wirtschaftlichkeitskontrolle beim Honorar, um Regreßfälle und Ermächtigungsangelegenheiten sowie um Probleme der Fachgebietsabgrenzung im Zusammenhang mit dem Laborbereich und anderen Leistungsbereichen. Diese Situation ist dadurch entstanden, daß die Krankenkassen in den letzten Jahren bei der Verhandlung um Prüfvereinbarungen, bei der Verhandlung um EBM-Positionen, auch bei der Verhandlung um notwendige Richtlinien anderer Art regelmäßig den ärztlichen vernünftigen Grundsätzen nicht gefolgt sind und auch die Macht hatten, das Zweitbeste oder Drittbeste oder sogar das Unsinnige durchzusetzen.

Diesen Vorwurf erhebe ich im Beisein von zwei prominenten Krankenkassenvertretern. Ich bin gern bereit, ihn zu verteidigen – tagelang, wenn es sein muß. Hier kommt es tatsächlich darauf an, daß eine Besserung herbeigeführt wird, daß Unrecht beseitigt wird in unserem Rechtsstaat, der immer noch normal und insbesondere in den Köpfen der höchsten Rechtspfleger hervorragend funktioniert. Das Unrecht wird erzeugt durch mißbräuchliche Nichtanwendung oder durch Setzen von Regeln, die dem Patienten nicht gerecht werden, und zwar in Kenntnis der rechtlichen Verhältnisse.

Ich will Ihnen aus Zeitgründen hierfür nur ein Beispiel nennen. Es ist rechtskräftig auf wettbewerbsrechtlicher Ebene entschieden worden, daß Arzneimittelverordnungen zum Festbetrag wirtschaftlich sind, auch wenn es Präparate gibt, die billiger sind als dieses Arzneimittel zum Festbetrag. Es ist in einem Wettbewerbsstreit mit einer anderen Firma rechtskräftig verboten worden, das Gegenteil zu behaupten.

Dennoch sagen alle Spitzenverbände der Krankenkassen: Das Verordnen von Arzneimitteln zum Festbetrag ist nicht per se wirtschaftlich. Jetzt sagt dies auch das Ministerium. Das wird verkündet.

Versetzen Sie sich bitte in die Situation eines Arztes, der an ein und demselben Tag in der Zeitung liest, daß eine Firma rechtskräftig verurteilt worden ist, die Behauptung zu unterlassen, die Verordnung von Arzneimitteln zum Festbetrag sie unwirtschaftlich, während gleichzeitig in der "Ärzte-Zeitung" steht, Herr Oldiges behaupte das Gegenteil. Ich kann Ihnen diese "Ärzte-Zeitung" zeigen.

Was soll der Arzt für die Verordnungspraxis daraus machen?

Schwarz-Schilling: Jetzt muß ich das Wort an Herrn Dr.Oldiges weitergeben. Dann möchte ich zum Problem des Schwarzen Peters, den Herr Kossow gerade weitergeschoben hat, auch noch kurz Herrn Dr.Jensen zu Wort kommen lassen.

Oldiges: Ich bin eigentlich auch beeindruckt durch den Vortrag von Herrn Dr.Baader, wie sehr auf der Ebene der Rechtsprechung offensichtlich alles wieder harmonisch ineinander– gefügt werden kann, zumindest dann, wenn es um die Rechtsanwendung und die Rechts– auslegung geht. Aber ich stimme auch Herrn Dr.Kossow zu, der sagt: Im Vorfeld eines Konflikts, der rechtshängig wird, haben Kassenärzte und auch Kassen gehandelt. Sie haben nicht gewußt, was Sie, Herr Dr.Baader, alles zusammenfügen. Sie haben zum Teil aus Halbkenntnis, zum Teil aus Unkenntnis des immer dichter gewordenen Regelmechanis– mus gehandelt.

Ich stimme allen zu, die sagen: Aus der Dichte des Regelmechanismus nehmen die Konflikte zu, nimmt die Unüberschaubarkeit zu, nimmt die Prozeßtätigkeit zu. Aber natürlich – Herr Dr.Kossow hat es gerade wieder gesagt – nehmen auch Macht– und Einflußverhältnisse zu. Immer da, wo es eine gewisse Unübersichtlichkeit gibt, haben diejenigen, die es beherrschen und auf dem Klavier spielen, natürlich Macht und Einfluß. Es gibt einen zunehmenden Widerstand gegen eine solche Art Machtausübung.

Ich habe in meinen Ausführungen betont, daß es meiner Überzeugung nach dringend erforderlich ist, die Regelungsdichte abzubauen. Sie ist auch nach meiner Einschätzung zu stark geworden.

Sie ist, wenn wir genau hinsehen, vielleicht auch widersprüchlich. Herr Dr.Kossow hat das einfache und praktische Beispiel des Festbetrags angeführt. Wenn man im Gesetz nachsieht, wie der Festbetrag zu bilden ist, liest man dort: "unter Ausschöpfung der gegebenen Wirtschaftlichkeitsreserven". Nun haben wir einen Festbetrag gebildet, und ein schlichter Zeitgenosse, der das liest, kann ja nur zu dem Ergebnis kommen: Nun haben die abstrakt und generell die Wirtschaftlichkeitsreserven ausgeschöpft, also wird das doch wohl auch für meine Einzelfallverordnung gelten. Eigentlich kann man zu gar keinem anderen Schluß als diesem kommen.

Aber mitnichten! Es gibt noch den Paragraphen, der auf den Individualfall abstellt. Dort steht: "Im Einzelfall muß die Verordnungstätigkeit wirtschaftlich sein".

Nun muß man auch sehen, welche Preisunterschiede es immer noch gibt. Es handelt sich ja nicht um einen Einheitspreis. Unterhalb des Festbetrags gibt es noch ein breites Preisspektrum. Der Arzt ist sehr wohl gehalten, unter diesen Arzneimitteln mit ganz unterschiedlichen Preisen, aber gleicher Wirkung und Wirksamkeit, das preisgünstigste auszuwählen. Das hat natürlich kein Mensch gesagt, als der Gesetzgeber dies bestimmte. Ich habe Verständnis dafür, daß es den Kassenarzt verwirren muß und daß er sagt: zwei Regelungen zu ein und demselben Sachverhalt – das verstehe ich überhaupt nicht!

Hier handelt es sich meiner Meinung nach um ein Übermaß an Regelung. Natürlich hätte man nach Festsetzung des Festbetrags sagen können: Hier ist auch die Wirtschaftlichkeit gegeben. Aber dies ist nicht geschehen. Also gilt nach meiner Ansicht der von mir eben geschilderte Sachverhalt, gilt diese Rechtsauslegung.

Die Frage lautet also: Wie kann die Regelungsdichte vermindert werden, ohne sozusa– gen die Wirtschaftlichkeit als solche aufzugeben? Es gewinnt mehr und mehr der Gesichts– punkt an Boden: Wir müssen überlegen, dort, wo es möglich ist, die Qualitätsstandards mehr als bisher festzulegen. Herr Dr.Baader führte in seinem Beispiel an: kleinere Gruppen mit etwa gleichem Therapiespektrum und gleichem Patientengut. Das, was dabei heraus– kommt, ist vielleicht der Qualitätsstandard in der Gruppe. Nur: Wenn man eine solche

Gruppe wie beispielsweise die Allgemeinärzte mit einem breiten Behandlungsspektrum, mit einem völlig unterschiedlichen Patientengut hat, wie will man da zu einem homogenen Qualitätsstandard kommen? Das ist unheimlich schwer. Man kommt dann eben nur zu solchen statistischen Verfahren. Das ist in einer solchen Gruppe wahrscheinlich gar nicht anders machbar. Insofern ist der Konflikt nicht bis zum letzten vermeidbar.

Schwarz–Schilling: Herr Dr.Jensen, das ist wiederum Ihr Stichwort: die qualitätsgesicherte Wirtschaftlichkeitsprüfung. Sie meinen, daß die Überlegungen in diese Richtung gehen. Sie haben jetzt Gelegenheit, dazu noch einmal Stellung zu nehmen.

Jensen: Wir geben pro Tag etwa 20 Rundschreiben heraus, die entweder unsere Landesverbände oder auch die Kassen direkt erreichen. Das erzeugt bei unseren Mitgliedern und auch bei den Krankenkassengeschäftsführern eine Unüberschaubarkeit. Das ist so viel, daß es keiner mehr verarbeiten kann. Deswegen meine ich – da möchte ich mich Herrn Oldiges voll anschließen –: Wir müssen weg von dieser Flut von Regelungen.

Auf der anderen Seite steht natürlich die Frage: Wie kann ich es denn anders machen? Der Arzt hat einen Anspruch auf die Kassenzulassung. Die Krankenkassen wiederum sind öffentlich–rechtlich in das Prinzip der strengen Zweck–Mittel–Bindung einbezogen. Wir müssen Kontrollinstrumente haben. Es sollen gemeinsame Kontrollinstrumente sein, die sowohl von den Ärzten als auch von den Krankenkassen getragen werden. Deswegen sehe ich die Zukunft bei der Stichprobenprüfung und bei der Einzelprüfung.

Der Richtgrößenprüfung messe ich im Prinzip unter einer realistischen Vorausschau keine Zukunft bei.

Qualitätssicherung kann insofern betrieben werden, als wirklich bewußt verordnet wird, als den Patienten nicht zu viele Arzneimittel verordnet werden, die eine Abhängigkeit hervorrufen. Es werden sehr viele Tranquilizer verordnet.

Kossow: Immer weniger!

Jensen: Hier könnte man beispielsweise vorsichtiger sein. Das verstehe ich unter Qualität.

Wir müssen die Qualitätsstandards natürlich gemeinsam mit der Ärzteschaft definieren. Hier ist im Grunde auch schon einiges geschehen. Wir machen auf Bundesebene beispielsweise die Arzneimittelrichtlinien. Wenn ich höre, daß § 12 in Verbindung mit § 2 SGB V den Arzt daran hindert, die qualitativ einwandfreie Leistung zu erbringen, dann muß ich sagen: das sehe ich wirklich nicht so. Es gibt beispielsweise Anfragen nach der Entscheidung des Bundessozialgerichts zu Außenseitermethoden, ob eine Kosmetikcreme verordnet werden darf. Möglicherweise wissen wir nichts über die Zusammensetzung. Das Problem wird vor Ort ganz pragmatisch gelöst: Der BKK–Geschäftsführer fragt, ob der AOK–Geschäftsführer diese Creme bezahlt oder nicht. Wenn die Wahrscheinlichkeit besteht, daß er sie bezahlt, wird im Zweifel auch der BKK–Geschäftsführer die Erstattung für diese Creme vornehmen, ohne daß es sich um ein Arzneimittel handelt.

Wir übernehmen beispielsweise auch die Kosten für noch nicht zugelassene Arzneimittel. Es gibt auf Bundesebene den Arbeitsausschuß Arzneimittelrichtlinien, es gibt gemeinsame Rundschreiben von Kassenärzteschaft und Kassen, wonach ein bestimmtes Arznei mittel unter diesen oder jenen Voraussetzungen verordnet werden kann.

Insofern sehe ich diese Trennung nicht so stringent. Es kann natürlich sein, daß meine Kenntnisse von dem, was vor Ort passiert, nicht umfassend sind. Viele Fragen kommen gar nicht bis zu uns.

Wir müssen, so meine ich, bei unseren Prüfvereinbarungen dahin kommen, daß Qualitätsaspekte Eingang in die Prüfung finden. Natürlich ist das Patientengut der Ärzte unterschiedlich. Ein Arzt in einer Arbeitergegend hat andere Patienten als ein Arzt in der Stadtmitte. Es gibt auch regional höchst unterschiedliche Verordnungsstrukturen oder auch Krankheitsbilder.

Wir müssen zusammen mit der Ärzteschaft Prüfmodalitäten entwickeln, die auch unseren Versicherten und ihren speziellen Anliegen gerecht werden. Ich meine, da ist nicht eine antagonistische Haltung angesagt, sondern Offenheit und vertrauensvolle Zusammenarbeit zwischen den Krankenkassenverbänden und den Kassenärztlichen Vereinigungen.

Schwarz–Schilling: Das ist ein kleines Zwischenergebnis, das wir festhalten können: Die Qualitätssicherung – mit anderen Worten: auch das Primat des Haftungsprinzips – ist anzuerkennen; man sollte in diese Richtung – auch in Richtung Einzelfallprüfung – weiterdenken.

Ich möchte die Diskussion auf dem Podium mit einer Frage an Herrn Ascher beschließen.

Ich möchte den Punkt aufgreifen, der mir nach den Äußerungen von Herrn Dr.Baader und Herrn Dr.Steffen klärungsbedürftig erschien. Hat Sie, der Sie in Ihrem Referat sehr prägnante Beispiele genannt haben für den Konflikt zwischen dem Wirtschaftlichkeitsgebot einerseits und der ärztlichen Pflicht zur optimalen Behandlung andererseits überzeugt, was wir von den beiden Herren Richtern gehört haben?

Ascher: Von der Theorie her: ja. Ich möchte die beiden Herren auch in keiner Weise angreifen.

Wir haben quasi die Statements der Gralshüter gehört. Die Richtung ist phantastisch und total zu unterschreiben. Nur, wie man so schön sagt: Niemand hält sich daran, und zwar weder die unteren Gerichte – das belegen die Beispiele, die ich vorhin genannt habe – noch die Kassenvertreter in den Prüfgremien. Ich habe es in meinen Ausführungen dargestellt: Wenn die Situation entsprechend ist, dann entscheiden eben drei Kassenvertreter als Nichtärzte über einen ärztlichen Sachverhalt.

Das, was von Herrn Dr.Jensen bezüglich der Stichprobenprüfung angesprochen wurde, ist in Bayern anscheinend nicht gemacht worden. Ich weiß nicht, aus welchen Gründen; ich kann es nur vermuten. In der bayerischen Prüfvereinbarung ist geregelt, daß – das war das Beispiel mit den 3000 Kassenärzten – sage und schreibe fünf in diese Stichprobenprüfung aufgenommen werden. Wie da mehr Gerechtigkeit gegenüber den restlichen 2995 Kassenärzten erzielt werden soll, ist für mich – aber ich bin statistischer Laie – nicht nachvollziehbar.

Ich sage einmal ganz deutlich, wie meine private Meinung dazu ist: Man hat, und zwar unter dem Eindruck der Pressure–groups, die Kontrollmittel verschärft. Man hat immer neue Kontrollinstitutionen geschaffen.

Damit kommen wir zu dem Thema der Qualitätssicherung. Qualitätssicherung ist für mich eine ureigene ärztliche Tätigkeit. Ich frage mich, was Nichtärzte in solchen Gremien zu suchen haben; ich sage es ganz dezidiert.

Stellen Sie sich als Anwalt einmal vor, Sie hätten hier ein Kontrollgremium, dort ein Kontrollgremium, dort ein Kontrollgremium; der eine kontrolliert, ob Ihr Verbrauch an Bleistiften und sonstigem Schreibmaterial ordnungsgemäß ist, der nächste kontrolliert, ob Sie qualitativ gut gearbeitet haben.

Schließlich komme ich noch zur Vergleichsgruppe. Ich fand die Ausführungen dazu hervorragend. Nur frage ich mich ganz konkret – ich komme ja von der KV –: Wie soll man eine optimal homogene Vergleichsgruppe installieren? Ich verstehe, daß die Rechtsprechung den Schwarzen Peter an die Selbstverwaltung weitergibt. Ich habe heute morgen gesagt: Der Arzt hat 140 cm Platz für die Zeichen und 60 cm bzw. 68 cm für die Diagnose. Die Zeichen werden erfaßt, die Diagnose in keiner Weise. Da hapert es.

Plenumsdiskussion

Ocklenburg: (Vorstandsmitglied der KV Nordrhein): Ich bin am Ende dieses Tages, obwohl ich seit zehn Jahren im Prüfgeschäft tätig bin und auch als ehrenamtlicher Richter tätig war, eigentlich erschüttert. Wir stehen im Grunde vor einer Perfektionierung des Chaos. Ich habe die Hoffnung, daß wir versuchen, auf der Selbstverwaltungsebene diesen Unfug in irgendeine vernünftige Bahn zu lenken.

Der erste Ansatzpunkt wäre, Gleiches mit Gleichem zu vergleichen. Das betrifft die anwenderbezogene Vergleichsstatistik. Letzten Endes aber gibt es keine absolute Vergleichbarkeit. Es gäbe die Vergleichbarkeit der Altersstruktur, die Vergleichbarkeit bezüglich der soziologischen Struktur. Der Anspruch bezüglich einer Perfektionierung der Vergleichbarkeit führt sich letzten Endes ad absurdum, weil gesagt wird: Ihre Kollegen haben ebenfalls schwere Fälle, haben auch alte Patienten. Wenn man die Situation in der eigenen Praxis dargestellt hat, weiß man immer noch nicht, wie das Vergleichskollektiv aussieht. Letzten Endes muß ärztliches Handeln individuell erfaßt werden.

Wir sollten im Rahmen der Prüfvereinbarungen die Auffangkriterien etwas höher hängen. Hier wurde viel von Qualität gesprochen. Ich bin nicht der Meinung, daß wir Wirtschaftlichkeitsprüfungen mit Qualitätsprüfungen vermischen können. Das ist meines Erachtens durch das Gesetz überhaupt nicht gedeckt. Wir sollten lieber die Qualität der Prüfungen verbessern.

Hier war die Rede von der Einzelfallprüfung. Meine Herren, wir sitzen bis abends um 22 Uhr. Dann gehen die Kassenvertreter nach Hause, aber wir sitzen bis in die Nacht hinein. Dann sollen wir noch Beratungsgespräche führen. Wer soll das alles tun? Schließlich üben wir auch noch unseren Arztberuf aus. Wir können doch nicht von morgens bis abends prüfen. Wenn innerhalb von zwei Tagen 80 Akten über den Tisch gehen, kann doch keine individuelle Prüfung stattfinden. Das ist unmöglich. Es wird dazu kommen, daß wir die Ärzte im Rahmen der Antragstellung in diese erstinstanzliche Überprüfung mit einbeziehen – und wenn es zur perfekten Chaotisierung führen wird!

Wir haben in Düsseldorf eine Inflationierung der Beschwerdefälle. Es sind inzwischen über 3000. Da kann man doch nicht mehr sauber prüfen.

Die Juristen sagen, die Tatsache, daß eine Leistung erbracht worden sei, beweise ja noch nicht, daß die Leistung auch notwendig gewesen sei. Ich frage mich: Welcher Patient läßt an sich eine Gastroskopie durchführen, wenn dazu keine Notwendigkeit besteht?

Wir haben eben gehört, jede ärztliche Leistung sei letzten Endes ein Straftatbestand, weil der Patient in irgendeiner Weise verletzt werde, beispielsweise durch die Blutabnahme, bei der medikamentösen Behandlung usw. Heute haben wir den aufgeklärten Patienten. Wir können doch nicht unterstellen, daß jede ärztliche Leistung im Grunde genommen nur aus einer Bereicherungsabsicht heraus erfolgt. Ich finde den Ansatz, daß die Erbringung einer Leistung letzten Endes gar keine Rechtfertigung für die Leistung selbst sei, irgendwo fragwürdig.

Ich fand den zitierten Satz von Steinbuch sehr gut: "Information ist ein Stoff, aus dem Entscheidungen gemacht werden". Wir müssen täglich Entscheidungen treffen. Je intensiver die Entscheidungsgrundlage ist, desto wertvoller ist es für den Patienten.

Wir haben hier viel über Wirtschaftlichkeit, über Ökonomie gesprochen. Das Wort "Humanität", das auch im Gesundheits-Reformgesetz steht, ist heute noch nicht gefallen.

Die Krankenkassen veranstalten einen Riesenritt gegen die Psychopharmakatherapie. Wenn mir ein Patient sagt "Herr Doktor, ich bin jetzt 80 Jahre alt, wollen Sie mir die Schlaftablette jetzt wegnehmen?", dann sage ich " Sprechen Sie mit Ihrer Krankenkasse über die Humanität!"

Es gibt den Spruch: Wer heilt, hat recht. Wo ist da die Effizienz? Irgendwo ist der individuelle Gestaltungsspielraum des Arztes ein Essential seines Berufs. Diese Form der Überreglementierung führt zu absurden Ergebnissen. Vernünftige Regelungen – ja, Einzelfallprüfung – ja, aber alles muß im Rahmen der Realität qualitativ hochwertig durchführbar sein.

Bieg: Ich bin Zahnarzt und Vorsitzender des Freien Verbands Deutscher Zahnärzte.

Dieses Thema interessiert uns natürlich sehr. Wir sind in bezug auf die Verfremdung des Arzt-Patient-Verhältnisses nicht ganz so sensibel wie die Ärzte. Daher freuen wir uns, daß dieser Punkt von Herrn Kossow und anderen so gut herausgearbeitet worden ist.

Zur Durchschnittsprüfung: Wir haben bei den Zahnärzten seit langen Jahren eine recht gut funktionierende Einzelfallprüfung, bei der die statistische Prüfung gewissermaßen nur Hilfestellung leistet. Jetzt aber ist der VdAK dabei, uns die Einzelfallprüfung zu nehmen. Das steht im Gegensatz zu dem, was wir hier von Herrn Oldiges hören konnten und was vernünftig ist, nämlich: Man soll die Statistik nicht über das Arzt-Patient-Verhältnis herrschen lassen.

Es gab heute zwei Fragestellungen. Zum einen ging es um das grundsätzliche Thema, das Herr Kossow und andere aufgegriffen haben. Der andere Punkt betrifft die Rechtfertigung durch unsere hoch angesehenen Richter, die heute bei uns sind. Diese haben uns gesagt – das ist formal richtig –, sie könnten keinen Widerspruch erkennen, man müßte nur – ich darf es etwas pointiert sagen – möglichst homogene Vergleichsgruppen haben.

Ich ziehe daraus den Schluß, daß es vielleicht nicht ganz so klug war, das Anliegen der Ärzte und auch der Zahnärzte im Zusammenhang mit der Systematik an der rechtlichen Frage, der Frage nach der Haftung aufzuhängen, weil ja gesagt werden kann: Wir haben noch nicht diese Überverrechtlichung wie in den USA, so viele Prozesse laufen in dieser Sache bei uns nicht.

Es gab auch andere Wirkungen, für die, wie ich meine, Sie als Richter sensibel genug sein müssen, uns zu verstehen. Wenn das Arzt-Patient-Verhältnis verformt ist, wenn die medizinische Effektivität leidet, dann leidet auch die Effizienz des Systems. Diesen Punkt hat Herr Kossow, meine ich, ordnungspolitisch und gesundheitspolitisch hervorragend herausgearbeitet. Er hat gefragt: Kann ein Steuerungssystem richtig sein, das die Ökonomie und die Statistik so hoch ansiedelt, daß es zur Norm wird, daß das Arzt–Patient–Verhältnis verfremdet wird?

Wo liegt hier der Webfehler? Ich will versuchen, es kurz herauszuarbeiten. Die homogene Vergleichsgruppe ist wirklich keine Beweisgrundlage im Hinblick auf Wirtschaftlichkeit und Effizienz; denn alle, die in dieser homogenen Vergleichsgruppe auftauchen, können doch durch die Fremdsteuerung längst verbogen sein.

Wie wenig da die Statistik nutzt, möge Ihnen folgendes Beispiel verdeutlichen. Wenn man dem Zahnarzt die Einzelfallprüfung nimmt, wird er sagen: Hier liegt ein Behandlungsbedarf vor, ich habe sechs, sieben oder acht Füllungen zu legen, aber ich werde meinen Durchschnitt überschreiten. Zum einen besteht die Möglichkeit, die Behandlung auf das nächste Quartal zu verschieben und dies dem Patienten zu erklären. Dann stimmt Ihre Statistik nicht mehr. Dann ist das Quartal als Grundlage witzlos geworden.

Die andere Möglichkeit ist – das haben wir bereits angekündigt –: Wenn man uns daran hindert, notwendige Behandlungen auszuführen, werden wir dem Patienten den Behandlungsumfang darstellen, ihn damit zur Krankenkasse schicken und mit der Behandlung erst beginnen, wenn die Garantie gegeben wird, daß uns die Erfüllung des Behandlungsbedarfs honoriert wird. Anders kann sich der Arzt in Verantwortung gegenüber seinem Patienten nicht wehren.

Herr Kossow hat herausgearbeitet, wie sehr alle diejenigen, die von Übermaß und Untermaß sprechen, die eine Norm konstruieren wollen, einem mechanistischen Weltbild verfallen sind. Damit führen sie uns von unserer Aufgabe, dem Patienten zu helfen, nur weg.

Dieses Weltbild ist falsch. Es kommt zu einer Reglementierungsdichte – ich war erfreut, daß Herr Oldiges dieses Wort hier selbst verwendet hat –, die nicht mehr gut ist. Herr Oldiges, Sie wollen die statistische Durchschnittsprüfung durch Qualitätsstandard ersetzen. Was ist das anderes, als eine Regelungsdichte von einem anderen Bereich her zu installieren? Niemand, auch Herr Jensen nicht, hat heute morgen plausibel machen können, wie das Ganze funktionieren soll.

Der statistische Ansatz ist zu Rechts zerrissen worden. Mit der Statistik geht es wirklich nicht. Die Studie von Kerschbaum hat gezeigt, daß es unmöglich ist, aus der Qualität einer Arbeit, selbst dann, wenn man hoch ausgebildete Untersucher hat, die kallibriert sind, ein Verfahren zu machen, das vor einem Gericht Bestand haben könnte. Da entstehen nur neue Willkür und neue Bürokratie.

Die Wirtschaftlichkeitsfrage würde sich erledigen, wenn es keine Ärzte und Zahnärzte als Freiberufler mehr gäbe; denn im Krankenhaus können Sie keine Wirtschaftlichkeit einführen. Sie können dort eine paar Normen setzen, Sie können sich über die Pflegesätze streiten, aber im Endergebnis wird das, was dort gemacht wird, von Ihnen oder einem anderen bezahlt.

Sie haben nur den Arzt und den Zahnarzt als Schwarzen Peter, um den Webfehler im System, nämlich dieses mechanische Weltbild, in immer mehr Kontrolle umzusetzen. Wenn man Ihnen das entziehen würde – ich möchte es den Krankenkassenvertretern und unseren Politikern, die dieses System immer mehr überfrachten wollen mit Fremdsteue rung, fast wünschen –, bricht das alles zusammen. Dann sind Sie im staatlichen Gesundheitsdienst. Dann müssen Sie die Ineffizienz des Systems selbst bezahlen, dann gibt es keine Buhmänner mehr.

Wenn Sie mich fragen, was die Zahnärzte wollen, dann sage ich Ihnen nur: Kehren Sie es um – das können die Gerichte nicht tun, aber sie könnten sehr wohl verstehen, warum wir es wollen –, machen Sie ein Kostenerstattungssystem mit Direktbeteiligung wenigstens in den Bereichen, in denen der Patient Entscheidungsfreiheit hat. Der Patient hat diese Entscheidungsfreiheit in erheblichem Umfang, denn er bewirkt ja auch die Nachfrage.

Dann können Sie 80 % des ganzen Apparates sparen. Dann haben Sie ein funktionierendes liberales System, das sich dem annähert, was um uns herum in einigen Staaten in Europa recht gut funktioniert. Dann brauchen Sie diesen ganzen Wust von Bürokratie nicht mehr, weil Sie dem Patienten seine Autonomie wiedergeben, mit zu entscheiden. Ich glaube, dann könnten wir uns auch Diskussionen, wie wir sie heute hier führen, bei denen wir merken, daß sich die Hürden immer höher auftürmen, ersparen.

Stegers (Rechtsanwalt in Dortmund): Die heutigen Ausführungen sind u.a. auch dadurch gekennzeichnet, daß das, was als Heilauftrag formuliert ist und was als Humanitätsgebot im Gesundheits–Reformgesetz steht, nicht klar zum Ausdruck gekommen ist – allenfalls mittelbar, indem gesagt wurde: Wirtschaftlichkeit mißt sich am ärztlichen Heilauftrag. "Heilauftrag" bedeutet nach der Berufsordnung erstens gewissenhafte Arbeit und zweitens Dienst am einzelnen und Dienst am gesamten Volk, wie es dort in etwas traditioneller Formulierung steht.

Das bedeutet umgekehrt, daß sich Unwirtschaftlichkeit möglicherweise ebenso messen lassen muß. Dabei ist allerdings zu bedenken, daß sich die Frage der Wirtschaftlichkeit bzw. Unwirtschaftlichkeit generell am Erfolg mißt. Das kann man in der Gesundheitsbranche nicht tun. Man kann die Frage, ob ein Arzt wirtschaftlich oder unwirtschaftlich arbeitet, nicht danach beantworten, wieviel Patienten er geheilt bzw. nicht geheilt hat, wieviel Röntgenschäden nach 20 oder 30 Jahren auftreten, weil zuviel oder zuwenig geröngt wurde.

Deswegen hat die Wirtschaftlichkeitsprüfung nur eine sehr, sehr mittelbare Bedeutung, nämlich den Beitragsschutz der Versichertengemeinschaft. Sie ist weniger darauf ausgerichtet, den Anspruch des Patienten, gewissenhaft ärztlich versorgt zu werden, zu garantieren oder in irgendeiner Weise zu schützen.

Aus dieser Überlegung heraus verbietet sich meiner Ansicht nach die, wenn ich mich richtig erinnere, ursprünglich ärztlich kreierte statistische Prüfung. Das Recht hat diese Prüfung nicht eingeführt, sondern nur abgesegnet. Warum ist die statistische Prüfung im Vergleich zur Einzelfallprüfung sozusagen die humanere Version der Prüfung?

Wenn es richtig ist, daß der Arzt – das ist die Besonderheit seiner Tätigkeit – in gewissen Grenzen Angebot und Nachfrage der Leistung selber bestimmt, dann hilft die Durchschrift von der Rechnung, die dem Patienten nach Hause geschickt wird, relativ wenig; denn der Arzt hat qua Sachkompetenz und Beratungskompetenz in sehr hohem Maße die Möglichkeit zu bestimmen, was gemacht bzw. nicht gemacht wird. Es wird das gemacht, was der Arzt für indiziert hält.

Wenn der Arzt zivilrechtlich für den Einzelfall haften muß, weil er etwas falsch gemacht hat und dadurch ein Schaden eingetreten ist, warum muß er dann honorarrechtlich nicht auch nur für den Einzelfall haften und im Einzelfall überprüft werden? Das Arzt–Patient–Verhältnis ist in sehr hohem Maße personal bestimmt. Wir haben es zum Teil mit öffentlich–rechtlichen Beziehungen zu tun. Die Einzelfallprüfung wäre ein gewisser Schutz davor, daß der Arzt zum bloßen Dienstleistungserbringer mutiert, der aus eigenen – möglicherweise wirtschaftlichen – Interessen gewissermaßen nur – ich paraphrasiere eine andere Formulierung aus der Zivilrechtsprechung – den honorarmäßig verständigen Patienten behandelt, und zwar letztlich so, wie es ihm die Software vorschlägt.

Das wäre möglicherweise die extrem theoretische Folge der konsequent durchgeführten statistischen Prüfung. Deswegen plädiere ich ausdrücklich dafür, daß nur eine Einzelfallprüfung stattfindet. Die Modalitäten im einzelnen, beispielsweise wie oft ein Arzt davon betroffen ist, mögen auf einem anderen Blatt stehen.

Im Vergleich zur statistischen Prüfung ist der Arzt bei der Einzelfallprüfung vor einer Bevormundung seitens der Bürokratie geschützter, als wenn er gewissermaßen im Wege einer Vorberatung durch Krankenkassen oder ähnliche Institutionen in eine bestimmte Richtung gedrängt wird, so und nicht anders zu handeln.

Zeihe: Ich bin Vorsitzender Richter des Sozialgerichts Frankfurt am Main. Mein Aufgabenbereich ist einerseits das Kassenarztrecht und andererseits die Krankenversicherung, ähnlich wie das beim Bundessozialgericht der Fall ist.

Der Zufall bringt es mit sich, daß ich etwas polarisieren muß; denn ich werde ein Plädoyer für die Wirtschaftlichkeitsprüfung im Sinne des statistischen Vergleichs halten. Vorweg möchte ich folgendes sagen. Wenn ich in der Einladung lese, daß hier einerseits der aktuelle Stand der medizinischen Wissenschaft und Forschung besprochen werden soll, daß andererseits lediglich ein nach statistischen Kriterien im nachhinein ermittelter Behandlungsstandard als abrechnungsfähig vom Bundessozialgericht angesehen werde, während der Bundesgerichtshof modernste Methoden für richtig ansehe, dann muß ich sagen: Die beiden Herren haben schon einiges deutlich gemacht. Ich möchte nur hinzufügen: Die zweite Alternative zäumt das Pferd gewissermaßen vom Schwanz her auf. Es ist ja nicht so, daß aus der Wirtschaftlichkeitsprüfung das Handeln des Arztes folgen soll, sondern die Wirtschaftlichkeitsprüfung setzt umgekehrt am Handeln des Arztes an. Dieser soll sich bei der Wirtschaftlichkeitsprüfung nachher bezüglich seiner Entscheidung rechtfertigen können. Wie, darauf möchte ich gleich noch eingehen.

Es wurde hier mehrfach gesagt, die Einzelfallprüfung sei das Wesentliche, und diese müsse durchgeführt werden. Da stellt sich natürlich die Frage: Was verstehe ich begrifflich unter einer Einzelfallprüfung? Wenn ich den zahnärztlichen Bereich betrachte, fällt mir insofern immer der Name von Herrn Muschallik ein, der einmal gesagt hat: Es gibt 32 Zähne; die Zahnärzte bekommen dafür mehr Honorar als wir Praktiker für den ganzen übrigen Menschen.

Die Zahnärzte in den Kassenzahnärztlichen Vereinigungen verstehen unter dem Begriff der Einzelfallprüfung zum Teil etwas anderes als das Bundessozialgericht und auch der Kassenarztsenat des Landessozialgerichts Nordrhein–Westfalen. Da werden nämlich lediglich etwa 100 oder vielleicht auch 120 einzelne Abrechnungsblätter durchgesehen. Im

übrigen wird hochgerechnet. Das ist keine Einzelfallprüfung. Eine Einzelfallprüfung
würde bedeuten, daß zunächst einmal der Status des Patienten zu Beginn der diagnostischen Prüfung dargestellt werden muß. Dann müssen die hieraus gezogenen therapeutischen Folgerungen dargestellt werden. Das Ergebnis der Behandlung wiederum muß
ebenfalls dargestellt werden. Auch die Therapie muß in sich schlüssig dargestellt werden.
Abschließend muß, wenn der Arzt behauptet, dadurch sei eine Krankenhausbehandlung
erspart worden, dargelegt werden, warum das geschehen ist.

Das ist für den einzelnen Patienten mindestens auf einer DIN-A4-Seite abzuhandeln.

Wenn es sich um einen Arzt handelt, der insgesamt etwa 1000 oder 1200 Scheine hat,
zeigt sich, daß das gar nicht möglich ist. Die Herren, die selbst im Prüfgeschäft tätig sind,
haben uns schon gesagt, daß sie bis Mitternacht sitzen; länger können sie nicht tätig sein.
Anders wäre es auch nicht zu machen.

Für mich, der ich zu diesem Symposium eingeladen worden bin, taucht die Frage auf:
Was haben Sie, nachdem Sie alle diese unterschiedlichen Auffassungen gehört haben, als
Rechtsanwälte für Ihre praktische Tätigkeit bisher mitgenommen? Das scheint mir relativ
wenig zu sein. Ich meine nicht, daß es ausreicht, daß Sie nun wissen: Es gibt unterschiedliche Methoden, man könnte dieses machen, man könnte auch jenes machen. Sie müssen
meiner Ansicht nach von dem ausgehen, was ist. Es ist nun einmal so, daß vereinbart
worden ist, daß die Wirtschaftlichkeitsprüfungen in der Weise vorgenommen werden, daß
nur dann, wenn es zumutbar ist, Einzelfälle geprüft werden. Diesen Bereich der Zumut-
barkeit wird man im Rahmen einer Patientenzahl von 50, 60, vielleicht auch noch 100 nach
den Kriterien, die für eine echte Einzelfallprüfung notwendig sind, sehen können, nicht
darüber hinaus.

Im Zusammenhang mit der Wirtschaftlichkeitsprüfung wurde gesagt: Es geht nicht an,
daß möglicherweise drei Kassenvertreter, weil gerade das Jahr ist, in dem der Kassenvertreter den Vorsitz hat, darüber befinden, wie der Arzt mit den Patienten umgegangen ist. Der
Vorwurf müßte eigentlich noch weitergehen. Beim Landessozialgericht haben wir drei
Berufsrichter, einen Kassenvertreter und einen Arzt. Die vorhin angeführte Argumentation
müßte bedeuten, daß wir schlechthin außerstande sind, die Dinge zu überschauen. Ich
meine nicht, daß das der Fall ist. Es ist ja nicht so, daß die statistische Prüfung eine rein
statistische Prüfung ist. Ich habe es nicht anders erlebt – Herr Dr.Heße sitzt auf dem
Podium; er kann Ihnen schildern, wie es in seinem Ausschuß abläuft –, als daß sowohl bei
den Prüfinstanzen erster Instanz als auch beim Beschwerdeausschuß oder bei der Be-
schwerdekommission stets Einzelfälle durchgeprüft werden, soweit sich das aus den
Abrechnungsblättern – sprich: Krankenscheinen – entnehmen läßt. Da kommt es ganz
wesentlich darauf an, daß der Arzt es schlüssig darlegt.

Es ist häufig so, daß man schon als medizinischer Laie erkennen kann, daß es an der
Schlüssigkeit fehlt. Wenn im Januar eine zahnärztliche Behandlung erfolgt und ein
bestimmter Zahn als fehlend angekreuzt ist, im nächsten Quartal aber angeblich eine
dreiflächige Behandlung an eben diesem Zahn erfolgt sein soll, dann ist ziemlich klar, daß
das nicht stimmen kann. Ich gebe zu: Das betrifft nicht nur den Bereich der Wirtschaftlichkeit, sondern das geht schon in den Bereich des Betrugs hinein. Es gibt also eine ganze
Menge von Dingen, die man da betrachten muß.

Ich meine, bei dieser Problematik setzt die Tätigkeit des Anwalts, der von einem Arzt mit einem Mandat betraut wird, an. Der Anwalt muß dem Arzt sagen: Wenn die Einladung zur Prüfungskommission oder zum Prüfungsausschuß kommt, dann gehen wir dorhin; wir schreiben nicht einfach nur, es sei alles richtig gemacht worden. Wenn der Prüfungsausschuß oder die Kommission mit der Einladung nicht den Hinweis auf bestimmte auffällige Fälle verbindet, dann bittet man darum: Was hat der Prüfreferent festgestellt? Warum gibt es die Auffassung, daß hier eine Unwirtschaftlichkeit vorliegen könnte?

Dann geht man mit der Kartei dorthin, mit den EKGs, mit den Krankenhausentlassungsberichten und diskutiert. Die Herren, die einem gegenübersitzen, sind schließlich Ärzte. Es wäre gelacht, wenn es diesen Ärzten nicht gelänge, auch dann, wenn einer der Krankenkassenvertreter den Vorsitz hat, die anderen davon zu überzeugen, daß in diesem Fall wirtschaftlich gehandelt wurde.

Wenn man so frühzeitig ansetzt, wird es hinterher nicht zu einer bloßen Wirtschaftlichkeitsprüfung an Hand der Statistik kommen, sondern dann muß sich der Prüfungsausschuß mit dem mündlichen Vorbringen auseinandersetzen. Das sollte man spätestens vor dem Beschwerdeausschuß tun. Das ist meistens der Moment, in dem der Anwalt beauftragt wird, nämlich dann, wenn sich der Arzt über die Entscheidungen des Prüfungsausschusses ärgert.

Man sollte vermeinden, im gerichtlichen Verfahren vorzutragen: "Es ist alles notwendig gewesen; Beweis: Sachverständigengutachten". Was um alles in der Welt soll denn ein Sachverständiger im gerichtlichen Verfahren nur an Hand der Leistungsblätter, mit den knappen Diagnosen, tun? Soll er damit feststellen, ob bei einem bestimmten Patienten so viele Dinge gemacht werden mußten?

Abschließend möchte ich auf den datenschutzrechtlichen Aspekt hinweisen. Wir haben nicht nur die "Bild-Zeitung", sondern so etwas gibt es auch noch für Mediziner. In dieser Zeitschrift wird in letzter Zeit immer wieder gesagt, § 295 SGB V besage deutlich, es dürfe in die Spalte überhaupt keine Diagnose geschrieben werden, wie breit auch immer die Spalte sei. Das mag für die reine Abrechnung richtig sein. Aber es gibt auch noch weitere Vorschriften, die sich auf den Bereich der Wirtschaftlichkeitsprüfung beziehen, in denen anderes gesagt wird. Ich möchte insofern auf § 106 Abs.2 und die §§ 284, 285 hinweisen, aus denen sich ergibt, daß für den Bereich der Wirtschaftlichkeitsprüfung die Patientendaten gegeben werden können.

Es tut mir leid, daß ich aus Zeitgründen hier abbrechen muß. Ich hätte noch viel zu sagen.

Schwarz-Schilling: Ich meine, es wäre im Interesse der Teilnehmer hier und auch der Veranstalter, wenn Sie dazu bereit wären, das, was Sie darüber hinaus zu sagen hätten, als schriftlichen Beitrag einzureichen. Wir würden es gern im Tagungsband veröffentlichen.

Zeihe: Schönen Dank für den Vorschlag, aber dafür fehlt mir die Zeit. Ich könnte es zwar hier vortragen, aber nicht schriftlich ausformulieren.

Schwarz-Schilling: Erlauben Sie mir eine kurze Bemerkung zu den Ausführungen von Herrn Zeihe; wir haben vorhin von Herrn Kossow gehört, daß es Unmengen an Beschwerdeverfahren gibt. Wenn ich Herrn Zeihe richtig verstanden habe, ist es aus der Sicht der

Richter wohl so, daß sich diese Verfahren entscheidend damit erklären, daß es in den Vorinstanzen eine gewisse Untätigkeit der Ärzte gibt. Ich bitte die nächsten Diskussionsteilnehmer, diesen Punkt nach Möglichkeit in Ihren Beiträgen anzusprechen.

Willmes: Ich bin niedergelassener Allgemeinarzt in Herne und als Rechtsanwalt zugelassen beim Landgericht Bochum.

Ich möchte auf den Gegenstand der heutigen Veranstaltung zurückkommen. Das Wirtschaftlichkeitsprüfungsverfahren, das uns zwar in großem Maße berührt, ist nicht der Kernpunkt der heutigen Veranstaltung. Das Thema der heutigen Veranstaltung ist die ärztliche Behandlung im Spannungsfeld zwischen kassenärztlicher Verantwortung und zivilrechtlicher Haftung. Man könnte es vielleicht etwas exakter formulieren – dann ist auch die Wirtschaftlichkeitsprüfung eingeschlossen –: die ärztliche Behandlung im Spannungsfeld zwischen kassenärztlicher Vergütung und zivilrechtlicher Haftung. Ich glaube, dann kommen wir der Sache viel, viel näher.

Ich sehe das nicht als Scheinproblematik an, wie Sie das vorhin so beiläufig bezeichnet haben, Herr Dr.Baader, sondern ich sehe es als ein echtes Problem an, dessen Lösung ansteht. Die Zivil- und die Strafrechtsprechung stellen an den Kassenarzt enorme Anforderungen. Er hat im Grunde im Einzelfall eine Höchstleistungsmedizin zu betreiben. Das wird im Einzelfall auch von den Kassen erwartet; denn der Arzt hat ja die notwendige Medizin zu betreiben.

Das bezieht sich alles auf den Einzelfall. Nur: Wieviel Einzelfälle kann ich mir als Kassenarzt erlauben, bis ich in die Wirtschaftlichkeitsprüfung komme? Das ist das Problem. Das ist heute gar nicht angesprochen worden.

Schwarz–Schilling: Doch, ausführlich, Herr Kollege!

Willmes: Das sehe ich ganz anders. Im Einzelfall ist hier alles als notwendig abgedeckt worden. Aber wer bestimmt eigentlich, wieviel Einzelfälle ich mir erlauben darf? Wann darf ich bestimmte Untersuchungsmethoden und wie oft einsetzen? Das ist die eigentliche Frage, die sich hier stellt.

Schwarz–Schilling: In der Tat!

Willmes: Ich habe bisher keine Antwort darauf gefunden.

Schwarz–Schilling: Genau diese Antwort suchen wir.

Willmes: Das habe ich von dieser Veranstaltung erwartet.

Die Höchstleistungsmedizin, die von uns gefordert wird, wird von den sogenannten Konsumentenvertretern – so will ich hier einmal die Kassenvertreter bezeichnen; wir werden ja ''Leistungserbringer'' genannt – nur mit Billigtarifen bezahlt.

Ich möchte für die weitere Diskussion ein konkretes Beispiel nennen. Das Landgericht Bochum hat in einer Entscheidung aus dem Jahre 1985 gesagt: Hinweise des Beipackzettels seien Mindestinformationen, der Arzt müsse sich vergewissern, daß der Patient den Beipackzettel gelesen und verstanden hat.

Das sind die Ansprüche an den Kassenarzt. Ich frage zunächst folgendes: Müssen sich Banken und ähnliche Institutionen, müssen sich Rechtsanwälte vergewissern, ob ihre Kunden bzw. Mandanten verstanden haben, was in den Verträgen steht? Oder gelten diese Bestimmungen nur für den Arzt?

Der Zeitaspekt kommt hinzu. Ich glaube, die Rechtsprechung berücksichtigt überhaupt nicht, in welchen Zeitzwängen sich der niedergelassene Arzt befindet. Wenn ich dem Patienten erklären sollte, was das Landgericht Bochum von mir verlangt, käme ich mit Sicherheit nicht mit fünf Minuten aus, auch nicht mit zehn Minuten; ich müßte, über den Daumen gepeilt, mindestens eine Viertelstunde reden, ohne mich überzeugen zu können, daß der Patient es auch verstanden hat. Diese Anforderung wird an mich gestellt.

Umgesetzt in eine Gebührenordnungsposition wäre das die Position 1. Es wäre eine Beratung. Wir können gleich einmal Herrn Kossow fragen, wie eine Beratung bezahlt wird.

Kossow: Wenn es wirklich um etwas geht, würde ich die Erörterung nach Ziffer 11 nehmen. Das sind 300 Punkte. Ich gebe Ihnen recht: Das ist immer noch schlecht bezahlt.

Willmes: Das ist tägliches Brot, Herr Kossow. Wenn Sie für jede Erklärung eines Beipackzettels eine Erörterung nach Ziffer 11 abrechnen, dann sind Sie schon am dritten Tag des ersten Monats im Quartal aus der Wirtschaftlichkeitsprüfung heraus, weil Sie weit über dem Schnitt liegen. Sie können also höchstens die Ziffer 1 nehmen, damit Sie nicht sofort auffällig werden.

Kossow: Das ist nicht schlüssig.

Willmes: Nehmen Sie meinetwegen die Erörterung. Spätestens beim 50. Patienten kommen Sie mit der Erörterung auch nicht mehr weiter. Dann sind Sie aus dem Schnitt heraus. Das ist das Problem.

Bleiben wir bei der Erörterung. Dann haben Sie 300 Punkte. Das entspricht 30 DM. Wenn Sie 50 % Praxiskostenanteile abziehen, sind Sie bei 15 DM. Es gibt also für eine ärztliche Viertelstunde 15 DM. Vergleichen Sie das einmal mit den Kosten, die für eine Richterstunde angesetzt werden. Ich glaube, darin steckt das einzelne Problem.

Die Kassenärzte können und würden alles leisten, nur stellt sich die Frage der Bezahlbarkeit.

Steinbrink (Rechtsanwalt in Kiel): Es war viel vom verwalteten Chaos die Rede. Ich habe den Eindruck, daß alle Beteiligten durch die Aufgaben überfordert sind. Die Krankenkassen stöhnen, die Gesundheit sei nicht mehr zu bezahlen. Die Kassenärztlichen Vereinigungen sind riesige Verwaltungsapparate. Die gemeinsame ärztliche Selbstverwaltung hat diese Regelungen mitgeschaffen, unter denen Sie jetzt stöhnen.

Ich meine, daß hier nur der Gesetzgeber sprechen kann. Der Versuch der Aussage, daß die heutige Fragestellung nicht richtig sei, ist nach meiner Auffassung juristisch verständlich, geht aber am wahren Sachverhalt vorbei. Ich denke, Sie können sich keine Vorstellungen davon machen, welchen Frust die Kassenärzte heute empfinden. Da werden

Feindbilder aufgebaut zwischen Kassenärzten und Kassenärztlichen Vereinigungen, zwischen Kassenärztlichen Vereinigungen und Krankenkassen. In der Korrespondenz, die dort gepflogen wird, sind solche Feindbilder enthalten, wie Sie sich es nicht vorstellen können. Das ist eine Folge der Überreglementierung.

Herr Dr.Oldiges, ich habe sehr wohl vernommen, daß Sie sagen: Hier wird zuviel reglementiert. Ich denke, daß die Krankenkassen sehr wohl wissen, daß auch die neue Qualitätssicherung eine Form von Reglementierung ist. Der Medizinische Dienst ist ganz sicher eine Form der Reglementierung.

Ich habe gewisse Zweifel, ob ich dem folgen kann, wenn Sie, was für mich gut klingt, diese Überreglementierung rügen. Meine Herren, Sie sind alle mit schuld daran. Das ist das Ergebnis dessen, was Sie jahrzehntelang produziert haben.

Der Kassenarzt vor Ort ist mit Verwaltungsaufwand und Ängsten gegenüber KV, Krankenkassen, Staatsanwaltschaften und Berufgerichtsbarkeit heute so belastet, wie Sie es sich nicht vorstellen können. Aus dieser Situation muß man herauskommen.

Nur: Die gemeinsame ärztliche Selbstverwaltung kann das nicht leisten. Dafür ist zuviel reglementiert. Das kann nur der Gesetzgeber leisten. Der Gesetzgeber muß dahin kommen, daß Sie hier wieder einen originären Dienstvertrag schaffen.

Herr Dr.Steffen, Sie als Ziviljurist sind gewohnt, in einem synallagmatischen Verhältnis beim Dienstvertrag zu denken: auf der einen Seite die Vergütung, auf der anderen Seite die Leistung. Sie haben beim Kassenarzt im Dienstvertragsrecht diese synallagmatische Verhältnis strukturbedingt nicht, weil der Vergütungsanspruch des Kassenarztes sich eben nicht gegen den Patienten richtet, sondern im Rahmen der Sachleistung gegen eine Körperschaft des öffentlichen Rechts, die ihrerseits mit der Krankenkasse abrechnet.

Wenn man Zeit hätte und diesem, wie ich es nennen möchte, Strukturfehler nachginge, würde man merken, daß aus dieser strukturbedingten Störung im Vertragsverhältnis, daß der Patient nicht den Vergütungsanspruch schuldet, herrührt, daß sich solche überspitzt klingenden Fragen wie die nach der Haftung, nach der Wirtschaftlichkeitsprüfung und danach, wie Wirtschaftlichkeit und Haftung zueinander stehen und welcher Einfluß gegenseitig ausgeübt wird, stellen. Wenn man das prüft, stellt man fest, daß viel daran liegt, daß das originäre privatrechtliche Verhältnis zwischen Arzt und Patient beim Kassenarzt nicht vorliegt.

Wenn Sie daran dächten, wieder die originäre Vergütungspflicht des Kassenpatienten zu begründen – man nimmt das unter das Stichwort Kostenerstattung, die es im zahnärztlichen Bereich zum Teil gibt –, hätten Sie auch die Möglichkeit, daß der Kassenarzt mit dem Patienten in einer freien Vereinbarung die Dinge, die er im Rahmen einer notwendigen Therapie für erforderlich hält, die die Krankenkasse aber nicht bezahlt, mit dem Patienten abzusprechen. Der Patient unternähme dann den Versuch, im freien Spiel der Kräfte das von den Krankenkassen wiederzubekommen. Wenn das bei der AOK nicht geht, geht es vielleicht bei der Ersatzkasse. Dann kommt da etwas mehr Wettbewerb auf.

Wenn Sie über solche Dinge nachdenken und das dem Gesetzgeber auch mit Hilfe der Richterschft vortragen, haben Sie eine Chance, diese Konflikte zu lösen.

Kossow: Ich möchte Herrn Dr.Jensen, aber auch Herrn Dr.Oldiges noch einmal persönlich ansprechen, sie allerdings bitten, das nicht als persönliche Attacke aufzufassen, sondern als

Anregung zum Nachdenken im Bundesverband der Betriebskrankenkassen und im Bundesverband der Ortskrankenkassen.

Ich habe vorhin den Hinweis auf mangelnde Rechtsklarheit in Sachen Wirtschaftlichkeit der Festbetragspräparate gegeben und bin mit der Antwort nicht zufrieden, weil ich nämlich als Teil der Antwort den Hinweis darauf erhalten habe, daß Ministerien und Gesetzgeber für diese rechtlichen Widersprüche zuständig seien.

Ich bin deswegen nicht zufrieden, weil mir ein Bekenntnis – ich wiederhole: kein persönliches Bekenntnis – der Mitschuld der Organisationen, denen die Herren Dr.Oldiges und Dr.Jensen angehören, an der Entstehung der bürokratischen Probleme gefehlt hat.

Fünf Vertreter der Pflichtkassen haben bei der Vorbereitung des Gesundheits–Reformgesetzes über ein halbes Jahr lang aktiv im Ministerium mitgewirkt. Es ist schon außergewöhnlich, daß sich Spitzenverbände ihre Gesetze selber formulieren. Bei jeder Sitzung des Arbeitsausschusses Arzneimittel im Bundesausschuß Ärzte/Krankenkassen, seit ich den Vorsitz in diesem Ausschuß führe, finden Vorbereitungsgespräche der Pflichtkassen im Beisein von Herren des Ministeriums statt. Die Herren des Ministeriums pflegen keine Vorbereitungsgespräche mit der Ärzteseite. Ich bin auch ganz froh, daß das so ist; denn die Unabhängigkeit der Selbstverwaltung wird insoweit nur noch von der Ärzteseite verteidigt.

Ein weiterer Beleg für diesen aus meiner Sicht sehr schlimmen Vorwurf ist folgender: Als der Arbeitsausschuß Arzneimittel nicht in der Lage war, die Festbetragsgruppen 2 zu formulieren, haben unter dem Druck des Ministeriums die Spitzenverbände der Krankenkassen dennoch für solche Festbetragsgruppen, die keine gemeinsame Grundlage im Arbeitsausschuß hatten, gestimmt. Die unabhängigen Mitglieder – die Ärzteseite – haben es abgelehnt. Sie haben dem Druck des Ministeriums nicht nachgegeben.

Es besteht ein Machtkartell aus Spitzenverbänden der Pflichtkassen, Sozialministerium und einigen Abgeordneten, das sich die Gesetze macht und interpretiert, wie es ihm kommod ist. Dieses registrieren wir und lassen es sehenden Auges mit allen Konsequenzen, die das haben kann, zu. Ich sage: haben kann; bisher hat es noch keine schlimmen Konsequenzen gehabt. Das muß ich auch sagen.

Wenn man sich dieses anschaut, wundert man sich nicht, daß die intellektuell völlig klare und saubere höchstrichterliche Rechtsprechung nicht durchschlägt. Sie kann gar nicht durchschlagen, denn sie kommt bis zu acht Jahren nach der Tat.

Sie können sich ansehen, wie manche Richtlinien von juristisch Unkundigen abgelehnt werden – Stichwort: Großgeräterichtlinien –, bis dann schließlich die zweite, dritte oder vierte Auflage der Richtlinien dem Ministerium kommod ist. Dann wird es so gemacht, wie es der ärztliche Sachverstand just nicht empfohlen hat. Auch davon kann ich aus dem Jahre 1990 Zeugnis ablegen. Ich bin ja selbst Mitglied dieses Bundesausschusses. Es ist wichtig, das hier zu bekennen.

Wenn ich mir dieses Machtoptimierungskartell ansehe und mich frage, um was es eigentlich geht, komme ich zu der Antwort: Es geht um Status, Geld und Macht. Was man den Ärzten vorwirft, macht man sich auf seiten der Spitzenverbände der gesetzlichen Krankenversicherung und der Politiker selber zunutze. Wenn die Ärzte hierauf mit Einkommensdiskussionen antworten, ist das politisch dumm und auch sachlich nicht richtig; denn es gibt nur eine kleine Minderheit von Kassenärzten, die wirklich Einkom menssorgen haben. Es gibt aber eine große Mehrheit von Kassenärzten, die unter der Bürokratie stöhnen und vom Patienten abgelenkt werden.

Diesen Unwillen am Beruf, der sehr zutreffend geschildert wurde, in Klagen über das Einkommen zu präformieren, ist sachlich und politisch falsch. Sachlich richtig ist, daß alle heute beklagten Mängel, beispielsweise was die Sorgfalt des Arztes und Haftungsmöglichkeiten angeht, deswegen faktisch so selten sind, weil der Arzt noch genügend verdient, um für den Patienten ordentlich sorgen zu können. Das ist aber nicht deshalb so, weil das System gut ist, sondern es ist trotz der Drangsal durch das System so.

Warum ist es so? – Weil das System die Ärzte als versorgungsstaatliche Zuteilungsfunktionäre einkaufen will, zur Machtsicherung durch Betreuung im Sinne von Schelsky mißbrauchen will, und das auch noch mit juristischen Mitteln. Dazu sind mir die Anwälte als Freiberufler und die Ärzte als Freiberufler zu schade.

Deswegen stelle ich mich diesem Kulturkampf. Soviel als persönliches Bekenntnis.

Schwarz–Schilling: Das waren klare Worte.

Muschallik: Es sind eine ganze Reihe von neuen Gesichtspunkten angesprochen worden. Ich möchte aus Zeitgründen nur einige wenige herausgreifen.

Zunächst eine Bemerkung zu den, wie ich meine, sehr aufschlußreichen Ausführungen von Herrn Dr.Baader bezüglich der Anforderungen an die statistische Vergleichsprüfung unter Zugrundelegung der Rechtsprechung des Bundessozialgerichts. Sicherlich können fast alle, wenn nicht sogar alle hier im Saal die Aussage unterschreiben, daß man eine statistische Vergleichsprüfung soweit perfektionieren kann, daß sie in ihrer Aussagekraft eine Einzelfallprüfung fast erreicht.

Nur stellt sich meiner Meinung nach zunächst einmal die Frage: Ist eine so weit perfektionierte statistische Vergleichsprüfung in der Realität noch durchführbar? Zur Zeit sehe ich das jedenfalls in den Prüfungsausschüssen nicht als sichergestellt an. Ferner stellt sich die Frage: Ist eine solche Prüfung tatsächlich noch soviel praktikabler als die Einzelfallprüfung, daß es gerechtfertigt wäre, eine solche Schätzungsmethode anzuwenden?

Hier wurde die Regelung des § 287 ZPO angesprochen. Danach ist eine Schätzung nur zulässig, wenn eine weitere Beweiserhebung mit unverhältnismäßigen Aufwendungen verbunden wäre. Ich meine, daß unter den genannten Kautelen der eingeschränkten Prüfung an Hand repräsentativer Beispielsfälle und unter entsprechender Vorbereitung durchaus eine Einzelfallprüfung durchführbar ist.

Es ist – so habe ich es verstanden – in Parallele zum Begriff des judicial self–restraint zu Recht darauf hingewiesen worden, daß hier keine Rechtschöpfung vorgenommen wurde, sondern nur ein Vortragen der Vertragspartner aufgegriffen wurde. Das ist sicherlich richtig. Ich hoffe dann allerdings auch, daß die hier unisono vorgetragene etwas differenzierte Betrachtungsweise entsprechend gewürdigt werden wird, wenn einmal neue Verträge mit einer Regelung der Einzelfallprüfung vor dem Bundessozialgericht erscheinen sollten.

Ich meine, gerade unter Zugrundelegung dieser Bewertung besteht keine Veranlassung, besonders bei den nachprüfbaren Leistungen, auf der jetzigen Vertragsgrundlage beispielsweise einem Zahnarzt, wie es schon oft geschehen ist, die Möglichkeit einer Verteidigung im Wege der Einzelfallprüfung abzuschneiden, wenn er sich im Bereich der offensichtlichen statistischen Unwirtschaftlichkeit befindet, und ihn auf die Geltendmachung von Praxisbesonderheiten zu verweisen.

Noch zwei Bemerkungen zu den Ausführungen von Herrn Dr.Zeihe. Hier wurde gesagt: Die Einzelfallprüfung ist in der Realität doch nicht durchführbar. Wenn sie so hundertprozentig rein verstanden wird, ist das ohne Zweifel richtig. Nur: Eine gewisse Mentalreservation kann man jedem hier im Saal bei den Wortmeldungen unterstellen, daß die von mir eben beschriebenen Einschränkungen möglich sein müssen. Das ist immer noch besser als eine bloße Schätzung.

Für mich ist der Hauptpunkt, bei dem wir Konsens erzielen müßten, daß auch eine eventuell unvollkommene, eine submaximale Einzelfallprüfung der Realität näherkommt als eine – wenn auch optimierte – Schätzung auf statistischer Basis. Ich meine, wenn wir zu diesem Konsens kommen könnten, hätten wir heute viel erreicht.

Es wurde gesagt, man solle dem Arzt bzw. Zahnarzt raten, mit den gesamten Behandlungsunterlagen in die Prüfung hineinzugehen, denn da bestünde die Chance, den Prüfungsausschuß mehr oder weniger zu einer Einzelfallbetrachtung zu zwingen. Dem ist nicht so. Die Rechtsprechung des Bundessozialgerichts ist eine andere. Sie besagt: Der Zahnarzt wird mit seinen Begründungen zur Einzelfallbetrachtung nicht gehört, sofern er sich im Bereich der offensichtlichen Unwirtschaftlichkeit befindet, und zwar auch dann, wenn es sich um nachprüfbare Leistungen handelt.

Abschließend einige Worte zu den Ausführungen von Herrn Jensen im Zusammenhang mit der Qualitätsbetrachtung. Hier wird man sicherlich konzedieren müssen, daß den Begriffen "ausreichend", "zweckmäßig", "notwendig" und "wirtschaftlich" ein Qualitätsstandard in einer gewissen Form implizit ist. Das ändert nichts daran, daß die Qualitätsprüfungen nach dem SGB V mit den Wirtschaftlichkeitsprüfungen formal nichts zu tun haben. Es hat sich schon bei den ersten Überlegungen gezeigt, daß die Definition von Qualitätsstandards überaus problematisch ist. Das fängt damit an, daß die Gefahr besteht, eine Normmedizin einzuführen, daß es erhebliche Differenzen zwischen der klinischen Erbringung von Leistungen und der Erbringung von Leistungen in der kassenärztlichen Praxis gibt und daß sich hier das Erfordernis einer Einzelfallbetrachtung ergibt. Hier kann man mit einer Standardisierung, die letztlich auch nichts anderes ist als eine Statistik, nicht weiterkommen.

Es stellt sich dann auch die Frage, welche Qualität, wenn man sie überhaupt definieren kann und will, von den Krankenkassen noch bezahlt werden kann. Es geht sicherlich nicht an, daß im Sinne einer strukturierten Budgetierung nur ein bestimmtes Finanzvolumen mit der Forderung zur Verfügung gestellt wird, dieses in eine ganz bestimmte, möglichst hohe Qualität umzusetzen, während man auf der anderen Seite nicht bereit ist, die Qualität entsprechend zu bezahlen. Hier wird man sich überlegen müssen, ob man nicht irgendwann an den Punkt gekommen ist, bei dem es nicht mehr aufrechtzuerhalten ist, daß innerhalb der kassenärztlichen Versorgung alle medizinisch denkbaren und anerkannten Leistungen auch tatsächlich erbracht werden können, so daß Leistungsausgrenzungen eingreifen müssen.

Zeihe: Herr Dr.Muschallik meinte eben, das Bundessozialgericht habe es verboten, daß im Einzelfall von den Ärzten etwas dargelegt werden kann. Das ist so nicht richtig. Es ist lediglich gesagt worden, daß kein Anspruch darauf besteht, im gerichtlichen Verfahren tätig zu werden; der Arzt sei zur Mithilfe im Prüfverfahren verpflichtet.

Nach meinen Erfahrungen in den Bereichen Nordrhein und Westfalen ist es so, daß dem Arzt vorbereitend Fälle mitgeteilt werden, die auffällig waren. Er wird gebeten, sich zu diesen Fällen zu äußern. Wer sich dann verweigert und das nicht tut, kann sich nicht hinterher darüber beklagen. Er hat ja die Gelegenheit bekommen, mit seinen Kollegen, die in den Prüfgremien sitzen, über diese Fälle, die den Prüfreferenten aufgefallen waren, zu sprechen.

Ich widerspreche Ihnen da ganz entschieden, Herr Dr.Muschallik. So ist es nicht.

Kia: Ich bin niedergelassener Augenarzt in Düsseldorf.

Ich möchte Sie gern zu den Sitzungen der Prüfungsausschüsse einladen, damit Sie einmal die Realität miterleben. Es ist eben nicht so, wie Sie es geschildert haben. Fachleute müssen immer wieder über etwas urteilen, in das sie wirklich nicht hineingerochen haben. Es ist wichtig, einmal eine solche Sitzung miterlebt zu haben. Dann würden Sie nie sagen, das nehme alles seinen ordentlichen Verlauf.

Kossow: Wenn er kommt, herrschen da rechtsstaatliche Verhältnisse!

Muschallik: Ich habe die Entscheidung jetzt hier nicht vorliegen. Das Bundessozialgericht hat in einem Fall, bei dem es um Extraktionen ging und bei dem sich der Zahnarzt im Bereich der offensichtlichen Unwirtschaftlichkeit befand und versucht hat, dagegen vorzugehen und an Hand von Einzelfällen nachzuweisen, daß diese Behandlung bei ihm doch wirtschaftlich war, gesagt: Diese Beweisführung ist dem Zahnarzt nicht möglich, sondern durch die offensichtliche Unwirtschaftlichkeit ist bereits der Beweis geführt worden. Er müßte sich im Rahmen der statistischen Wirtschaftlichkeitsprüfung bewegen und hat dann nur noch die Möglichkeit, Praxisbesonderheiten geltend zu machen.

Das war eine Entscheidung aus dem Jahre 1986.

Zeihe: Ich kenne den Fall. Er ist bei uns durchgelaufen. So lag er nicht.

Buchholz: Ich komme von der Kassenzahnärztlichen Vereinigung Stuttgart und möchte direkt zu dem Punkt, den Herr Dr.Muschallik aufgegriffen hat, anführen: So ist es in den Prüfungs– oder Beschwerdeausschüssen nicht. Man muß ganz deutlich sehen, daß das Prüfgremium die Entscheidung hat, welche Prüfmethode angewandt wird. Wenn das Prüfgremium selbst bei 2000 % Überschreitung sagt "Ich mache eine Einzelfallprüfung", dann kann auch eine Einzelfallprüfung durchgeführt werden. Das Prüfgremium kann dazu aber nicht gezwungen werden.

Wenn das Prüfgremium bei einer Überschreitung, bei der offensichtlich ein Mißverhältnis vorliegt, sagt " Ich mache hier eine statistische Vergleichsprüfung", dann hat der Arzt selbstverständlich kein Anrecht darauf, Einzelfälle in das Verfahren mit einzubringen. So ist es sachlich richtig.

Schwarz-Schilling: Das ist ein ganz wichtiger Punkt, auf den ich nachher noch zurückkomme. Ich möchte jetzt Herrn Oldiges die Möglichkeit geben, auf die Angriffe zu antworten.

Oldiges: Ich meine, wir haben das Grundthema, nämlich: im Einzelfall Hochleistungsmedizin, aber Wirtschaftlichkeitsprüfung nach statistischen Durchschnittsmethoden, von verschiedenen Seiten her angesprochen. Möglicherweise ist die Frage etwas zu kurz gekommen, wie man sich als Anwalt verhält und wie man in der anwaltlichen Tätigkeit den Arzt richtig berät, wie er in ein solches Prüfungsverfahren hereingehen und wie er auch gut hindurchkommen soll.

Die Diskussion hier hat aber auch gezeigt: Es gibt eine darüber liegende Ebene, die in dieser Richtung viel Konfliktstoff schafft. Dieser Konfliktstoff ist – ich glaube, das ist hier deutlich geworden – minimierbar. Diese Minimierbarkeit sollten wir mit voller Intensität angehen.

Ich könnte jetzt mit Vehemenz gegen das angehen, was Herr Kossow zum Schluß über die berühmte Mitschuld gesagt hat. Ich tue das nicht, denn dann müßte ich in anderen Zusammenhängen die Ärzte in ein Mitschuldverfahren hineinbringen. Darauf verzichte ich ganz bewußt, weil ich meine, daß das nicht hier hingehört.

Es ist auch nicht so, wie Sie, Herr Kossow, gesagt haben, daß die Spitzenverbände unter dem Druck des Arbeitsministers stehen. Ich will den Fall der Großgeräterichtlinie anführen. Ich meine, bis zur letzten Stunde hätten wir mit Ihnen auf der Seite gegen den Arbeitsminister gekämpft. Dann, Herr Kossow, müßten Sie auch die anderen Beispiele erwähnen.

Kossow: Ich gebe das zu, Herr Oldiges.

Oldiges: Zu dem Hinweis, daß die Vertreter des Arbeitsministeriums in den Vorbereitungssitzungen dabeisitzen: Mich stört das auch. Wenn Sie einen Beschluß herbeiführen wollen, daß diese Vertreter nicht mehr anwesend sein dürfen – meine Stimme haben Sie. Ich meine, darüber haben wir schon einmal im Bundesausschuß Ärzte/Krankenkassen gesprochen. Ich meine, wir haben einhellig entschieden, daß diese Vertreter dabei sein sollen. Wenn das so ist, dann sollten Sie als Mitglied des Bundesausschusses hier nicht so auftreten und das beklagen. Damit schließe ich diesen Fall ab.

Warnen möchte ich vor der Ansicht und der Euphorie, daß die Kostenerstattung diese Probleme löst oder letztlich völlig beseitigt. Wenn ich höre, daß bei einer Kostenerstattung bei einem privatrechtlichen Vertrag letztlich ausgehandelt wird, was denn die Kassenleistung und was die darüber hinausgehende Leistung ist, dann muß ich Ihnen die Gefahr aufzeigen, daß sich die Kassen individuell Beratungsgremien – im Grunde: Prüfgremien – schaffen für die dann sicherlich vom Versicherten direkt bei den Krankenkassen eingereichten Rechnungen. Der Versicherte nimmt doch den Arzt mit in Anspruch und sagt: Rechtfertigen Sie das, was Sie gemacht haben, für das ich die Rechnungen einreiche. Dann kommt der Arzt indirekt wieder in einen Konflikt mit der Kasse.

Ich weiß nicht, ob Sie das als Ärzte lieber haben. Den Anwälten kann es nur recht sein, denn das ist ein profitables Geschäft für die Anwälte.

Schwarz–Schilling: Jetzt haben w i r den Schwarzen Peter!

Oldiges: Ich weiß also nicht, ob dies die Lösung ist. Wenn hier von den Anwälten für die Ärzte gesprochen wurde, dann wird der Anwalt für die Versicherten mobilisiert, und zwar ganz kräftig. Möglicherweise ergäbe das die zivilrechtliche Auseinandersetzung zwischen dem Anwalt für den Versicherten auf der einen Seite und dem Anwalt für die Krankenkassen auf der anderen Seite. Der Arzt fungiert dann als Beigeladener.

Das ist sozusagen die Endperspektive, die nur zum Teil entwickelt wurde. Ich weiß nicht, ob dies die Lösung ist, die wir letztlich anstreben können.

Abschließend möchte ich sagen: Wir sollten uns bemühen, im Rahmen unseres jetzigen Versorgungssystems die Probleme zu minimieren, die Probleme für alle tragbarer zu machen. Dazu haben wir uns, glaube ich, hier durchgerungen. Wir wissen alle: Das sind lange Wege, die nicht einfach zu begehen sind. Dazu sollten auch Sie Ihre Hilfestellung geben. Dann kämen wir nämlich weiter.

Heße: Zur Einzelfallprüfung möchte ich Herrn Oldiges sagen: Von ärztlicher Seite besteht keine Furcht vor der Aufdeckung irgendwelcher Unregelmäßigkeiten, sondern es geht einzig und allein um die Frage der Praktikabilität.

Zu den Festpreisen für Arzneimittel möchte ich vor allem dem Vertreter der Betriebskrankenkassen folgendes sagen. Es wird behauptet, die Festpreise seien nicht richtig, und irgendwo wird verkündet, der "richtige" Preis liege 30 % unter den Festpreisen. Nun habe ich von den Juristen gelernt, daß man fragen müßte: warum nicht 40 % oder 10 % darunter? Wenn eine Größe angegeben wird, muß man sie auch begründen, sonst hat das keinen Bestand vor den Sozialgerichten, den Landessozialgerichten oder dem Bundessozialgericht.

Ich glaube, es ist nicht allein mein Eindruck aus den Ausführungen der Juristen, daß man höheren Orts gar keine Probleme sieht. Ich glaube, die Ärzte vor Ort haben diese Probleme und nehmen sie auch wieder mit nach Hause. Ich glaube, die Situation ist ein wenig so wie in dem Fall, daß wir dem Patienten sagen, wenn wir den Krankheitsherd nicht richtig finden: Wissen Sie, ich glaube, das bilden Sich sich nur ein!

Ich weiß nicht, ob nicht auch bei den Zuhörern dieser Eindruck entstanden ist. Ein bißchen hat es mich so angemutet.

Schwarz–Schilling: Wir haben heute, denke ich, sehr viele klare und kritische Worte gehört. Als diagnostisches Fazit möchte ich formulieren: Das Unbehagen ist vorhanden; Herr Dr.Heße hat es soeben ausgeführt. Von Herrn Dr. Kossow wurde der Dschungel der Paragraphen beschworen. Es war die Rede von der Janusköpfigkeit der Rechtsprechung, vom "perfekten Chaos", aber auch vom "Scheinproblem" . Auch am Ende dieserDiskussion steht der Begriff "armer Arzt".

Es hat sich aber auch gezeigt: Es gibt offensichtlich Lösungswege im Rahmen der rechtlichen Voraussetzungen, auch im Rahmen des Gesundheits–Reformgesetzes. Der Kollege Buchholz hat es etwa so formuliert: Wenn die Kassenärztlichen Vereinigungen wollen, können sie genau das machen, was hier offenbar alle anstreben, nämlich weg von der Wirtschaftlichkeitsprüfung nach statistischen Vergleichsmaßstäben, hin zur Einzelfallprüfung.

Kollege Makiol hat in seinen einleitenden Worten bereits gesagt: Wenn wir am Ende feststellen können, daß dieses Symposium zumindest geeignet war, das Gespräch in Gang zu bringen, dann war es schon viel. Wenn wir es weiterhin erreicht hätten – im Hinblick auf die Aussage von Herrn Kossow, die Diskussion über das Gesundheitswesen sei aus der Mode gekommen – einen neuen Trend zu setzen, dann wäre das ein wunderbarer Erfolg.

Ich danke Ihnen für Ihre Teilnahme, insbesondere den Herren auf dem Podium und den Referenten.

Makiol: Meine Damen und Herren Zuhörer, ich möchte mich bei Ihnen ganz herzlich dafür bedanken, daß Sie gekommen sind und bis jetzt ausgeharrt haben. Ich meine, es war eine interessante Veranstaltung. Ich habe, ehrlich gesagt, nicht erwartet, daß wir diesen Saal verlassen und sagen können: Wir haben die Lösung gefunden, jetzt ist alles klar.

Wir haben eine Reihe von Ansatzpunkten gefunden. Ich hoffe, daß die Herren auf dem Podium, die sicherlich mehr Einfluß haben als wir im Zuhörerraum, diese Gedanken ebenfalls aufgenommen haben, diese Gedanken verwerten, so daß irgendwann einmal ein Ergebnis die Folge ist, das Veranstaltungen wie dieses Symposium überflüssig macht.

Beschluß der Arbeitsgemeinschaft der Rechtsanwälte im Medizinrecht e.V.

Die Arbeitsgemeinschaft hat in ihrer Sitzung am 11. November 1990 unter Berücksichtigung der Erörterungen des Symposiums den folgenden Beschluß gefaßt:

1. Die statistische Überprüfung bleibt weiterhin die Grundlage der Wirtschaftlichkeitsprüfung.

2. Bei Auffälligkeiten (> +/– 20 % bzw. einfache mittlere Streubreite) wird wie bisher eine stichprobenweise Einzelfallprüfung durchgeführt. Erweist sich bei der Stichprobenprüfung die Behandlung als indiziert, entfällt die Kürzung. Die Beweislast liegt insoweit bei den Prüforganen.

3. Liegt nach der statistischen Prüfung ein auffälliges Mißverhältnis vor, ist es Aufgabe des Kassenarztes, anhand einer repräsentativen Zahl von Einzelfällen darzulegen und nachzuweisen, daß und warum seine Behandlung trotz des auffälligen Mißverhältnisses medizinisch zweckmäßig und wirtschaftlich ist. Gelingt ihm dies, entfällt die Kürzung. Es muß ihm jedoch der Nachweis möglich sein, daß er im Rahmen seiner Therpaiefreiheit medizinisch zweckmäßig und wirtschaftlich behandelt.

Teilnehmerliste

Baden, Eberhard, Dr.
Rechtsanwalt
Rheinstr. 38, 5300 Bonn 2

Baxhenrich, Dr.
Rechtsanwalt
Heßlerstr. 24, 4700 Hamm 1

Behrens, Rudolf
Vorstandsmitglied des BPA Rheinland-Pfalz
Mainzer Str. 67, 5401 Rhems

Bieg, Hans-Henning
Zahnarzt
Hermann-Allmers-Str. 2, 2800 Bremen 1

Boss, Heidi
Rechtsanwältin
Grpße Eschenheimer Str. 41 a, 6000 Frankfurt/Main

Brinkmann, Barbara
Magdalenenstr. 59, 2000 Hamburg 13

Brückner, Jürgen
Rechtsanwalt
Akademiestr. 2 a, 6900 Heidelberg

Buchholz, Horst
Kassenärztliche Vereinbarung Stuttgart
Albstadtweg 9, 7000 Stuttgart

Bücken, Michael
Rechtsanwalt
Brabanter Str. 53, 5000 Köln 1

Daube, Jörg
Rechtsanwalt
Schönleinstr. 50, 4300 Essen

Eggers, Merve
Assessorin
Kassenärztliche Vereinigung Hamburg
Katharinenbrücke 1, 2000 Hamburg 11

Fabian, Heinz-Peter
Rechtsanwalt
Jürgensort 5, 4500 Osnabrück

Funk, Hans K.
Rechtsanwalt
Junkersstr. 17, 6600 Saarbrücken

Fürsch, Andreas , Dr.med.
Kuratorium für Dialyse und Nierentransplantation e.V:
Emil-von-Behring-Passage, 6078 Neu-Isenburg

Gasper
Rechtsanwalt
Leiter der Rechtsabteilung der Ecclesia Versicherungsdienst GmbH
Klingenbergstr. 4, 4930 Detmold

Gdaniec, Thomas
Rechtsanwalt
Rüttenscheider Str. 120, 4300 Essen

Geiger, Hans
Rechtsanwalt
Deutsche Ärzte-Versicherung
Colonia Allee 16, 5000 Köln 80

Gläser Rudolf
Rechtsanwalt
Zweite Schlachtpforte 7, 2800 Bremen

Gronwald
Assessor
Kassenärztliche Vereinigung Westfalen–Lippe
Westfalendamm 45, 4600 Dortmund

Harnold, Birgit
Assessorin
West. Provinzial Versicherung
Bröderichweg 58, 4400 Münster

Henning, Hans
Rechtsanwalt
Hohenzollernring 85 – 87, 5000 Köln

Hehemann, Rolf
Geschäftsführer KZV Nordrhein
Colonia Allee 16, 5000 Köln 80

Hensch, Ulrich, Dr.
2. Vorsitzender des BPA Nordrhein
Neusser Str. 80, 4050 Mönchengladbach

Hertwig, Dr.
Rechtsanwalt
Theodor–Heuss–Ring 19 – 21, 5000 Köln

Hölter, Volker
Raiffeisenring 72, 4408 Dülmen 2

Jungbecker, Rolf, Dr.
Rechtsanwalt
Mozartstr. 5, 7800 Freiburg

Kaack, Rainer
Rechtsanwalt
Foerdestr. 25 a, 2391 Westerholz

Kempter, H., Dr.med. Dipl. Phys.
Arzt für Radiologie
Residenzstr. 28, 1000 Berlin 51

Kauertz, Brigitte
Gothaer Versicherungsbank VVaG
Kaiser–Wilhelm–Ring 23 – 25, 5000 Köln 1

Klein, Susanne
Rechtsanwältin
Mendelssohnstr. 79, 6000 Frankfurt/Main 1

Kia, Ali–Reza, Dr.
Gruner Str. 17, 4000 Düsseldorf

Kirchberg, Karin
Rechtsanwältin
Titotstr. 3, 7100 Heilbronn

Koch, Wolfgang
Rechtsanwalt
Leiter der HUK Schadenabteilung Kölnische Sachversicherungs AG
Clever Str. 36, 5000 Köln 16

Komanek, Horst–Dieter
Rechtsanwalt
Freiligrathstr. 34, 4000 Düsseldorf

Kurzenhäuser, Walter, Dr.
Rechtsanwalt
Bahnhofstr. 33, 6900 Heidelberg

Loos, Joachim
Direktor – Geschäftsführer der Ecclesia Versicherungsdienst GmbH
Klingenbergstr. 4, 4930 Detmold

Lumper, M., Dr.med.
Rudolf–Harbig–Str. 2, 6305 Buseck 2

Lumper, Eva–Maria
Rudolf–Harbig–Str. 2, 6305 Buseck 2

Makiol, Hans–Joachim
Rechtsanwalt
Erftstr. 78, 4040 Neuss

Malma, Ernst, Dr.
1. Vorsitzender des BPA Nordrhein
Schunefeldstr. 7, 4300 Essen 12

Monjoie, Felix
Rechtsanwalt
Haußmannstr. 5, 7000 Stuttgart

Müller–Feldhoff, Ralf
Regionalleiter im Pharma–Außendienst der Arzneimittelfirma
Dr. Christian Brunnengräber
Viersener Str. 3, 5000 Köln 60

Nagel, Esther
Rechtsanwältin
Augustastr. 21, 5100 Aachen

Nentwig, Klaus
Rechtsanwalt
Markt 4, 2407 Bad Schwartau

Neu, Johann
Rechtsanwalt
Theaterstr. 8, 3000 Hannover

Nick–Ibald, Ulrike
Rechtsanwältin
Königstr. 18, 4402 Greven

Ocklenburg, Dr.
Stellvertretender Vorsitzender des Vorstandes der Kassenärztlichen
Vereinigung Nordrhein
E.–Leutze–Str. 8, 4000 Düsseldorf

Peltzer, Helmut
Rechtsanwalt
Rathenaustr. 2, 3000 Hannover

Raab, Friedrich
Rechtsanwalt
Am Plärrer 14, 8500 Nürnberg

Radermacher, Dirk
Rechtsanwalt
Hohenstaufenring 72, 5000 Köln 1

Ratajczak, Thomas, Dr.
Rechtsanwalt
Wegenerstr. 5, 7032 Sindelfingen

Rogge, Thomas
Rechtsanwalt, Kassenzahnärztliche Vereingung Tübingen
Kaiserstr. 55, 7410 Reutlingen

Riepe, Wolfgang
Rechtsanwalt
Ölschlägern 7, 3300 Braunschweig

Sariaslan, Ismail, Dr.med.
Vorstandsmitglied des BPA Nordrhein
Karbaberstr. 101, 4300 Essen 12

Smentkowski, Ulrich
Tersteegenstr. 31, 4000 Düsseldorf 30

Schindler
AOK LV Baden–Württemberg

Schmeer
Rechtsanwalt
Kassenärztliche Vereinigung Nordrhein
E.–Leutze–Str. 8, 4000 Düsseldorf

Schmidt, Jochen
Deutsche Ärzte–Versicherung
Colonia Allee 16, 5000 Köln 80

Schmitz, Albert
Richter am Oberlandesgericht
5000 Köln

Schmude, Lothar
Rechtsanwalt
Clever Str. 16, 5000 Köln 1

Schnabbe, Marianne
Deutsche Ärzte–Versicherung
Colonia Allee 16, 5000 Köln 80

Schneider, Sonja
Rechtsanwältin
Immelmannstr. 15, 2300 Kiel 17

Schulte, Dieter
Rechtsanwalt
Museumstr. 2, 3300 Braunschweig

Schulze-Grönda, Petra
Rechtsanwältin
Langenstr .34, 2800 Bremen 1

Schurig, Thomas, Dr.
Vorstandsmitglied des BPA
Rheinland-Pfalz
Schulstr. 13, 6746 Hauenstein

Schwarz-Schilling, Gabriela
Rechtsanwältin
Siegener Str. 1, 5910 Kreuztal

Sievers, Kurt
Rechtsanwalt
Almsstr. 20, 3200 Hildesheim

Stegers, Christoph-M.
Rechtsanwalt
Bornstr. 68, 4600 Dortmund

Stegers, Michael, Dr.med.
Arzt für Orthopädie
Poststr. 38, Bad-Neuenahr/Ahrweiler

Steinbrink, Jürgen
Rechtsanwalt
Justitiar des Berufsverbandes der Deutschen Kieferorthopäden e.V.
Sophienblatt 12, 2300 Kiel

Tiemann, Susanne, Dr.
Rechtsanwältin
Im Meisengrund 4a, 5000 Köln 50

Trautmann, Klaus
Kuratorium für Diaylse und Nierentransplantation e.V.
Emil-von-Behring-Passage, 6078 Neu-Isenburg

Visse, Edmund
Rechtsanwalt
Widukindstr. 19, 4530 Ibbenbühren

Wassermeyer, Caspar, Dr.
Rechtsanwalt
Mittelstr. 7, 5000 Köln

Weufen, Karl-Heinz
Rechtsanwalt
Babarossastr. 29, 4050 Mönchengladbach

Willmes, Hans, Dr.
Rechtsanwalt – Arzt für Allgemeinmedizin
Eickeler Markt 3 b, 4690 Herne 2

Zeihe, Dr.
Vorsitzener Richter am Landessozialgericht NRW
Zweigstr. 54, 3400 Essen

Zimmer, Dr.
Kassenärztliche Vereinigung
Nordrhein
E.-Leutze-Str. 8, 4000 Düsseldorf

Zimmermann, Robert
Rechtsanwalt
Apfelstr. 79, 5138 Heinsberg

Zoric
Deutsche Ärzte-Versicherung
Colonia-Allee 16, 5000 Köln 80

Springer-Verlag und Umwelt

Als internationaler wissenschaftlicher Verlag sind wir uns unserer besonderen Verpflichtung der Umwelt gegenüber bewußt und beziehen umweltorientierte Grundsätze in Unternehmensentscheidungen mit ein.

Von unseren Geschäftspartnern (Druckereien, Papierfabriken, Verpackungsherstellern usw.) verlangen wir, daß sie sowohl beim Herstellungsprozeß selbst als auch beim Einsatz der zur Verwendung kommenden Materialien ökologische Gesichtspunkte berücksichtigen.

Das für dieses Buch verwendete Papier ist aus chlorfrei bzw. chlorarm hergestelltem Zellstoff gefertigt und im ph-Wert neutral.